Abdias, intérprete do Brasil

Abdias Nascimento

Abdias, intérprete do Brasil

Textos sobre raça e cultura
brasileira de 1940 a 1990

organização
Tulio Custódio

todavia

Quem cede a vez não quer vitória
Somos herança da memória
Temos a cor da noite
Filhos de todo açoite
Fato real de nossa história

Jorge Aragão, "Identidade"

Abdias Nascimento como intérprete
do Brasil, por Tulio Custódio 9

A missão do Teatro Experimental do Negro (TEN) 45
O Teatro Experimental do Negro e seu
instituto de pesquisa sociológica 51
Convocação e temário do I Congresso
do Negro Brasileiro 57
Uma experiência social e estética 63
Cristo Negro 69
Prólogo para brancos 75
Testemunho de Abdias Nascimento
sobre os 80 anos da abolição 95
O poder negro poderá chegar até aqui? 103
Teatro Negro do Brasil: Uma experiência sociorracial 115
Prefácio à primeira edição de *O negro revoltado* 141
Uma entrevista com Abdias Nascimento 201
Cultura afro-brasileira 213
Influências da cultura africana no
desenvolvimento da arte brasileira 235
Arte afro-brasileira: Um espírito libertador 275
Prefácio à segunda edição de *O negro revoltado* 287
Quilombismo: O caminho afro-brasileiro
para o socialismo 305

Fontes 331
Notas 333

Abdias Nascimento como intérprete do Brasil

Tulio Custódio

[*They*] *never expected to see a black intellectual and did not know one when they saw one.*

Richard Wright

Aqui sentindo flores, prometeram um mundo novo
Favela, viela, morro, tem de tudo um pouco
Tentam alterar o DNA da maioria (Rei Zumbi)!
Antigamente quilombos, hoje periferia...
Levante as caravelas, aqui não daremos tréguas
[não, não
Então que venha a guerra
Zulu Z'África Zumbi!

Z'África Brasil

Escrever sobre Abdias Nascimento (1914-2011) é, sem dúvida, uma tarefa complexa. Em grande parte, pelo próprio trabalho que Abdias[1] fez ao longo de sua trajetória, com diversos registros escritos, fotográficos e em vídeo. Ele é um personagem da história brasileira que teve múltiplas camadas, nem sempre evidentes. Portanto, a ideia de "desvelar Abdias" é jogar luz sobre aspectos menos explorados de sua atuação e de sua obra.

O Abdias do teatro, das artes visuais, do engajamento contra o racismo, da política, em suma, o Abdias referência da luta antirracista e dos movimentos negros brasileiros, é o que aparece nos textos republicados[2] e nas exposições recentes de sua obra pictórica.[3] A reedição de obras emblemáticas, como *Genocídio* e *Quilombismo*, trouxe ao público contribuições seminais dele. São, indubitavelmente, clássicos. Mas ainda há necessidade de um olhar mais abrangente, que envolva a trajetória de Abdias como um todo.

O objetivo deste livro é apresentá-lo como um intérprete do país. A despeito de sua posição e de suas contribuições, esse resgate contemporâneo de Abdias não o tem posicionado como um intelectual que pode ser colocado no panteão do pensamento social brasileiro. Até o momento, seu lugar tem sido o de uma "caixinha particularista do *ethnos*",[4] destinada aos intelectuais e pensadores negros enquanto "recorte", pois sua contribuição estaria vinculada somente à questão racial. Ora, como seria possível falar de Brasil sem falar de raça, elemento estruturante das relações sociais, econômicas, históricas, afetivas e culturais do país?

Este projeto se insere em uma empreitada ampla e coletiva, conduzida nos últimos anos por diversos pesquisadores em torno de uma arqueologia do pensamento negro brasileiro.[5] Trata-se de um resgate do pensamento de intelectuais que poderíamos denominar de clássicos do pensamento do país, como Lélia Gonzalez, Guerreiro Ramos e o próprio Abdias Nascimento, mas que não recebem a mesma atenção e reconhecimento "fora" do debate racial.

A maneira como intelectuais negros são lidos e referendados vai do apagamento ao particularismo. O pesquisador Ross Posnock, em seu trabalho sobre a tradição intelectual negra nos Estados Unidos do século XX, traz pistas conceituais para se compreender tais dinâmicas, que podem ser utilizadas para reflexão da realidade brasileira.[6]

Por um lado, há um ímpeto de isolar intelectuais negros em uma espécie de "museu da História Não Natural" da sociedade, ou seja, de reduzi-los a um estrato diminuto de importância e abrangência. Nesse sentido, intelectuais negros, quando não são simplesmente esquecidos,[7] são ignorados e minimizados em suas contribuições para além dos assuntos da questão racial. Essa minorização, processo de "recorte", é a constituição simbólica de uma polaridade entre o *cosmopolitismo* de intelectuais legitimados como "pensadores ou intérpretes nacionais" e os *particularismos* dos "recortados", ou seja, daqueles que, quando ouvidos, referenciariam apenas um tópico. Intelectuais negros não são vistos como cosmopolitas, mas como particularistas, de maneira que a abordagem em torno das questões raciais aparece como apêndice ou corte da realidade.

Por outro lado, há uma tendência, mesmo que elogiosa (porém idealizada),[8] de ver intelectuais negros como "vencedores da raça". O perigo dessa percepção é mantê-los como "tão somente representantes de um grupo". É fundamental não sucumbir a essa ideia e impor um tratamento analítico, como sugerido por Posnock, de "sujeitos antirracistas vinculados à raça".[9] Assim também é possível ir além da figura política (marcada pela ideia de representante da raça) e da figura intelectual (como uma posição estética, descolada da luta social), destacando o caráter multifacetado de suas trajetórias e contribuições.

É importante questionar o que se convencionou chamar de "pensamento social brasileiro".[10] Falar de Brasil e suas projeções, sonhos ou medos, é falar de raça. Todo debate brasileiro sobre destinos e constituição de identidades e projetos nacionais, pelo menos desde o século XIX, passou pelo tema da racialidade. Parte significativa dos integrantes do panteão legitimado de pensadores e intérpretes do Brasil — como Joaquim Nabuco, Oliveira Vianna, Euclides da Cunha, Nina Rodrigues, Arthur Ramos, Gilberto Freyre e Darcy Ribeiro — passou pela questão racial para pensar destinos e sentidos do país.

Seria um equívoco tratar Abdias Nascimento como intelectual apenas de assuntos limitados à vida das pessoas negras, dado que sua produção, atuação e pensamento estão no seio da questão central para pensar e entender o Brasil: a questão racial. Suas contribuições, tanto intelectual quanto política, devem ser lidas na chave de uma interpretação da sociedade brasileira. O resgate de seu pensamento visa explicitar sua contribuição como referência para entender o país a partir do século XX, perspectiva diretamente conectada com seu fazer e agir político — instâncias imbricadas em seu modelo de intelectual.

A trajetória multifacetada de um intelectual-militante-artista[11]

A trajetória de Abdias Nascimento se construiu pela multiplicidade de atuações e espaços nos quais ele interveio, e é relativamente bem conhecida.[12] Intelectual, economista, dramaturgo, jornalista, diretor de teatro, ator, escritor, pintor, poeta, professor e político. Essa é uma pequena descrição das posições e dos lugares de atuação pelos quais Abdias passou em seus 97 anos de vida. Olhar para essa trajetória é mirar em processos de releituras, ressignificações e transformações metabólica e metamórfica de sua atuação em prol da luta contra o racismo. É nessa multiplicidade de posições que sua produção multifacetada em formatos, tempos e tamanhos assume seu olhar sobre o Brasil.

Para contextualizar os textos que perfazem esta coletânea, podemos dividi-la, grosso modo, em três grandes momentos:

Período do Teatro Experimental do Negro (1944 a 1968);

Período do exílio (1968 a 1981);

Período da política institucional (1982 a 2006).[13]

Dos anos 1940 a 1968: Um intelectual
na faceta de artista e ativista

O momento da criação do Teatro Experimental do Negro (TEN), em 1944, no Rio de Janeiro, é definitivamente um marco importante na trajetória de Abdias. É por meio do TEN que seu ativismo e suas contribuições intelectual e política assumem a forma artístico-teatral. O grupo foi criado a partir da adesão de Aguinaldo de Oliveira Camargo, Ironides Rodrigues, Sebastião Rodrigues Alves, Arinda Serafim, Ilena Teixeira, Léa Garcia, Ruth de Souza, entre outros. A motivação de Nascimento para a criação da companhia estava vinculada com a representação de personagens negros e a ausência de atores e atrizes negros e negras.

Anos antes, ao assistir uma peça do dramaturgo estadunidense Eugene O'Neill (1888-1953), *The Emperor Jones*, em Lima, no Peru, se assustou ao ver um ator branco pintado de preto (o chamado *blackface*). Essa foi, não por acaso, a primeira peça encenada pelo TEN — com estreia no Theatro Municipal do Rio de Janeiro em 1945. No TEN, além da produção teatral, Abdias desenvolvia atividades de cunho político-social, atuando na alfabetização de adultos e em cursos de cultura geral, passando pela organização de conferências e congressos, concursos de beleza e mostras de artes visuais até a publicação de um jornal e de livros.[14]

Simultaneamente às atividades do TEN, Nascimento exerceu a função de jornalista e, em 1946, manteve uma coluna no jornal Diário Trabalhista denominada "Problemas e Aspirações do Negro Brasileiro". A coluna demarcava as mobilizações políticas de Nascimento e do TEN para angariar relacionamento com intelectuais e personalidades, a fim de expor a questão do preconceito racial no país. Além do reforço dos entrevistados, como Arthur Ramos, Guerreiro Ramos (que entra para o

TEN na sequência), Thales de Azevedo, entre outros intelectuais de destaque, Abdias estabeleceria ali a vinculação do TEN aos propósitos democráticos da questão racial que envolviam o debate no período. Formalizava-se simbolicamente um pacto democrático, no qual intelectuais negros/as também teriam seu papel na difusão e incorporação dos ideais.[15]

O viés crítico em torno do pacto democrático começa a se estabelecer a partir de 1950. Mais concretamente, duas situações reforçam esse caminho: a realização do I Congresso do Negro Brasileiro (CNB), em 1950, e o acirramento dos embates intelectuais dos membros do TEN com estudos raciais, especialmente da Unesco. O I CNB foi marcado pelo auge da relação de diálogo e conciliação dos membros do TEN com alguns dos estudiosos da chamada "questão do negro". Entre esses participantes, estiveram Roger Bastide, Edison Carneiro, Darcy Ribeiro e Luiz de Aguiar Costa Pinto. Ao mesmo tempo, durante os anos 1950, houve debates acalorados entre intelectuais como Guerreiro Ramos e L. A. Costa Pinto, que em textos e artigos públicos trocaram farpas e insultos.[16] A posição mais crítica aparece nas contribuições de Abdias nos anos 1960, e se cristaliza na primeira edição, em 1968 (pouco antes da sua ida ao exílio), de *O negro revoltado*,[17] livro no qual, além de uma introdução crítica, Abdias inclui documentos do I CNB.

De 1968 a 1981: Novas composições de
um intelectual multifacetado

O final dos anos 1960 é um momento de virada na trajetória de Abdias. O período do exílio[18] teve impacto nas maneiras como ele dinamizava seu pensamento e produção. Isso inclui sua entrada no universo das artes como artista plástico, sua atuação no universo acadêmico como professor titular na Universidade

Estadual de Nova York em Buffalo (SUNYAB), e sua presença em congressos internacionais sobre a questão racial em diversos países. Têm um peso importante as obras publicadas nesse período, nas quais a articulação entre as noções de resistência e revolta ganha sentido mais profundo, junto às noções de diáspora e pan-africanismo, para sua interpretação do racismo brasileiro.[19]

Em 1968, Abdias foi para Nova York após ser contemplado com uma bolsa da Fairfield Foundation para entidades culturais negras nos Estados Unidos. Apesar da tentativa de se firmar como contraponto no debate nacional (com a publicação de *O negro revoltado* e a participação em *80 anos de abolição*), ele não viu grandes possibilidades de trabalhar no Brasil, onde sua posição política não colaborava para que o TEN pudesse atuar durante o governo civil-militar.

Em suas memórias, Abdias aponta que essa decisão teve um vínculo direto com a repressão que enfrentaria no Brasil. A ditadura civil-militar (1964-85) impunha restrição às discussões sobre a questão racial, tendo a ideia de "democracia racial" como doutrina oficial. Por conta disso, alguns inquéritos policiais militares denunciavam Abdias, presumindo sua provável filiação a partidos de esquerda, dado seu ativismo. O que fica explícito em sua trajetória é que sua imagem de "subversivo" se destaca à medida que seu discurso ideológico e denúncias sobre racismo no Brasil ficam mais ostensivos no contexto internacional.

Após a bolsa de estudos, Abdias foi como *visiting fellow* para a Universidade Wesleyan, em Connecticut. Em Wesleyan, participou de seminários, lecionou e foi tutor pedagógico de literatura brasileira em português. Foi ali que começou sua aproximação com o universo acadêmico estadunidense. Em 1969, foi convidado para realizar seminários na área de artes e teatro na Yale School of Drama, como *visiting lecturer*, quando

15

dividiria "com estudantes e professores [sua] experiência do Teatro Experimental do Negro, e [exporia sua] pintura na galeria da School of Art and Architecture da Yale University".[20]

Em 1970, voltou à Universidade Wesleyan, onde foi um dos responsáveis pelo seminário denominado Humanity in Revolt. Com duração de um ano, esse evento contou com a presença de destacadas figuras da época, como Richard Buckminster Fuller, Norman Mailer, Norman O. Brown, John Cage e Leslie Fiedler.

Ademais, Abdias investiu fortemente na sua atuação enquanto pintor e artista. Participou de seminários, exposições e ampliou sua rede de relacionamento social. Conseguiu realizar as primeiras exposições em 1969, na Harlem Art Gallery e na Crypt Gallery. A atividade artística, que definitivamente era algo novo, promoveu seus primeiros discursos de aceitação e pertencimento. A partir dela, o autor reconstruiu a memória do que seriam seus primeiros anos nos Estados Unidos como momento da carreira em que foi parcialmente reconhecido.

Há também uma passagem pela Yale School of Drama atrelada à sua experiência teatral e pelo Inner City Cultural Center de Los Angeles, encenando uma versão de sua peça *Sortilégio: Mistério negro* (1951). No entanto, a pintura parece ter sido naquele momento o carro-chefe das atividades de Abdias nos Estados Unidos, haja vista a quantidade de exposições que realizou.[21] Abdias vinculou nesse momento a arte à sua percepção política sobre a importância do resgate da cultura negra. Apesar de ser conhecido no Brasil pelo ativismo negro, a arte era, nos Estados Unidos, o seu principal cartão de visita.

Em seguida, tornou-se professor titular na SUNYAB, onde assumiria o cargo em 1971. Abdias iniciou sua atuação como professor universitário, ministrando aulas no Centro de

Estudos Porto-Riquenhos da universidade, responsável pelas cadeiras de Cultura Africana no Novo Mundo[22] e Experiência Africana nas Américas do Sul e Central. Essa vivência universitária impactou a forma como Abdias iniciou a produção de mais textos e livros para dar vazão à sua crítica e atuação política acerca do racismo no Brasil. Ele construiu um discurso fundamentado não apenas nas ideias e pautas políticas que carregava desde os anos 1960, mas também em diversos autores e intelectuais, brasileiros e estrangeiros. Ademais, passou a ser reconhecido como um intelectual por um público receptor de suas produções em inglês — como intelectuais africanos e estadunidenses em congressos.

Todas essas atividades lhe proporcionaram estabilidade nos Estados Unidos, como artista plástico e professor acadêmico. A esses dois lugares na trajetória política de Abdias soma-se a participação em congressos internacionais como ativista da luta contra o racismo. Foi a partir de 1974 que iniciou sua peregrinação política por diversos congressos e seminários nos quais as questões das pessoas negras eram o foco.

No percurso político de Abdias, o período entre 1974 e 1981 pode ser demarcado em três perspectivas: 1) aumento de sua produção; 2) presença nos fóruns internacionais; e 3) determinação de um discurso mais radicalizado sobre sua situação, tida como de "autoexílio". Destacam-se os anos de 1976 e 1978, nos quais Abdias teve um "pico de experiências" em sua trajetória internacional. Publicações, viagens, um período na Nigéria e o II Festival Mundial de Artes e Cultura Negra e Africana (Festac '77) marcaram esse momento, que foi decisivo para a construção das suas memórias no exterior.[23]

Até 1976, além das exposições, Abdias apenas compôs um artigo sobre cultura afro-brasileira e reeditou outro escrito em 1967 sobre o TEN.[24] Ele engendrou um "sistema completo" em torno de sua produção e atuação políticas, incluindo seus textos, pinturas e o teatro como produtos de um sentido único: seu ativismo pan-africanista em prol do resgate da cultura negra brasileira contra o racismo. Dessa maneira, buscou exercer seu ativismo através das possibilidades que lhe surgiram: como professor e artista, começava a participar de eventos e palestras em território estadunidense, nos quais falava sobre a situação das pessoas negras no Brasil, e depois esteve presente em eventos internacionais.

Sua produção escrita floresceu a partir da presença nos congressos internacionais. Estes o levaram a produzir materiais que seriam compilados posteriormente, resultando em dois livros, *Brazil, Mixture or Massacre?: Essays in the Genocide of a Black People* (1979) e *O quilombismo: Documentos de uma militância pan-africanista* (1980). Também vinculados ao contexto dos congressos estão os trabalhos *"Racial Democracy" in Brazil: Myth or Reality?* (1976), *O genocídio do negro brasileiro* (1978) e *Sitiado em Lagos: Autodefesa de um negro acossado pelo racismo* (1981). Nesse período, a produção anterior e sua trajetória passaram por uma releitura crítica. Em 1979, reeditou a peça *Sortilégio: Mistério negro*, escrita em 1951, propondo uma segunda versão, incluindo mais elementos culturais negros na trama.

Em 1976, foi para a Universidade de Ifé (atual Universidade Obafemi Awolowo), na Nigéria, como professor visitante, alocado no Departamento de Línguas e Literaturas Africanas, onde ficou por um ano. Sua presença no continente africano se revestiu de grande valor simbólico. Algo importante desse período é a aproximação de Abdias com pensadores e intelectuais internacionais, que expandem suas posições em torno do racismo. Seu ponto central continua sendo o Brasil, ou seja, os impactos do racismo brasileiro sobre os destinos do país. No entanto, amplia sua perspectiva de culturas negras por meio das noções de pan-africanismo e de diáspora, além do contato com obras de intelectuais como Wole Soyinka, Cheikh Anta Diop, Julius Nyerere, Carlos Moore, Maulana Karenga e Molefi Asante, entre outros.

Através de uma perspectiva pan-africanista, Abdias aprofundou sua visão sobre cultura negra como parte de um legado transnacional da diáspora. Também, ao relacionar o que escrevia com o que pensava de si, começou a entender (e divulgar) sua situação de "estrangeiro". O sentido de "estrangeiro" no pensamento de Abdias passa a ter duplo valor simbólico. "Estrangeiro" pela situação de exilado, a partir da qual constrói uma relação de identidade com outros exilados brasileiros nos Estados Unidos; e "estrangeiro" como integrante da diáspora, por ser "negro" e viver fora do continente africano.

Sua participação no Festac '77 também foi emblemática. Até então, Abdias não havia falado sobre sua situação relativamente ao governo brasileiro. A única referência política em seu discurso era sobre a opressão sob a qual vivia a população negra brasileira diante da falsidade do mito da democracia racial. Ou seja, nada de "exílio político" ou outro assunto. Abdias estaria sendo vigiado pelo governo brasileiro desde outubro de 1976, quando chegou ao país para atuar como professor visitante.

O governo brasileiro teria ordenado medidas específicas para impedir a participação do intelectual no festival, com o intuito de garantir a manutenção da política externa do Brasil com a imagem multirracial, sem conflitos e harmônica.[25] Nesse momento Abdias estava na mira do governo ditatorial. Devido a essa perseguição política e diplomática, não participou do Festac '77 como "delegado oficial", e, portanto, não poderia se manifestar nas resoluções finais. Apesar de frequentar informalmente o colóquio como "observador", Abdias conseguiu distribuir cópias do texto rejeitado para o grupo. A partir da divulgação desse material e da cobertura da mídia sobre o fato (favorável a Abdias), o corpo diplomático brasileiro, junto à sua delegação, travou uma batalha para evitar ainda mais a exposição do autor e os questionamentos da imagem do país como uma democracia racial. O resultado foi uma "saia justa" para a delegação brasileira, que se viu pressionada pelos membros do grupo a dar satisfações em relação à denúncia de Abdias. Assim, com o apoio da delegação estadunidense e de intelectuais africanos como Wole Soyinka, ele conseguiu espaço para falar e incluir nas recomendações finais uma solicitação de estudos da realidade racial no Brasil.

A importância desse episódio se reflete em sua produção e autoimagem. Além de uma edição em português de *"Racial Democracy" in Brazil: Myth or Reality?*,[26] edita o livro *Genocídio*[27] e investe também em coletâneas, narrando sua trajetória naqueles anos. De modo simbólico, era como se aquele evento tivesse consagrado sua importância e imagem como uma liderança do protesto negro internacionalmente.

Além da organização de coletâneas, que refletiam a "linearidade" de seu ativismo internacional, o autor também se engajou na reflexão mais sistematizada sobre cultura negra e a realidade da população negra no Brasil, dando origem ao conceito de *quilombismo*, uma proposta política para a organização social. Esse conceito aparece no livro-coletânea que leva o mesmo nome, publicado em 1980. O título extenso de um dos artigos, "Quilombismo: Um conceito científico emergente do processo histórico-cultural das massas afro-brasileiras", explica a pretensão de Abdias com esse texto.[28] O quilombismo representa o momento-chave de sua trajetória política, no qual, além da reflexão acerca dos elementos críticos sobre o racismo brasileiro, ele empreende uma proposta de sociedade baseada nos termos de uma real inclusão e participação do negro.

O conjunto das obras a partir dos anos 1970 reforça no percurso político de Abdias uma imagem para além de sua figura de artista. Através delas, ele expressa sua condição de ativista internacional e professor; pela recepção do público dos congressos e das redes nos Estados Unidos, passa a ser visto como intelectual. É importante ressaltar que tal imagem é estritamente política e reflete, por parte de seus interlocutores, a percepção dele como "pensador e ativista orgânico que produz reflexão sobre questões raciais do Brasil",[29] fundamentada na reconstituição da história do país.

Abdias era visto por muitos de seus pares como uma "representação privilegiada de intelectual total", pelos modos diversos como manifestava seu pensamento e pela contribuição para a questão negra na diáspora. Ele era uma "metáfora da experiência afro-brasileira na diáspora",[30] na qual a África é ponto máximo da identidade, e que, como "porta-voz dos grupos negros brasileiros", colocava o Brasil no cenário da diáspora negra. Sua presença nos congressos, sua produção política e o enfrentamento com o governo brasileiro dão a tônica de um conjunto único e linear: sua trajetória como ativista e intelectual multifacetado.

De 1981 a 2006: O intelectual político

O retorno de Abdias ao Brasil, em 1981, é marcado por uma nova etapa em sua trajetória. Nela, o grande destaque envolve sua atuação na política como deputado federal, secretário estadual e senador. Vale ressaltar que a entrada no mundo político, pelo menos em tese, não era nova. Nos anos 1940 e 1950, Abdias chegou a ser candidato a deputado duas vezes, sem sucesso em ambas.[31] Somente após todo o percurso dos anos seguintes e com o retorno do exílio, a entrada se tornou possível. Ademais, seu encontro no exílio com Leonel Brizola, no fim dos anos 1970, firma uma aliança programática acerca da necessidade de incorporar as questões raciais em uma política partidária. Abdias volta ao Brasil, portanto, já participando da criação do Partido Democrático Trabalhista.

Como já mencionamos, Abdias tinha chegado nesse período, no que diz respeito a seu pensamento político, à enunciação da ideia de *quilombismo*. Apesar de o ativismo negro brasileiro naquele início dos anos 1980 não tê-la endossado totalmente — o momento político dos movimentos negros os levou a aderir mais fortemente ao discurso de *Genocídio* —, o *quilombismo* acaba se tornando uma base para as pautas que Nascimento propõe na carta-programa de Leonel Brizola para o PDT, partido recém-criado por este. O "socialismo moreno"[32] do PDT incorporaria a ideia de quilombismo de modo fragmentado e descaracterizado, como valor de "real integração e democracia social dos negros".[33]

Nesse período também há destaque para a manutenção do trânsito internacional e a atuação do instituto fundado por ele e pela esposa, Elisa Larkin Nascimento, em 1981, o Instituto de Pesquisas e Estudos Afro-Brasileiros (Ipeafro). Após 1982, com a consolidação de seu retorno, Nascimento passou por um momento de institucionalização de sua trajetória política e intelectual. Ele criou condições e novas formas para atuar politicamente, com sua bandeira da luta contra o racismo e pela dignidade do povo negro, que posteriormente é consolidada na atuação como deputado, secretário estadual do Rio de Janeiro e depois senador da República, bem como na atuação do Ipeafro.

A primeira atividade política se deu internamente ao PDT, com a criação da Secretaria do Movimento Negro, em 1981. Na sequência, em conexão com sua perspectiva teorizada em *quilombismo*, se envolveu na criação e organização do Memorial Zumbi, uma iniciativa que unia ativistas, entidades dos movimentos negros, pesquisadores, historiadores,[34] universidades e órgãos públicos. O principal intuito da iniciativa era implantar na serra da Barriga, em Alagoas, onde havia sido Palmares, um polo cultural da memória da resistência do povo negro. Para tanto, buscava-se a desapropriação das terras de Palmares e a realização de peregrinações à serra da Barriga, além de propor a mudança da data de comemoração da libertação dos ex-escravizados para 20 de novembro (data na qual eram realizadas as peregrinações).

É nesse ritmo de atuação, mais pública e política, que Abdias se tornou deputado federal em 1983, na legislação anterior à Constituinte de 1988. Apesar de não ter sido reeleito em 1986, boa parte de seu trabalho durante a legislatura tornou-se um legado para deputados e deputadas negras que adentraram nesse período, influenciando discussões na Constituinte.

Entre os projetos mais importantes, embora não tenham logrado êxito, estão a Comissão do Negro,[35] um projeto para instituição de Ações Compensatórias,[36] a criação de um Memorial do Escravo Desconhecido,[37] um projeto voltado para Crime de Racismo,[38] criação do Dia Nacional da Consciência Negra,[39] e um projeto de lei de direitos das empregadas domésticas.[40] Além disso, Abdias se utiliza do espaço público legitimado no plenário e pela Comissão de Relações Exteriores da Câmara para se manifestar contra o apartheid na África do Sul e em favor da independência da Namíbia.

Em 1991, assumiu a Secretaria Extraordinária de Defesa e Promoção das Populações Afro-Brasileiras, no Rio de Janeiro, durante o governo de Brizola. Além das ações voltadas para o estado, participou de discussões em torno da Rio-92 e do meio ambiente, bem como da relação com a África do Sul, recebendo Nelson Mandela. Na sequência, assume a suplência do Senado Federal, posto que exerceria definitivamente em 1997 (com o falecimento de Darcy Ribeiro). Encerra sua carreira política em 2001, como secretário estadual de Direitos Humanos e Cidadania do Rio de Janeiro.

Vale ressaltar que as atuações nas duas casas legislativas foram acompanhadas de publicações organizadas em torno do Ipeafro, que registraram as atividades institucionais de Abdias, bem como textos e reflexões de pesquisadores e ativistas da questão racial. No âmbito da Câmara, houve a coleção de seis volumes *Combate ao racismo: Discursos e projetos de lei*; no do Senado, a revista *Thoth*, também em seis volumes. Alguns dos projetos de lei, publicados nelas e na biografia política,[41] estavam igualmente referendados com bibliografias. De certa maneira, fica evidente que Abdias deu vazão ao seu lugar enquanto intelectual, construído nos anos anteriores e consolidado no período no exílio, também na sua atuação política institucional.

Entre 2002 e 2006, ainda permaneceu na vida pública, mas na condição de intelectual e artista (realizou exposições, foi homenageado). A partir desse período, com a saúde mais debilitada, foi se afastando do espaço público. Faleceu em 2011.

Uma coletânea de textos de Abdias

A escolha das obras incorporadas nesta coletânea segue passos marcados pela cronologia. Dos dezesseis textos aqui incluídos, dez foram produzidos entre 1940 e o final de 1960. São ensaios que trazem uma perspectiva de formação e desenvolvimento das ideias fundamentais que orientaram o pensamento de Abdias, a partir de sua atuação no Teatro Experimental do Negro (TEN). Neles constam tópicos essenciais de seu pensamento, como a ideia de falsa democracia racial e as noções de negritude e legado das culturas negras. Esse período também é marcado pela interlocução com o pensamento social brasileiro, na figura de autores como Arthur Ramos, Edison

Carneiro, Gilberto Freyre, e por diálogos entre intelectuais do próprio TEN, com destaque para Guerreiro Ramos. Vale ressaltar que grande parte desses textos ainda não havia sido reeditada em livro.

O texto que abre a coletânea, "A missão do Teatro Experimental do Negro (TEN)" ["*Mission of the Brazilian Negro Experimental Theather*"], é um artigo publicado em inglês, a partir de um discurso feito por Abdias em maio de 1949 para a Associação Brasileira de Imprensa (ABI). Podemos compreender esse registro como uma exposição do lugar diferenciado do TEN, a partir da audiência, frente a outras iniciativas para elevação das condições das pessoas negras na sociedade da época. Por um lado, o autor enfatizava a necessidade de integração social de uma massa que, sessenta anos depois da abolição, ainda se encontrava em condições sociais evidentemente subalternizadas. Por outro, por influência de estudos de Gilberto Freyre, Roger Bastide e Arthur Ramos, Abdias acolhia a noção segundo a qual a população negra seria "menos letrada", "emocional", traços manifestos em seus apelos religiosos ou recreativos, como terreiros e escolas de samba. Nesse sentido, termos que saltam à vista na leitura de hoje, como a palavra "adestrar", respondem aos anseios de uma integração social e política do povo negro que, na visão de Abdias, estava associada a valores supostamente de classe média — em suma, de aquisição de capital cultural.

O que está na essência dessa visão é que a consciência advinda desse capital cultural poderia ser a base para organização e entendimento efetivo dos problemas enfrentados por tal população, sendo assim possível uma união mais consistente e voltada para as aspirações desse povo. É preciso, portanto, posicionar o texto no contexto em que estava inserido: da aspiração de conectar o diagnóstico do problema do negro no final dos anos 1940 — período no qual as aspirações em torno do pacto democrático ainda tinham bastante peso e davam o tom do horizonte de ação para o TEN — com o propósito e a vocação da existência do TEN.[42]

Não se tratava de simples adesão à classe média, sem preocupação com os problemas do povo. O foco na abordagem sobre "meios" evidencia que, fundamentalmente, estava em jogo um projeto de ascensão e integração que não era de maneira positiva de classe social, mas de aquisição de diversos capitais (cultural, social, simbólico), algo que passava também pelo quesito estético, pois, de forma ampla e geral, todos esses elementos estavam expropriados da experiência vivida pelas pessoas negras na sociedade brasileira.

Do livro *Relações de raça no Brasil*, foram selecionados dois textos: "O Teatro Experimental do Negro e seu instituto de pesquisa sociológica" e "Convocação e temário do I Congresso do Negro Brasileiro". O primeiro é oriundo de outro discurso feito para a ABI, na inauguração do Instituto Nacional do Negro, no qual temos mais uma mostra de um projeto da intervenção social, política e intelectual visado pelo grupo. O ponto central do texto é a pequena apresentação que Abdias faz do departamento de estudos do TEN, nomeado Instituto Nacional do Negro, e de seu diretor, o ilustre sociólogo e membro do TEN, Alberto Guerreiro Ramos.

É importante resgatar a memória do movimento negro não só em sua relevância simbólica na luta contra o racismo, a favor da real integração do negro na sociedade brasileira, mas também a partir de seus meios e planos para esse processo. Por isso a escolha por reproduzir também a convocatória e o temário para o I CNB. O congresso foi realizado em agosto e setembro de 1950, no Rio de Janeiro, e reuniu escritores, pesquisadores, historiadores, intelectuais, envolvendo pessoas negras e brancas. Os temas abordados revelam as áreas de interesse do TEN: história, vida social, sobrevivências religiosas, folclóricas, línguas e estética.

O livro *Dramas para negros e prólogo para brancos*, de 1961 — mais uma edição feita pelo TEN — é uma antologia de peças do teatro negro. Para figurar nesta coletânea, foi escolhida a introdução, um texto interessante por revelar um olhar mais abrangente sobre o posicionamento do grupo, baseado na noção de negritude. Com o sugestivo título de "Prólogo para brancos", a introdução vale-se da obra do autor cubano Fernando Ortiz para conectar a origem africana da expressão cultural com o teatro, por meio de ritmo, danças e formas de expressão da cultura oral. O texto também chama a atenção pelo modo como insere o teatro negro brasileiro em perspectiva histórica com outros teatros, como norte-americano, africanos, francês e cubano. Abdias visa ampliar a noção da pertença cultural das matrizes do teatro feito pelo TEN para um sentido histórico do fazer negro. Nesse momento, Abdias já estava organizando o entendimento sobre a atuação de sua produção e do TEN a partir da negritude em elementos também internacionais, ou melhor, fora de uma excepcionalidade brasileira.

O volume *Teatro Experimental do Negro: Testemunhos*, de 1966 (editado pela GRD), é uma coletânea de ensaios e pequenos artigos sobre a atuação do TEN, desde os anos 1940. Entre seus colaboradores estão integrantes do grupo, como o próprio Abdias Nascimento, Guerreiro Ramos e Guiomar Ferreira de Matos, e outras personalidades da vida cultural e do teatro, como Efrain Tomás Bó, Nelson Rodrigues e Augusto Boal. Dele, foram selecionados dois textos de Abdias: "Uma experiência social e estética", de 1953, e "Cristo Negro", de 1955.

No primeiro, Abdias demarca o lugar do TEN não apenas como espaço da prática artística do teatro, mas do pensamento: "O Teatro Experimental do Negro inaugurou em nosso país uma nova fase nos estudos sobre o negro, partindo dessa verdade histórica elementar: o negro deixou a senzala completamente despreparado para a vida livre de cidadão". Esse ponto de vista reforça, naquele momento de tensão, o interesse de Abdias e dos intelectuais negros do TEN em se colocarem como produtores das análises da questão do negro, e não meros coadjuvantes. Já o texto de 1955, "Cristo Negro", trata do concurso que premiava a melhor representação artística de Jesus como pessoa negra. Abdias argumenta a favor de uma imagem de Cristo compatível com o povo que o representa, uma perspectiva que também estava sendo trabalhada à época por Guerreiro Ramos.[43]

Dos anos 1950 e início dos 1960, damos um salto para o final dos anos 1960. O texto "O poder negro poderá chegar até aqui?", publicado no *Jornal da Senzala* no começo de 1968, é tido por pesquisadores como o "início da radicalização do pensamento de Abdias".[44] Decerto, diversos elementos que vão marcar a crítica realizada por ele nos anos seguintes já estão presentes ali — a ideia da democracia racial como farsa, do Brasil como um dos piores regimes raciais do mundo, a crítica ao apagamento e à negação do racismo no Brasil, a ideia da miscigenação como forma de branqueamento.

O texto parte de uma comparação com a questão racial nos Estados Unidos, propondo responder se o Poder Negro (Black Power) poderia chegar ao Brasil. Em sua resposta, Abdias argumenta contra a noção de que o racismo nos Estados Unidos seria pior que no Brasil. A premissa de que lá era violento e explícito, enquanto no Brasil as relações eram harmoniosas, era falsa, algo que a realidade histórica não sustentava. Nesse

sentido, a palavra "genocídio" aparece em seus textos muito
antes do seu livro seminal do fim dos anos 1970:

> Ignoram, ignorariam [os americanos] o que se passa por de-
> trás do biombo da democracia racial de fachada que o Bra-
> sil ostenta? Essa inconcebível mistificação do Brasil apre-
> sentar-se no exterior como exemplo de harmonia racial [...].
> A dura realidade é que este jogo floral não erradica a situa-
> ção do negro no Brasil que, à parte secundaríssimos por-
> menores, diferenças apenas de grau, é semelhante à do ne-
> gro nos Estados Unidos. Semelhante ou talvez pior. [...]
> Sobre os grilhões e o *genocídio* dos tumbeiros não se cons-
> tituiu uma "aristocracia cutânea" baseada na cor branca,
> que até hoje monopoliza o bem-estar, a economia, a edu-
> cação, o prestígio social, o poder político? E essa aristocra-
> cia da brancura, cujo poder incomparável tem degradado
> a cor negra através de processos violentos (seu poder po-
> licial) ou através de processos sub-reptícios e formas sutis
> (a religião, a ciência, a arte, a cultura enfim), por acaso não
> existe no Brasil? (grifo nosso)

Chama a atenção também o olhar internacional na leitura que
Abdias faz do racismo brasileiro. Para além da proposta da
comparação com a situação racial dos Estados Unidos, ele traz
a questão do colonialismo em África e o governo autoritário
de Salazar (mesmo não mencionando o Brasil provavelmente
para evitar perseguição direta), tudo isso conectado à situação
do negro no Brasil:

> abominamos o colonialismo que ainda nos desgraça a bran-
> cos e negros. Colaboraremos na conscientização do negro
> e do povo brasileiro em geral, certos de que assim estare-
> mos colaborando para o desenvolvimento do país, para a

amizade verdadeira entre os povos e a fraternidade entre os homens. Não é possível fraternidade nem paz enquanto o negro permanecer estrangeiro dentro das fronteiras de sua própria pátria, enquanto os brancos assassinarem negros na África, enquanto colonialistas ainda mantiverem, às portas do século XXI, colônias conquistadas à força e espoliadas há cerca de quatro séculos [...]. O mundo ou caminha para a justiça social verdadeira, com o negro participando da condução dos destinos de seu país, ou caminharemos para dias tormentosos.

1968 é bastante importante na trajetória de Abdias. Não por acaso mais três textos desta coletânea foram produzidos (e publicados) nesse ano, que apenas marca um período importante da história brasileira, na véspera do acirramento do período da ditadura civil-militar de 1964 com o AI-5, como a véspera da ida de Abdias para o (auto)exílio.

Um desses textos é o depoimento dado na ocasião do seminário sobre os oitenta anos da abolição. O debate foi editado e transformado em livro pela Cadernos Brasileiros e contou com figuras importantes do mundo intelectual da época. Foi moderado por Clarival Valladares e teve participação de Abdias Nascimento, Raimundo Souza Dantas, Edison Carneiro, Sebastião Rodrigues Alves, José Correia Leite e Oscar de Paula Assis. O debate girou em torno de três eixos: a posição do negro no Brasil, aspectos de sua presença na cultura brasileira e a experiência do indivíduo negro diante do problema racial.

Questões que atravessam a necessidade de inclusão e elevação social do negro, presentes nos textos anteriores, ganham tonalidade mais crítica contra a democracia racial. É também importante notar a presença de Sartre no texto, em especial a partir da sua obra *Reflexões sobre racismo*,[45] na medida em que a noção de genocídio como holocausto histórico e comparações com a situação dos judeus na Segunda Guerra aparecem ali.

De fato, Abdias começa a cristalizar a noção não apenas de que o Brasil não é realmente uma democracia racial, mas tem um lugar específico no panteão dos piores lugares racistas do mundo. O Brasil como "pior lugar do mundo para pessoas negras" faria sentido em vista do processo de uma abolição de fachada, do abandono da população negra à marginalidade, à pobreza e ao descaso, e da manutenção de um discurso de apagamento dos traços das culturas negras, impelidas a um embranquecimento e a uma desvalorização da herança africana.

O texto "Teatro Negro do Brasil: Uma experiência sociorracial", escrito em 1968, reconstitui o caminho da atuação do TEN, posicionando o teatro negro como parte da luta histórica antirracista. Retomando a história da encenação assistida no Peru em 1941, na qual viu um ator branco pintado de negro representando *The Emperor Jones*, de Eugene O'Neill (peça que seria a primeira encenada pelo TEN), Abdias tece uma série de perguntas sobre representatividade (*por que não há artistas negros representando personagens negros?*). Sua reflexão se expande para a ausência de pessoas negras na real integração brasileira, ou seja, não se tratava de um problema pontual, do mundo do teatro, mas do diagnóstico da falta efetiva de incorporação humanista do negro no Brasil, que bradava a "harmonia racial". O negro como *sujeito* e *protagonista* não apenas das histórias contadas e enquanto personagens aludidos, mas do país como projeto, como presente fértil e futuro desejável.

Abdias atribui o processo de formação colonial do Brasil a uma constituição do que chama de *cosmovisão da brancura*, na qual costumes, tradições, ética, estética e instituições são o fundamento do ser Brasil, aos moldes de uma racionalização imperialista, gerando espoliação generalizada do sujeito negro. Percebemos ali um diálogo direto com seu parceiro de TEN, Guerreiro Ramos.[46]

A contraposição a esse processo seria, então, realizada pelo teatro negro, que se ocuparia da "missão revolucionária" de resgatar a valorização social das pessoas negras por meio de cultura, educação e arte. O interessante é perceber que esse movimento tem duas frentes, na perspectiva de Abdias: combater vigorosamente a visão que julga "equivocada" sobre o negro gerada pelos estudos do negro (sobretudo em sua proposta da democracia racial), e ao mesmo tempo promover a conscientização do próprio negro de suas condições objetivas na realidade do país. Resistência e revolta, como a dupla de conceitos mobilizados na produção de Abdias, aparecem portanto como caminho de construção e sustentação do teatro negro.

> São razões de sobra justificando a pretensão do TEN em ultrapassar o primarismo repetitivo inerente ao folclore, aos autos e folguedos populares remanescentes do período escravocrata, citados anteriormente. Reproduzi-los meramente significaria imperdoável retrocesso, a previamente malograda tentativa de frear o fluxo da vida. E deter o processo histórico-social em cujo seio, simultaneamente, *objetos e sujeitos* — agentes e pacientes — participávamos no esforço comum de emancipar as massas brasileiras de sua condição inferior de cultura e status social.

Vale indicar que a abordagem da educação dá sentido para a transformação subjetiva que Abdias aponta em seu pensamento, e é um elemento importante de sua leitura sobre a ação empreendida pelo TEN:

O que devemos colher desta verificação é que só podemos reunir em massa o povo de cor mediante a manipulação das sobrevivências paideumáticas subsistentes na sociedade e que se prendem às matrizes culturais africanas. Não é com elucubrações de gabinete que atingiremos e organizaremos esta massa, mas captando e sublimando a sua profunda vivência ingênua, o que exige a aliança de uma certa intuição morfológica com o senso sociológico. Com estas palavras desejo significar que o TEN não é nem uma sociedade política, nem simplesmente uma associação artística, mas um experimento sociorracial, tendo em vista adestrar gradativamente a gente negra — com acesso só nas classes do campesinato e do operariado — também nos estilos de comportamento da classe média e superior da sociedade brasileira. [...]

O *Teatro Experimental do Negro* é um processo. A *Négritude* é um processo.

Esse período é encerrado com o apoteótico livro *O negro revoltado*, do qual reproduzimos na coletânea seus dois prefácios, um de 1968, o outro de 1982. Repleto de referências a Albert Camus, a partir do texto *O homem revoltado*, a ideia de revolta e consciência, para transformação da ação social e política, é o mote da obra. A perspectiva de que "Eu me revolto, logo nós somos" é uma explícita chamada de união das pessoas negras para a luta ativista.

O registro taquigráfico revelará que o negro brasileiro não aceita nem paternalismo nem intermediários para suas reivindicações. Dialogando com pessoas de quaisquer origens raciais e pertencentes a classes sociais as mais diversas, ele firmou seus princípios, sua tática e estratégia, recusou a tutela ideológica. O texto que segue é a fixação ao vivo do que o negro pensa, sofre, aspira, reivindica e combate.

Um ponto interessante da narrativa é demarcar quais intelectuais seriam aliados e quais não. Arthur Ramos, Roger Bastide e Florestan Fernandes aparecem no primeiro grupo, enquanto Gilberto Freyre e L. A. Costa Pinto no segundo.[47] É diante dessa situação que uma "ruptura" (o que ele chama de "choque traumático — grito patético de *revolta*") é necessária. Em suas palavras, "quiseram liquidar a raça negra no Brasil, como fizeram mais tarde os nazistas com os judeus. Talvez com um requinte maior de sadismo, desumanidade e covardia [...]: quase quatro séculos de sujeição e espoliação total".

É importante perceber como a análise dos efeitos do racismo estruturalmente condicionado pelo escravismo e pela colonização, no pensamento político de Abdias, passa pela questão subjetiva. Ou seja, ele não aborda somente as questões concretas de marginalização e inferiorização, mas como essa condição afetaria um amplo elenco de frustrações que gerariam "ressentimentos de raça". Expande a noção de revolta como um elemento unificador de uma experiência transnacional, que atingiria todos os povos negros em países de predominância branca. É nesse sentido que Abdias crava: a ideia de democracia racial é apenas um processo disfarçado para o desaparecimento do negro, ou seja, seu genocídio.

> A *revolta* [...] é o fruto de uma consciência lúcida e bem informada que não transige nem transaciona com sua identidade e seus direitos. Por isso, [...] "todo movimento de revolta invoca tacitamente um valor". Que valor invoca a *revolta* do negro? Seu valor de Homem, seu valor de Negro, seu valor de cidadão brasileiro. [...]
> Os "negros invisíveis" aspiram à paz a qualquer preço e encontram a morte.

Já o prefácio para a segunda edição reflete sobre a circunstância da realização do I CNB, em 1950. Faz uma crítica ao excesso de "conciliação" que teria havido por parte dos membros do TEN e que se revelou estéril do ponto de vista das possíveis alianças e ações concretas para transformação da realidade das pessoas negras. E segue como um balanço autobiográfico do que foi o período entre 1968 e 1982, ano da publicação da segunda edição — que coincide com o período do exílio de Abdias.

Os textos produzidos durante esse período são marcados pela interlocução mais ampla com o pensamento crítico, como a escola paulista de sociologia (mais especificamente com Florestan Fernandes), e por uma profícua leitura sobre pan-africanismo e diáspora, ampliando o sentido de negritude em sua reflexão. Trabalhos fundamentais como *Genocídio* e *Quilombismo* fazem parte desse período. Mas há outros artigos da mesma época, alguns inéditos ou pouco conhecidos, que também vão nessa direção. Neste volume, foram incluídos: "Uma entrevista com Abdias Nascimento" [*"An Interview with Abdias Nascimento"*] e "Cultura afro-brasileira" [*"Afro-Brazilian Culture"*], reproduzidos na revista *Black Images: A Critical Quarterly on Black Culture*; "Arte afro-brasileira: Um espírito libertador" [*"Afro-Brazilian Art: A Liberating Spirit"*], reproduzido na revista *Black Art: An International Quarterly*; e "Influências da cultura africana no desenvolvimento da arte brasileira" [*"Influences of African Culture in Development of Brazilian Art"*].
Em "Cultura afro-brasileira", de 1972, Abdias identifica o modelo reprodutor da exploração e da dominação estruturais raciais para além das questões econômicas e materiais. A religião e as manifestações culturais, segundo ele, dão sentido ao processo de "morte do espírito", perpetuada pelo racismo histórico brasileiro.

O artigo "Influências da cultura africana no desenvolvimento da arte brasileira", de 1976, foi escrito por encomenda da Unesco, para o Festac '77, realizado em Lagos em janeiro e fevereiro de 1977. Nesse texto, Nascimento relê a história do Brasil à luz da presença africana. Para reconstituir a vida dos negros, Nascimento se apoia em referências historiográficas como Joaquim Nabuco (para falar da condição de escravidão e do abolicionismo), Arthur Ramos (de quem empresta a classificação etnológica das culturas africanas no Brasil), Guerreiro Ramos (na crítica às mentes colonizadas da elite brasileira), Thomas Skidmore (na citação de diversos pensadores responsáveis pelo alastramento da visão estereotipada e discriminadora dos negros) e Florestan Fernandes (na apresentação de dados específicos sobre discriminação racial e desigualdade social que atingem os negros).

Nascimento postula que a corrupção da imagem do negro não teria sido apenas física e "espiritual", mas também de seu legado e cultura, incluindo a religião e as concepções filosóficas desse povo. Ele articula a ideia de resistência em relação à cultura afro-brasileira com o legado cultural de África. A religião é concebida como tendo papel "revolucionário" na realidade histórica do negro brasileiro, especialmente pela imposição oficial do catolicismo pelas elites nacionais e coloniais. Seria, dessa maneira, o locus privilegiado da resistência cultural africana no Brasil. Por tal motivo, teria sido a base da produção da arte negra brasileira. O modo como Nascimento traz à tona a importância do candomblé como forma de resistência reflete, portanto, uma estrutura lógica mais política do que histórica ou mesmo antropológica. Como consequência, seu discurso sobre cultura negra acaba adquirindo, no entanto, certo sentido de "criação de mitos", ou "etnoessências", de modo que explora sentidos artísticos que estariam na raiz da "essência criativa do africano".

***

Em "Arte afro-brasileira: Um espírito libertador", de 1976, Nascimento situa historicamente os obstáculos para o reconhecimento da arte negra no Brasil e demonstra a importância do candomblé para a constituição de uma "genuína" arte negra. O tema das artes negras, como base da cultura de resistência afro-brasileira, ganhava mais força em sua produção, tanto de pensamento quanto em suas pinturas. Abdias compreendia tal posição como uma manifestação voltada à prática: era na resistência do povo negro que se fazia o combate incansável contra o racismo que aniquilava as vidas negras.

A definição de arte negra, respaldada em uma concepção mais ampla de cultura, surge em convergência com a noção de diáspora. Abdias utiliza a expressão em muitos momentos com sentido de "cultura", porém o uso do termo "arte" pretende demonstrar uma premissa que vincula a expressão da cultura negra às manifestações concebíveis como artísticas, e que poderiam ser percebidas em toda a diáspora.

De fato, essa visão sobre a arte e o artista é bastante contextual. A partir de 1973, Abdias inicia sua imersão no ativismo político com a participação em diversos congressos e seminários internacionais sobre a questão racial. Neles, em contato com as ideias e os intelectuais, amplia seu contato com conceitos oriundos de uma abordagem transnacional sobre o negro, em parte via cultura. Conceitos como diáspora africana e pan--africanismo são incorporados e ressignificados em sua reflexão sobre a cultura negra no Brasil.

Dessa forma, a arte negra ganha significado mais amplo de arte produzida a partir de um legado cultural de matriz africana diaspórica, com recorte pan-africanista, que não designa arte em si, mas é um instrumento de expressão da resistência que representaria a cultura negra na diáspora. A arte negra, comprometida e pan-africana, é manifestada em alguns modelos de produção, segundo Nascimento. Esculturas em bronze, madeira e metal, artesanato em tecidos são algumas dessas expressões. Para ele, grande parte das peças de arte negra tem motivação religiosa, incluindo as originadas no contexto do colonialismo. Partindo da noção de uma "inclinação artística do africano", Abdias argumenta que a religião seria uma das formas em que, mesmo com todas as perseguições, o africano poderia expressar sua cultura e suas raízes.

Embora pareça um tanto essencialista ou mesmo romântica, essa leitura tem sentido político, mais do que de exatidão histórica. Ao delimitar a motivação religiosa como base da produção de arte negra na diáspora, Nascimento toma 1) a origem cultural africana dessa arte como religiosa desde a África, ou seja, a religiosidade está na essência de sua produção; e 2) na dinâmica da diáspora, da dominação e exploração, essa arte como contestatória, fruto de resistência cultural dos negros. Abdias, assim, constrói um sentido de resistência para manifestações da arte de origem africana, relacionando-a com um processo de "racionalidade de humanização" do negro na diáspora.

O candomblé não é, assim, apenas uma forma de resgate da identidade negra brasileira, de modo a fundamentar a luta pelo reconhecimento desse elemento étnico no país; é, sim, uma religião que reúne elementos originários de matrizes culturais africanas e serve como fonte de resistência à aculturação e à miscigenação compulsória "civilizatória" europeia. É um elemento de identidade não só brasileiro, mas também da diáspora, de conexão para todas as experiências dos negros fora do continente. O "negro" não é apenas brasileiro, ou específico de uma nacionalidade. Ele é inspirado em uma noção ampla, transnacional, delimitada por sua matriz cultural. Essa identidade negra da diáspora remonta às experiências do negro em sociedades multirraciais e tonaliza sua definição étnica a partir de uma perspectiva multicultural.

Para encerrar a coletânea, trazemos um representante do último período. Em "Quilombismo: O caminho afro-brasileiro para o socialismo" ["*Quilombismo: The African-Brazilian Road to Socialism*"], escrito nos anos 1980 e publicado em 1990, há três elementos que valem nossa atenção: 1) discussão conectada com o pan-africanismo, algo que foi desenvolvido durante o período do exílio; 2) uso da categoria *quilombismo*, importante na consolidação das visões de resistência e revolta no pensamento de Abdias — que retoma a conceituação de quilombismo, criada no final dos anos 1970, como uma perspectiva atualizadora da luta contra o genocídio, bem como uma proposta político-social de integração promissora do Brasil; e 3) uma discussão mais "no chão" sobre consequências do genocídio contra povos negros, tratando por exemplo de questões urbanas (pobreza, condições deficitárias) e da terra (concentração fundiária e expropriação capitalista da terra como fenômenos que compõem o genocídio do povo negro).

Fundamentalmente, a força da contribuição de Abdias nesse período está em conectar o seu pensamento, especialmente elaborado e consagrado no período anterior, com sua atuação política, orientando suas ideias como base para formulação de projetos de leis, debates no âmbito da política institucional e execução de iniciativas e ideias na esfera executiva (de governo estadual). De certo modo, é um período marcado menos pela "inovação" em seu pensamento e mais pela expansão, que visava tanto que ele se materializasse na prática quanto que os diálogos se ampliassem no âmbito internacional.

A escolha dos textos não reflete na totalidade a rica e ampla produção do pensamento de Abdias. No entanto, a partir deles e de suas fases, é possível perceber um percurso que vai se cristalizando em torno das ideias voltadas para a realidade do negro no país. Como podemos perceber, de maneira quase circular e dentro das contradições que carregam uma trajetória, Abdias inicia e finaliza sua contribuição tentando responder a algumas questões basilares: qual é a contribuição do negro para o Brasil? Qual é o futuro que almejamos enquanto país, a partir da real integração desse contingente? É por isso que podemos afirmar: Abdias foi um intérprete do Brasil.

Referências bibliográficas

ALBERTO, Paulina L. *Terms of Inclusion: Black Intellectuals in Twentieth-Century Brazil*. Chapel Hill: University of North Carolina Press, 2011.

____. *Termos de inclusão: Intelectuais negros brasileiros no século XX*. Trad. de Elizabeth de Avelar Solano Martins. Campinas: Editora da Unicamp, 2020.

ALMADA, Sandra. *Abdias Nascimento*. São Paulo: Selo Negro, 2009.

BASTIDE, Roger; FERNANDES, Florestan. *Brancos e negros em São Paulo*. São Paulo: Companhia Editora Nacional, 1971.

BASTIDE, Roger. *Estudos afro-brasileiros*. São Paulo: Perspectiva, 1973.

____. *As Américas negras*. São Paulo: Difel; Edusp, 1974.

CARNEIRO, Edison. *Antologia do negro brasileiro*. Rio de Janeiro: Globo, 1950.

CUSTÓDIO, Tulio. "Roads and Paths: The Intellectual Trajectory of Abdias Nascimento". In: VIEIRA, Vinícius Rodrigues; JOHNSON, Jacquelyn (Orgs.). *Pictures and Mirrors: Race and Ethnicity in Brazil and the United States*. São Paulo: FEA-USP, 2009, pp. 133-54. [Ed. bras.: "Caminhos e trajetos: A trajetória intelectual de Abdias Nascimento durante o período de exílio nos Estados Unidos (1968-1981)". In: VIEIRA, Vinícius Rodrigues; JOHNSON, Jacquelyn (Orgs.). *Retratos e espelhos: Raça e etnicidade no Brasil e nos Estados Unidos*. São Paulo: FEA-USP, 2009, pp. 141-63.]

____. *Construindo o (auto)exílio: Trajetória de Abdias Nascimento nos Estados Unidos, 1968-1981*. São Paulo: Universidade de São Paulo, 2012. Dissertação (Mestrado em Sociologia).

____. "Dilemas de uma intelectualidade afro-brasileira: Caso Abdias Nascimento". In: Itaú Cultural (Org.). *Ocupação Abdias Nascimento*. São Paulo: Itaú Cultural, 2016, pp. 18-20.

____. "Abdias Nascimento: Trajetos e travessias". In: PEDROSA, Adriano; CARNEIRO, Amanda (Orgs.). *Abdias Nascimento: Um artista panamefricano*. São Paulo: Museu de Arte de São Paulo, 2022. v. I, pp. 108-27.

____. "Vamos lá: Sentidos do afropessimismo". In: SECCHES, Fabiane (Org.). *Depois do fim: Conversas sobre literatura e antropoceno*. São Paulo: Instante, 2022, pp. 82-8.

DIOP, Cheikh Anta. *The African Origin of Civilization: Myth or Reality*. Trad. de Mercer Cook. Nova York: Lawrence Hill, 1974.

DU BOIS, W. E. B. "The Souls of Black Folk". In: ____. *Du Bois Writings*. Org. de Nathan Huggins. Nova York: Library of Congress, 1986, pp. 357-548. [Ed. bras. do texto: *As almas do povo negro*. Trad. de Alexandre Boide. São Paulo: Veneta, 2021.]

FANON, Frantz. *Os condenados da terra*. Trad. de Enilce Albergaria Rocha e Lucy Magalhães. Juiz de Fora: Editora UFJF, 2005.

____. *Peles negras, máscaras brancas*. Trad. de Sebastião Nascimento com colaboração de Raquel Camargo. São Paulo: Ubu, 2020.

FERNANDES, Florestan. *O negro no mundo dos brancos* [1972]. São Paulo: Global, 2007.

____. *A integração do negro na sociedade de classes* [1964]. 2 v. São Paulo: Globo, 2008.

FREYRE, Gilberto. *Casa-grande & senzala* [1933]. São Paulo: Global, 2004.

GUIMARÃES, Antonio Sérgio Alfredo. *Classes, raças e democracia*. São Paulo: Ed. 34, 2002.

____. *Modernidades negras*. São Paulo: Ed. 34, 2021.

HOFBAUER, Andreas. *Uma história de branqueamento ou o negro em questão*. São Paulo: Unesp, 2008.

KILOMBA, Grada. *Plantations Memories: Episodes of Everyday Racism*. Münster: Unrast, 2008. [Ed. bras.: *Memórias da plantação: Episódios de racismo cotidiano*. Trad. de Jess Oliveira. Rio de Janeiro: Cobogó, 2019.]

MACEDO, Márcio José de. *Abdias Nascimento: A trajetória de um negro revoltado (1914-1968)*. São Paulo: Universidade de São Paulo, 2005. Dissertação (Mestrado em Sociologia).

MBEMBE, Achille. *Crítica da razão negra*. Trad. de Marta Lança. Lisboa: Antígona, 2014. [Ed. bras.: *Crítica da razão negra*. Trad. de Sebastião Nascimento. São Paulo: n-1, 2018.]

MOTTA-MAUÉS, Maria Angelica. *Negro sobre negro: A questão racial no pensamento das elites negras brasileiras (1930-1988)*. Rio de Janeiro: Instituto Universitário de Pesquisas do Rio de Janeiro, 1997. Tese (Doutorado em Sociologia).

MOURA, Clóvis. *O negro: De bom escravo a mau cidadão?*. São Paulo: Dandara, 2021.

NASCIMENTO, Abdias. *Relações de raça no Brasil*. Rio de Janeiro: Quilombo, 1950.

____. *"The Negro Theater in Brazil"*. *African Forum*, Nova York, v. 2, n. 4, primavera 1967.

____. "Teatro Negro do Brasil: Uma experiência sócio-racial". *Revista Civilização Brasileira*, Rio de Janeiro, ano IV, Caderno Especial n. 2, pp. 193-210, jul. 1968.

NASCIMENTO, Abdias. *"Afro-Brazilian Culture"*. Black Images: A Critical *Quartely on Black Culture*, Toronto, v. 1, n. 3-4, pp. 30-41, outono/inverno 1972.

_____. *"Racial Democracy" in Brazil: Myth or Reality?*. Trad. de Elisa Larkin Nascimento. Ilê-Ifé: University of Ife, 1976.

_____. *O genocídio do negro brasileiro: Processo de um racismo mascarado*. Rio de Janeiro: Paz e Terra, 1978.

_____ (Org.). *Journal of Black Studies*, v. 11, n. 2, dez. 1980.

_____ (Org.). *O negro revoltado*. 2. ed. Rio de Janeiro: Nova Fronteira, 1982.

_____. *O Brasil na mira do pan-africanismo*. Salvador: Centro de Estudos Afro-Orientais; EdUFBA, 2002.

_____. *Quilombo: Edição em fac-símile do jornal dirigido por Abdias Nascimento*. São Paulo: Ed. 34, 2003.

NASCIMENTO, Abdias; SEMOG, Éle. *O griot e as muralhas*. Rio de Janeiro: Pallas, 2006.

NASCIMENTO, Elisa Larkin. *Pan-Africanism and South America: Emergence of a Black Rebellion*. Buffalo: Afrodiaspora, 1980. [Ed. bras.: *Pan-africanismo na América do Sul: Emergência de uma rebelião negra*. Petrópolis: Vozes, Ipeafro, 1981.]

_____. *Dois negros libertários: Luiz Gama e Abdias Nascimento*. Rio de Janeiro: Ipeafro, 1985.

_____. *O sortilégio da cor: Identidade, raça e gênero no Brasil*. São Paulo: Selo Negro, 2003.

_____. *Abdias Nascimento*. Brasília: Senado Federal, 2014.

_____. *Abdias Nascimento, a luta na política*. São Paulo: Perspectiva, 2021.

"NEGADO a Abdias Nascimento o famigerado 'Atestado de ideologia'". *Última Hora*, Rio de Janeiro, 18 jun. 1954, p. 8.

NUCCI, Priscila. "Abdias Nascimento e as elaborações da África". In: XIV Congresso Brasileiro de Sociologia, Rio de Janeiro, 2009.

POSNOCK, Ross. *Color & Culture: Black Writers and the Making of the Modern Intellectual*. Boston: Harvard University Press, 1998.

RAMOS, Alberto Guerreiro. *Introdução crítica à sociologia brasileira*. 2. ed. Rio de Janeiro: EdUFRJ, 1995.

_____. *Negro sou: A questão étnico-racial e o Brasil: Ensaios, artigos e outros textos (1949-73)*. Org. de Muryatan S. Barbosa. Rio de Janeiro: Zahar, 2023.

RAMOS, Arthur. *A aculturação negra no Brasil*. Rio de Janeiro: Companhia Editora Nacional, 1942.

RAMOS, Arthur. *As culturas negras no Novo Mundo*. 2. ed. Rio de Janeiro: Companhia Editora Nacional, 1946.

SARTRE, *Reflexões sobre racismo*. Trad. de Jacó Guinsburg. São Paulo: Difel, 1960.

SCHWARCZ, Lilia Moritz; BOTELHO, André (Orgs.). *Um enigma chamado Brasil: 29 intérpretes e um país*. São Paulo: Companhia das Letras, 2009.

SKIDMORE, Thomas E. *Preto no branco: Raça e nacionalidade no pensamento brasileiro*. Rio de Janeiro: Paz e Terra, 1976.

WEST, Cornel. *Race Matters*. Boston: Beacon, 1993. [Ed. bras.: *Questão de raça*. 2. ed. Trad. de Laura Teixeira Motta. São Paulo: Companhia das Letras, 2021.]

_____. *Democracy Matters: Winning the Fight Against Imperialism*. Nova York: Penguin, 2004.

WRIGHT, Richard. *The Outsider*. Nova York: Harper Perennial, 2008.

WRIGHT, William D. *Black Intellectuals, Black Cognition, and a Black Aesthetic*. Westport: Praeger, 1997.

A missão do Teatro
Experimental do Negro (TEN)*

O propósito do Teatro Experimental do Negro, explica seu fundador e presidente, é sintonizar as duradouras tradições religiosa e dramática das pessoas negras brasileiras com um programa social edificante.

Mesmo se chamando Teatro Experimental do Negro, o TEN não é apenas uma organização teatral com objetivos artísticos. É muito mais que isso. O TEN é um movimento social que brotou das condições socioeconômicas atuais de pessoas brasileiras de cor.[1] Seus principais objetivos são elevar o nível cultural dessa população e desenvolver o valor subjetivo dos indivíduos que a compõem. Ainda que o espírito associativo não seja inato, é mais provável que seja uma característica presente entre os grupos letrados do que um atributo das massas. É por isso que tem sido particularmente difícil, como as análises da vida brasileira sugerem, conseguir que homens e mulheres trabalhem juntos de forma cooperativa em prol de objetivos sociais definidos.

Logo no início de nossa empreitada, admitimos que o problema com o qual deveríamos lidar demandaria o uso de uma tática sociológica chamativa ou, ao menos, algum tipo de ação não idealista com um traço ideológico, e que fosse óbvia e prontamente adaptável aos padrões psicossociais que

---

* Texto publicado originalmente em inglês e traduzido por tatiana nascimento.

queríamos mudar. De fato, uma pesquisa sobre as experiências de associações organizadas por pessoas brasileiras de cor mostra que a maioria delas falhou, precisamente pela ausência daquilo que poderia ser chamado, na falta de termo mais apropriado, de "atitude sociológica". Algumas delas surgiram da revolta e organizaram-se exclusivamente para lutar (através da ação direta) contra a injustiça e a discriminação por cor. Mas, em vez de alcançar uma solução, tais associações apenas intensificaram os problemas de um número maior de brasileiros.

Na outra ponta, há aqueles grupos que se inspiraram em reflexões políticas (algumas vezes legítimas, mas muitas não) e quase sempre atuaram como serviçais de interesses privados. Assim, de uma forma ou de outra, a vida de tais associações foi efêmera, ou teve uma existência tão precária que não chegaram a produzir nada de valor positivo; exceto, talvez, uma distração momentânea.

Como explicar isso? Por que essas organizações ou desapareceram ou perderam qualquer eficácia que pudessem ter tido? E, como ocorreu a tantas delas, por que não deixaram nenhum benefício material, mesmo com seus fins nobres e objetivos práticos, e quando conduzidas por pessoas excepcionais? Minha tese é de que (e os fatos sustentam meu ponto de vista), ainda que seus objetivos estivessem, muitas vezes, corretamente posicionados, os meios selecionados para obtê-los foram inadequados.

Isso é algo corriqueiro na vida de todo grupo e indivíduo. Para que seja possível alcançar nossos objetivos, precisamos também estar certos da eficiência dos meios que usaremos para alcançá-los. Uma conclusão válida, portanto, é que as lideranças responsáveis por organizar esses grupos tinham mais habilidades de análise que de realização. Todo movimento social, no entanto, deve considerar a inevitável questão dos meios e fins, uma vez que são inseparáveis.

Por isso, o Teatro Experimental do Negro direcionou-se à problemática dos meios. Esse foi nosso campo de polarização psicológica a ser usado como base para um movimento social de maior alcance. Pela falta de acesso à cultura e à educação, realidade que atinge as massas de pessoas negras de cor, elas não podem ser mobilizadas através do apelo de um programa puramente abstrato. Precisam ser mobilizadas através do apelo magnético de seus interesses religiosos e recreacionais. Já temos isso à mão nos terreiros e nas escolas de samba. Instituições negras de tamanha vitalidade e com raízes tão profundas que podem ser chamadas de telúricas. Daí vem a conclusão de que podemos unir o povo de cor, das massas, apenas através da manipulação desses *paideumas* (termo cunhado por Leo Frobenius para nomear "a alma de uma cultura") que permanecem na sociedade brasileira, e eles têm sido encontrados, como tem acontecido, em nossos duradouros elementos culturais africanos.

A mentalidade de nossa população de cor é ainda pré-letrada e pré-lógica; técnicas sociais, conceitos e ideias aprendidas, sistemas lógicos ainda precisam ser concretizados. A Igreja católica compreendeu essa verdade e o sucesso de suas missões durante o período colonial tinha-a como ponto de partida. O sucesso da organização das massas negras não pode, portanto, fundamentar-se na ilusão da torre de marfim. Mas, ao contrário, demanda a utilização de seus modos de viver naturais, com uma certa consciência morfológica articulada a um direcionamento sociológico.

É a partir de considerações como essa que pretendo expor que o Teatro Experimental do Negro nem é uma organização política nem um simples grupo artístico. O TEN é um experimento psíquico-sociológico cujo objetivo é elevar gradualmente o nível comportamental dos negros brasileiros até que se comparem aos padrões prevalecentes nas classes média e alta do Brasil. Essa tem sido a função do Teatro Experimental do Negro.

Desde sua fundação, em 1944, o TEN implementou grupos de alfabetização e iniciou programas culturais com a ajuda de intelectuais ilustres, como os professores William Rex Crawford (autor de *A Century of Latin-American Thought*, 1941), então adido cultural da embaixada norte-americana no Rio de Janeiro; José Carlos Lisboa, da Universidade do Brasil;[2] Santa Rosa e Willy Keller; escritores como Raymundo Souza Dantas, Guerreiro Ramos, José Francisco Coelho, Maria Yeda Leite, Ironides Rodrigues, entre tantas outras figuras notáveis.

Produzimos montagens de três peças negras de Eugene O'Neill, sob direção do autor deste artigo: *O imperador Jones*; *Todos os filhos de Deus têm asas*; *O moleque sonhador*; uma peça original — *O filho pródigo* —, escrita para nós por Lúcio Cardoso; dois recitais poéticos, um com poemas de Castro Alves, outro com poemas de Cruz e Sousa. Em nossos palcos, dois novos dramaturgos estrearam: Joaquim Ribeiro, com *Aruanda*; e José de Morais Pinho, com *Filhos de santo*. Além da encenação de *Auto da noiva*, de Rosário Fusco, então inaugurando, por assim dizer, um regionalismo brasileiro que se baseia nas crenças e nos impulsos místicos do povo negro.

O Teatro Experimental do Negro está se programando, este ano, para tomar parte no bicentenário do artista ariano Goethe, com a produção de uma de suas peças. Estamos também trabalhando nas montagens de *Calígula*, de Albert Camus, e *Mulato*, de Langston Hughes, que estão sendo ensaiadas. Introduzir nos palcos teatrais empregadas domésticas e trabalhadores humildes, por exemplo, bem como colocar a nata da sociedade carioca e do corpo diplomático do Rio de Janeiro em contato com nossas festividades e atividades sociais é uma das maiores responsabilidades do Brasil e seu teatro nacional. Ocasiões tão estimulantes ajudam no desenvolvimento da personalidade e são oportunidades que se tornaram disponíveis para pessoas brasileiras negras e mulatas através da instrumentalidade do Teatro Experimental do Negro.

E estamos oferecendo, de maneira bem-sucedida, uma "valorização" social das riquezas genéticas de mulheres negras e mulatas com nossos concursos anuais Boneca de Piche e Rainha das Mulatas. É nesse sentido que estamos efetivando um programa para desenvolver a apreciação popular da beleza e a exaltação dos melhores valores na civilização brasileira. Em breve daremos início ao Instituto Nacional do Negro, um órgão do TEN, junto a uma escola de terapia coletiva, oferecendo cursos de dança, canto coral e atuação.

Esses são a fisionomia e o espírito do Teatro Experimental do Negro. De fato, por conta de seu status cultural debilitado, falta à população brasileira de cor a preparação necessária para uma compreensão nítida de seus próprios problemas. O Teatro Experimental do Negro se apresenta como um instrumento indispensável para auxiliar na libertação mental e psicológica do povo negro brasileiro.

O Teatro Experimental do Negro e seu instituto de pesquisa sociológica

(Discurso pronunciado na Associação Brasileira
de Imprensa na oportunidade da inauguração
do Instituto Nacional do Negro)

Desde seus projetos iniciais figurou, no esquema da constituição do Teatro Experimental do Negro, a criação de um departamento especializado que se encarregaria de executar estudos e pesquisas de tudo que se relacionasse com o negro, quer do ponto de vista cultural, sociológico, histórico, biológico, antropológico, linguístico ou religioso. O Teatro Negro, desde seus primeiros vagidos, levantou sua voz tentando chamar a atenção das figuras mais representativas da nossa elite para o seu programa, que incluía desde a alfabetização do homem de cor, a aprendizagem da técnica de apresentar o drama, a educação social e cívica, a introdução na esfera da alta cultura, num esforço de valorizar o negro socialmente, de impulsionar a sua definitiva integração na nacionalidade, livre de recalques e complexos de inferioridade, mas sim numa positiva afirmação de personalidade criadora. Era um trabalho insano de verdadeira reconstrução interior do negro. Mas a verdadeira intimidade do negro, seus problemas mais sentidos, sua estrutura psicológica, eram e ainda são desconhecidos. Fomos por isso rodeados pelo ceticismo de muitos, pela incompreensão de outros e, podemos dizer sem mágoa, pela oposição de alguns brancos e negros. Muitos negavam legitimidade à existência de um teatro negro num país onde o negro é igual ao branco. Outros duvidavam que o homem de cor tivesse qualquer mensagem especificamente negra, que o preto pudesse ter autonomia em sua manifestação artística. Outros mais se opunham a que o negro interpretasse as obras do teatro universal, sob a insinuação nem sempre bem formulada de que devíamos nos ater somente ao gênero folclórico que na linguagem vulgar se traduziria por tipos de "pai-joão", "mães pretas" e de meninos de engenho levando cascudos.

Felizmente vieram dos Estados Unidos ao encontro da nossa aflição e abandono das primeiras horas as palavras generosas e estimuladoras. Eugene O'Neill, o grande nome universal do teatro moderno, solidarizou-se conosco em nosso sonho de redimir o negro através do teatro, de, por intermédio de um palco e do que este significa como veículo de cultura, dar uma nova dignidade ao negro. Hoje que nosso Teatro conta com cinco anos de vigência, podemos afirmar que conseguimos — respeitadas as precariedades dos nossos meios de ação — caminhar bastante na estrada daquela valorização, sempre fiéis à intenção primeira do grupo. Entretanto o mundo do negro em todos os aspectos é uma manifestação complexa de elementos individuais e sociais. Para se chegar à sua intimidade emocional, ao seu comportamento na vida cotidiana, decifrar e revelar ao próprio negro seus problemas, a fim de que ele pudesse fixar rumos para o futuro, era mister que o Teatro Experimental do Negro se socorresse do auxílio indispensável da ciência. Não era possível retardar mais a criação do nosso Departamento de Estudos sem prejudicar fundamente uma obra que vinha se afirmando e se impondo em todo o país e no estrangeiro. Pela primeira vez na história do negro brasileiro, ele se projetou além-fronteiras como portador de um legado cultural autêntico, e outra não é a significação do gesto da União Pan-Americana que acaba de patrocinar uma exposição, em sua sede em Washington, das realizações do Teatro Negro.

O Instituto Nacional do Negro que hoje inauguramos está pois destinado a encher na vida do negro um lugar preponderante para a sua valorização e resgate cultural mais amplo que a pura atividade teatral. Naturalmente não pretendemos impor aos nossos irmãos de cor uma forma de cultura, uma maneira de comportamento e menos ainda uma moral de conduta. Como membros dessa mesma comunidade, participando de suas mais sutis nuances de sensibilidade, com a maior preocupação de averiguar, pesquisar e revelar suas manifestações em todas as ordens de sua vida, nos propomos modestamente saber e conhecer sua forma particular de encarar a vida da cultura e as relações sociais. Repetimos nossa intenção de não impor um padrão de arte nem de saber, senão que averiguaremos humildemente, em nós mesmos e em todos aqueles que se acercarem do Instituto, os meios de elevar o negro para o seu aproveitamento verdadeiro e legítimo da vida na sociedade.

Para a concretização da ideia desse Instituto esbarramos com a mesma dificuldade dos primeiros dias: uma pessoa capaz, para dirigi-lo. Um intelectual que, aliando saber e cultura, fosse capaz de se confundir conosco, trazer a cultura para o meio da rua, para os morros, para os porões miseráveis onde sofre a vida a grande multidão escura. A quem entregar a enorme responsabilidade dessa tarefa de ciência e humanidade?

O professor Alberto Guerreiro Ramos, amigo pessoal da primeira hora, foi, talvez, um daqueles céticos a que já nos referimos. O jovem e ilustre poeta chegado havia pouco da Bahia, precedido pelas trombetas da crítica que saudou seu livro de poesias *O drama de ser dois*, aparecido em [19]37, como uma das vozes mais fortes e singulares do movimento de renovação literária do país, seria o homem indicado. Em seu livro de ensaio, *Introdução à cultura*, de 1939, já se destaca a configuração de um intelectual que compreende "a cultura como uma construção da vida", acompanhando Ortega y Gasset quando pensa que "viver é tratar com o mundo, dirigir-se a ele, atuar sobre ele, ocupar-se dele". Mas além disso Guerreiro Ramos, professor cofundador da Faculdade de Filosofia da Bahia, com profunda displicência e desdém pelos títulos e cargos honoríficos, se afirmava na Metrópole com a mesma pujança e brilho de sua atuação na província, tendo sido indicado para substituir na Faculdade Nacional de Filosofia ao professor André Gros, da Universidade Francesa, na cadeira de Política. Suas atividades intelectuais no entanto se espraiaram por vários setores, marcando sua passagem no Departamento Nacional da Criança, durante a qual, como regente da cadeira de Problemas Econômicos e Sociais do Brasil, elaborou uma nova concepção da solução do problema da mortalidade infantil. Procedeu à integração da medicina e sociologia, deu categoria sociológica a um problema que permanecia restrito ao âmbito da medicina. Representando o Departamento Administrativo do Serviço Público na recente Conferência de Imigração e Colonização de Goiânia teve atuação destacada principalmente na defesa de uma política imigratória de igualdade racial, defendendo ainda com seu ardor peculiar a criança brasileira, com a autoridade que lhe reconhecem os especialistas e mesmo os leigos em contato com seus trabalhos publicados, entre os quais *Aspectos sociológicos da puericultura*, "As implicações sociológicas da puericultura", "Uma concepção multidimensional do comportamento" etc.

O professor Guerreiro Ramos tem ainda regido cursos na Universidade Rural, no Dasp [Departamento Administrativo do Serviço Público], no Clube de Aeronáutica, examinado na Escola de Comando e Estado-Maior da Aeronáutica, e viajado por vários estados pronunciando conferências científicas, principalmente sobre o problema da proteção da criança brasileira.

Ocupando um lugar eminente na sociologia brasileira, esse mulato que a princípio se mostrara arredio a uma colaboração com o Teatro Experimental do Negro, talvez em virtude de maturação cultural e de uma maior intimidade com a vida mesma, numa nova investida após cinco anos, acedeu em assumir a direção do novo órgão. O negro precisa e quer existir. Cumpre agora ao professor Guerreiro Ramos transformar o Instituto Nacional do Negro, que neste momento passamos à sua direção, numa alavanca desse impulso, desse anseio impostergável.

Convocação e temário do
I Congresso do Negro Brasileiro

A Conferência Nacional do Negro, considerando a conveniência de se continuar o estudo das questões referentes ao negro e em geral ao homem de cor, em reunião democrática, resolve convocar o I Congresso do Negro Brasileiro, iniciativa do Teatro Experimental do Negro, comemorativo do centenário da abolição do tráfico de escravos, entre os dias 26 de agosto e 4 de setembro de 1950, no Distrito Federal.

A Conferência Nacional do Negro convida os escritores, os historiadores, os antropólogos, os folcloristas, os musicistas, os sociólogos e os intelectuais em geral a prestigiar, com a sua colaboração, a realização do Congresso, e pede a cooperação de negros e mulatos, homens do povo, para que o Congresso possa ser representativo das aspirações e tendências gerais da população de cor.

A Comissão Organizadora da Conferência Nacional do Negro, transformada, em virtude desta resolução, em Comissão Central de Coordenação do Congresso, ficará incumbida de nomear, para cada estado e para o Distrito Federal, Comissões de Preparação locais, que farão a propaganda do Congresso e encaminharão, à Comissão Central de Coordenação, teses, comunicações e sugestões de interessados no certame.

A Comissão Central de Coordenação expedirá as instruções necessárias, preparará o regimento do Congresso e tomará providências para a sua realização na data prevista.

Guerreiro Ramos
Edison Carneiro
Abdias Nascimento

História

I. Os elementos negros importados. O tráfego de escravos. Distribuição dos africanos no país. Números do tráfico. Estatísticas da população escrava nas províncias. A migração interior de escravos (tráfico interno).

II. Castigos de escravos. Deformações consequentes do trabalho escravo. O escravo nas plantações de cana-de-açúcar, de café, de algodão. O trabalho nas minas. O trabalho doméstico.

III. Os quilombos e as revoltas de escravos. Palmares. Os negros malês na Bahia. Os balaios. O movimento de fuga das lavouras paulistas.

IV. Contribuição do negro à abolição e à campanha abolicionista. Luiz Gama e José do Patrocínio. As juntas de alforria.

V. O valor do escravo, na África e no Brasil. Os mercados de escravos. As crias.

VI. Os Terços de Homens Pretos (os Henriques). Colaboração do negro na luta contra o invasor holandês. O negro na guerra do Paraguai. O negro nas bandeiras. O homem de cor na Inconfidência Baiana (1798). Contribuição do negro à Independência. Participação do negro nos movimentos populares de 1822 a 1849. João Cândido e a revolta da Armada (1910). O negro e a FEB.

VII. Figuras eminentes de negros.

Vida social

I. Condições gerais de vida da população de cor. Caracterização social da população negra. Distribuição social e espacial da população de cor.

II. Aspectos demográficos. Crescimento da população de cor. Estado e movimento da população de cor. Natalidade e mortalidade. Mortalidade infantil. A população de cor segundo os recenseamentos da República.

III. Sistema de vida da população de cor. Hábitos alimentares. Habitação. Profissão. Higiene. Educação. Relações sexuais. Poder aquisitivo. Associações culturais, recreativas e beneficentes. Jogos e passatempos. Condições de trabalho.

IV. Aspectos patológicos da população de cor. Criminalidade. Vadiagem, alcoolismo e prostituição. Doenças frequentes na população de cor. Doenças trazidas da África.

V. Status social do negro. O negro e o mulato na literatura, nas ciências e nas artes. O negro nas cidades e nos campos. As favelas. O negro nas Forças Armadas. O negro e o mulato na Igreja, nas profissões liberais, na indústria e no comércio. Migrações da população de cor. Padrões de vida.

VI. Assimilação e aculturação da população de cor. O contato de raças. Os subtipos resultantes do contato de raças. Importância social e histórica do mulato. O intercâmbio sexual entre as nações africanas. A discriminação de cor, seus motivos, suas consequências, sua importância.

VII. Possibilidades de organização social do negro e do homem de cor, tendo em vista a elevação do seu nível cultural e econômico. Orientação vocacional do negro e do mulato. Desenvolvimento do espírito associativo.

Sobrevivências religiosas

I. A religião dos nagôs. A religião dos jejes. Os candomblés de caboclo. Macumba e umbanda. O tambor de mina. Os parás. Os xangôs. A cabula. Contribuição do negro à pajelança. Os ritos funerários. A feitiçaria e a adivinhação. O sincretismo religioso. Processos aculturativos das religiões do negro no Brasil.

II. Organização e funcionamento das casas de culto. Influência da casa de culto na vida civil. Os chefes de seita e sua importância para a população de cor.

III. O curandeirismo.

IV. A música, a dança e o canto rituais.

Sobrevivências folclóricas

I. Folguedos coletivos. Bumba meu boi. Quilombos. Maracatus. Afoxés. Rodas de samba. Makulêlê. Capitão de mato. O auto dos Congos. O frevo. Batucadas. Os cordões carnavalescos. Escolas de samba. O louvor a são Benedito.

II. Disputas dialogadas do negro e do branco. Pai-joão.

III. Formas de luta. A capoeira de Angola e suas várias formas. O batuque, os batuqueiros e a pernada.

IV. O negro e o mulato no folclore nacional.

V. Os contos populares de procedência africana. As canções de trabalho.

Línguas

I. O nagô. O jeje. A língua de Angola e do Congo (quimbundo). O dialeto muçurumim. As línguas faladas nos anos da escravidão. As línguas faladas atualmente no Brasil.

II. Transformações do quimbundo, do nagô e de outras línguas no Brasil.

III. Modificações devidas às línguas africanas no português do Brasil.

IV. A língua falada e a língua cantada. Vocabulários.

V. Importância do nagô, do jeje e do quimbundo nas religiões e nas manifestações coletivas de origem africana em geral.

VI. Sobrevivências linguísticas.

Estética

I. O negro e a criação estética.

II. O negro e a escravidão como temas de literatura, poesia, teatro, artes plásticas.

III. Particularidades e sobrevivências emocionais do negro.

IV. Integração e participação do negro e do homem de cor na evolução geral das artes no Brasil.

V. A literatura, poesia, teatro, artes plásticas a serviço da causa abolicionista.

VI. As artes em geral como meio de valorização social do negro e do homem de cor.

TEATRO EXPERIMENTAL DO NEGRO

Dir. Presidente: ABDIAS NASCIMENTO
Dir. Administrativo: MARIA DE LOURDES VALE NASCIMENTO
Dir. Cultural: EFRAIN TOMÁS BÓ

Órgãos do Teatro Experimental do Negro:

a) — Instituto Nacional do Negro (Departamento de pesquisas sociológicas)
b) — Conselho Nacional de Mulheres Negras (Departamento feminino)
c) — Liga dos Amigos do TEN (Departamento social)
d) — Museu do Negro
e) — Departamento de Alfabetização
f) — Biblioteca e Discoteca
g) — Departamento de Cinema
h) — Departamento de Cursos:
    1 — Ballet infantil
    2 — Ballet de adultos
    3 — Teatro infantil
    4 — Arte de representar
    5 — Cenografia
    6 — Música e canto coral
    7 — Línguas
i) — Centro de Orientação Vocacional
j) — Departamento de Folclore

Sede: Rua Mayrink Veiga, 13 — 2º andar
Rio de Janeiro — Brasil

Uma experiência social e estética

Quando assisti, em Lima, à representação de *O imperador Jones*, de O'Neill, por um branco pintado de negro, compreendi imediatamente que o Teatro seria o caminho ideal para o trabalho de valorizar a gente de cor. Em companhia dos poetas Efrain Tomás Bó, Godofredo Tito Iommi, Juan Raúl Young, argentinos, e o brasileiro Napoleão Lopes Filho, ainda na capital do Peru, tracei os planos da fundação do Teatro Experimental do Negro, que só alguns anos mais tarde — 1944 — se tornaria realidade. Desde o lançamento das bases do TEN, ficaram explícitos seus dois objetivos essenciais: um social e outro artístico. No próximo ano transcorrem assim os primeiros dez anos de existência do Teatro Experimental do Negro. Qual foi a evolução do empreendimento? Quais os resultados obtidos?

O Teatro Experimental do Negro constituiu-se, através desses anos de atividades, em matriz de iniciativas e estudos que objetivam, de um lado, acelerar a integração dos homens de cor na sociedade brasileira e, de outro lado, examinar o nosso problema do negro à luz de uma sociologia militante que supere os vícios do academismo e indique rumos e soluções práticas. Para isso o TEN patrocinou e convocou uma Conferência Nacional do Negro e o I Congresso do Negro Brasileiro, onde os próprios homens de cor, ao lado de estudiosos brancos, discutiram seus problemas frontalmente, superando a fase dos congressos afro-brasileiros onde ele, o negro, era estudado como uma espécie de fóssil ou múmia cultural, ou quando menos de um ponto de vista puramente descritivo — literário, antropológico, etnográfico etc. O Teatro Experimental do Negro inaugurou em nosso país uma nova fase nos estudos sobre o negro, partindo dessa verdade histórica elementar: o negro deixou a senzala completamente despreparado para a vida livre de cidadão. Não tinha preparo psicológico, nem econômico, nem profissional, e ainda menos cultural. A visão romântica ou idealística dos governos republicanos responde pelo abandono de toda uma população que adquiria uma liberdade jurídica quando, completamente analfabeta, carecia das mais primárias condições para o exercício dos direitos e obrigações da vida livre. O inegável avanço que significa o 13 de maio de 1888 foi mais simbólico do que prático, e as elites brasileiras não souberam ou não quiseram compreender a responsabilidade que lhes tocava na solução de todo um complexo psicológico-social elaborado durante cerca de quatro séculos de dominação do branco sobre o negro. Preferiram a solução do avestruz: enterraram a cabeça na areia e ignoraram a questão negra. "No Brasil não há preconceito de cor e nem problema do negro", foi o "slogan" manipulado para tranquilizar a consciência nacional e que serviu também para sufocar as tentativas de uns poucos negros esclarecidos nos seus esforços de melhorar as condições de vida de sua gente.

A preliminar da fundação do Teatro Experimental do Negro foi a compreensão de que o processo de libertação da massa dos homens de cor do seu estado de marginalismo social devia se assentar na educação e na criação de condições sociais e econômicas para que essa educação para a vida livre se efetivasse. Partimos do marco zero: organizamos inicialmente cursos de alfabetização onde operários, empregadas domésticas, pequenos funcionários públicos etc. se reuniam à noite, depois do trabalho diário, para aprender a ler e escrever. Usando o palco como tática desse processo de educação da gente de cor, nossa experiência coroou-se de pleno êxito. Depois de pouco mais de seis meses de aulas, sob a orientação eficiente do professor Ironides Rodrigues, em salas cedidas pela União Nacional dos Estudantes, no Rio de Janeiro, vários elementos estavam em condições de pisar o palco e representar dramas da responsabilidade de um Eugene O'Neill, por exemplo. Hoje, quando tantos anos nos distanciam daquela jornada inicial, alguns se destacaram tanto na vida artística brasileira — como é o caso de Ruth de Souza e de outros elementos componentes do Teatro Folclórico Brasileiro, atualmente excursionando na Europa — que mal se recordam de que naqueles tempos revezavam o fogão, a vassoura, e um texto dramático. Infelizmente, uma obra dessa envergadura não pode subsistir apenas na base do heroísmo. Necessita ajuda, compreensão, estímulo. Faltou ao Teatro Experimental do Negro a ajuda necessária à manutenção dos seus cursos e estes, com grande prejuízo para toda uma coletividade, foram fechados. Não tínhamos local para ensaios, um teto que abrigasse as atividades do TEN espraiadas por vários setores. Então realizamos ensaios em plena via pública, ou sob as colunas do Ministério da Educação. Lutando contra a adversidade, mesmo assim conseguimos apresentar as peças de O'Neill *O imperador Jones*, *Todos os filhos de Deus têm asas*, *O moleque sonhador*, *Onde está marcada a cruz*. Representamos *O filho pródigo*, de Lúcio Cardoso; *Filhos de santo*, de José de Morais Pinho; *Aruanda*, de Joaquim Ribeiro; trechos de *Otelo*, de Shakespeare, fazendo Desdêmona a admirável Cacilda Becker; recitais de Castro Alves e Cruz e Sousa, e ainda um espetáculo dançado e cantado inspirado em temas populares e folclóricos, intitulado *Rapsódia negra*. Aliás, já que citamos Cacilda, é justo destacar o nome de outros que contribuíram para as nossas realizações, como Luiza Barreto Leite, Sadi Cabral, Wolf Harnisch Jr., Paschoal Carlos Magno, José Medeiros, Santa Rosa, Enrico Bianco, Augusto Frederico

Schmidt, Clóvis Graciano, Andrade Muricy, Aldo Calvet, e muitos outros. Do apoio vindo do estrangeiro, sobressai o de Eugene O'Neill e de Albert Camus, ambos abrindo mão dos direitos autorais de *O imperador Jones* e *Calígula*, e solidarizando-se incondicionalmente com os propósitos do TEN. Desde sua fundação, o Teatro Experimental do Negro tem se preocupado com a elevação do nível dramático e intelectual dos espetáculos teatrais brasileiros. Daí o cuidado na escolha do seu repertório. Mas acima de tudo, o TEN preocupa-se com a criação de uma literatura dramática bem brasileira, inspirando autores no caminho de uma dramaturgia negra. Peças como *Aruanda*; *Auto da noiva*, de Rosário Fusco; *Sortilégio*, de minha autoria; *O logro*, *Laio se matou*, *O cavalo e o santo*, todas de Augusto Boal, abrem um caminho inédito em nossa literatura dramática, com o aproveitamento dos elementos mágicos das crenças negras, da sua profunda vivência ingênua, em obras teatrais de envergadura dramática. O negro abandona de agora em diante o lugar subalterno que sempre ocupou na cena indígena — papéis de criados, negrinhos levando cascudos, pai-joão banzeiro — para se tornar herói. Este é realmente um evento da maior importância sociológica e artística.

Entre os intérpretes formados pelo TEN, citamos Aguinaldo Camargo, famoso por sua interpretação de *O imperador Jones*; Léa Garcia, ainda no início de sua carreira mas já demonstrando um temperamento, uma vocação excepcional para o drama; Claudiano Filho, José Maria Monteiro, Marcílio Faria, Aparecida Rodrigues, Antônio Barbosa, Natalino Dionísio, José Ezio etc. Além dos cursos de alfabetização já mencionados, o TEN manteve cursos de iniciação cultural, de balé para adultos e crianças, o Instituto Nacional do Negro, órgão de pesquisas, sob a orientação do professor Guerreiro Ramos; um Seminário de Grupoterapia, com experiências de sociodrama e psicodrama, tendo em vista o melhoramento das relações de classes e entre pretos e brancos, a solução dos problemas individuais típicos do negro brasileiro, a eliminação de tensões emocionais negativas em pessoas e grupos, provenientes da diferença de raça e de cor epidérmica.

Neste momento, o Teatro Experimental do Negro se prepara para inaugurar um novo ciclo no seu desenvolvimento, com a cessão, por parte do Museu de Arte, de salas para funcionamento dos seus cursos e ensaios, e auditório para representações. Estribados na experiência do passado, quando tudo nos faltava, é fácil prever o impulso que significa para os destinos do Teatro Experimental do Negro a mão amiga que ora lhe estende o Museu de Arte de São Paulo.

(Revista *Habitat*, São Paulo, n. 11, jun. 1953)

Cristo Negro

Instituindo o concurso do "Cristo de Cor", sob os auspícios da revista *Forma*, não teve o Teatro Experimental do Negro nenhum propósito de provocar discussões em torno da fisionomia histórica de Jesus Cristo. Configura-se, entretanto, como uma exigência da curiosidade intelectual, não só dos artistas plásticos convocados para apresentar trabalhos, como também das demais pessoas interessadas no cometimento, a indagação a respeito da verdadeira face de Nosso Senhor Jesus. Recua a controvérsia sobre tão palpitante assunto aos primeiros tempos que se seguiram à morte do Salvador. Logo após a Ascensão, os discípulos reunidos no quarto de Sião, e aflitos por não poderem mais ver o rosto do Senhor, suplicaram ao pintor Lucas que o representasse. Mas Lucas recusou dizendo que era tarefa impossível a um homem. Mais tarde, aliás, Santo Agostinho diria que "a face do Senhor muda com a diversidade dos inúmeros pensamentos".

Os evangelistas, preocupados principalmente com Sua condição messiânica, silenciaram sobre os aspectos naturais da pessoa humana do Mestre, ou talvez se julgaram incapazes para tentar retratá-lo. Os testemunhos, as opiniões a respeito se multiplicam. "Seu rosto", informa um Apócrifo, "era como o de toda a gente — um rosto parecido com *todos* os rostos humanos." Mais adiante, o mesmo Apócrifo, não falso, mas secreto, citado por Dimitri Merejkovsky em *Jesus desconhecido*, acrescenta: "Somente então compreendi que era mesmo um rosto assim — *igual a todos os rostos humanos* — que era o do Cristo" (os grifos são nossos). Frisando a aparência humana da face de Jesus, os Apócrifos sempre a apresentam como a de um escravo. E a escravidão, já naquela recuada época, se identificava com os homens de pele escura. Tanto assim é que, no próprio Cântico dos Cânticos, Salomão sentiu a necessidade de superar os preconceitos então existentes, cantando a amada Sulamita como *"Nigra sum, sed formosa"*. Por que "Negra sou, *mas* formosa"? O patriarca Fócio, ainda nos reportando a Merejkovsky, esclarece que "o semblante de Cristo é diferente entre os romanos, os hebreus, os hindus, os etíopes, porque cada um desses povos afirma que o Senhor lhe apareceu sob o aspecto que lhe é próprio".

Mas, segundo Clemente de Alexandria, conservou-se até o século II, no círculo dos discípulos de João, a tradição da fantasmacidade do Cristo. Atribuíam-lhe ao corpo um caráter fantástico — ou outra ordem de realidade — que o capacitava a transformar-se segundo as ocasiões. Os hereges docetas se desviaram desse conceito de fantasmacidade do corpo do Senhor — que não excluía a Sua existência corporal — para tão somente acreditarem na sua entidade subjetiva, negando-lhe, por conseguinte, um corpo de carne e osso semelhante ao nosso. Da leitura dos evangelhos chamados apócrifos — isto é, não aceitos oficialmente pela Igreja, mas tão veneráveis como as melhores tradições da Igreja — se verifica menções da imagem carnal de Jesus Cristo enquanto se dirigia às multidões formadas à sua volta, por homens e mulheres de diversas nacionalidades e idiomas diferentes. No entanto, cada qual O ouvia e O entendia conforme sua própria língua. Cada um O via, O enxergava, com os traços fisionômicos do seu próprio rosto. O idioma e a expressão corporal de Jesus se transmutavam paralelamente à multiplicação dos pães e dos peixes. Nada mais emocionante que esta visão multiplicada ao infinito da imagem de Deus-Homem, onipresente na retina e na consciência dos seres humanos, segundo sua própria imagem e semelhança.

É bem verdade que Públio Lêntulo, governador da Judeia, descreveu para César a figura de Cristo como tendo "cabelos cor da amêndoa bem madura". Mais adiante: "A barba é espessa, mas semelhante aos cabelos, não muito longa, mas separada pelo meio, seu olhar é muito especioso e grave; tem os olhos graciosos e claros...".

Em contraposição, o historiador Josefo, contemporâneo de Jesus, o descreve de "tez escura, de pequena estatura, de três côvados de alto, um tanto curvo, com rosto comprido, com sobrancelhas que se juntavam, as quais podiam assustar aos que o viam, com pouco cabelo desalinhado e partido por uma raia sobre a fronte ao modo dos nazarenos, com escassa barba, mas atuando com uma força invisível, influindo decisivamente com uma palavra, como uma ordem".

Resulta, dessa rápida verificação, que o rosto do Divino Mestre apresenta-se suscetível de discussões e interpretações várias. Fica definida sua problematicidade. Tanto que o fato da sua origem racial aramaica não impediu às várias nuances étnicas da raça branca O conceberem ora mais próximo da descrição de Públio Lêntulo, de face rosada, longos cabelos louros, olhos azuis, nariz e lábios finos, ora O representarem plasticamente de cabelos cacheados, espessos e negros, olhos pretos, nariz longo. Umas vezes belo, outras vezes feio, aterrorizante. Os asiáticos têm seu Messias de olhos oblíquos e pele amarelecida. Todos os povos e raças com padrões culturais e estéticos autênticos, isto é, de raízes profundas na alma coletiva e na sensibilidade essencial da comunidade, são tão independentes espiritualmente que se mantêm fiéis aos seus próprios critérios na retratação do Salvador.

Por isso o Cristo Negro se projeta como o passo mais audacioso na direção de uma estética negra, de valores absolutos e totais. O sociólogo Guerreiro Ramos, que imaginou o concurso, em artigo publicado no *Diário de Notícias*, diz a certa altura:

> A nossa corrente idealização de Nosso Senhor, como homem louro e de olhos azuis, reflete uma alienação estética, um autodesprezo, uma atitude de subserviência, na qual renunciamos a um critério comunitário e imediato do belo e do excelso em favor de um critério estranho à vida nacional. Jesus Cristo, em sua representação natural no Brasil, não poderia nunca ser louro e nem de olhos azuis, se desejamos ser autênticos.

Vera Bocaiuva, em sua coluna de arte de *Última Hora*, assinala que "os negros do país, não fazem só macumba, acarajés, ou jogam futebol, mas também cantam, trabalham, pensam, rezam, e atingindo, por vezes, realizações artísticas e culturais de grande nível como é o caso do Teatro Experimental do Negro". Já a escritora Dinah Silveira de Queiroz adverte sobre o perigo da estética do branco comprometer "O Cristo Negro que poderá ser uma obra artística de grande intensidade dramática". "O Cristo é sofrimento", diz a escritora, "e ele foi flagelado nos escravos brasileiros; viveu nas senzalas e muita vez sangrou e desfaleceu; sofreu humilhações morais como as que Cristo, ele próprio, experimentou quando o submeteram à tortura do ridículo, quando o fantasiaram de Rei dos Judeus, e dele se riram. O Cristo Negro foi espezinhado pelos maus brancos, ridicularizado por eles. Portanto, do ponto de vista humano e artístico, o Cristo também foi *negro*, como foi *índio* ou *branco*."

Acima de todas as alegrias que experimentamos com a compreensão, estímulo e apoio recebidos dos 106 artistas que apresentaram trabalhos, dos críticos de artes plásticas, de intelectuais como o poeta Augusto Frederico Schmidt e o pintor Quirino Campofiorito, sobreleva-se o sumamente honroso patrocínio de Sua Eminência, o cardeal d. Jaime de Barros Câmara, e d. Hélder Câmara para a iniciativa altamente promissora de um Cristo Negro concebido no Brasil, no justo instante em que se realiza o XXXVI Congresso Eucarístico Internacional.

Julho de 1955

Prólogo para brancos

*... o primeiro revolucionário será
o anunciador da alma negra.*

"Orfeu negro", Jean-Paul Sartre

Dramas para negros e prólogo para brancos exige uma explicação e implica várias perguntas. Nesse título, configura-se a polarização de um drama para brancos e um drama para negros. Quanto ao primeiro, é o teatro que aí está vigente nas culturas predominantemente brancas — as culturas ocidentais. Sobre o teatro oriental, não cabem maiores referências dentro dos propósitos deste Prólogo.

Entretanto, será a condição de negro e de africano estranha ao drama?

Se há drama negro, sua intensidade dramática será uma resultante da cor, da raça, do seu itinerário histórico? Por que, diferentemente do drama ocidental (branco), a dramática africana (negra) secundariza o autor para fixar sua importância no sucesso trágico? Quais as relações de interdependência que guarda essa dramática com a religião, os ritos, a mitologia, a sociologia? Ou, como assevera Roger Bastide, será que o teatro, religiosamente originado, "surge apenas quando a fé diminui, permitindo ao homem representar o mistério divino em vez de vivê-lo?".[1]

Todas as interrogações precedentes encontram sua resposta numa análise dos jogos teatrais, recolhidos e conservados pela antropologia cultural.

Mas o nosso trabalho antológico do drama negro no Brasil revela outra dimensão, na qual surge a voz autêntica do negro, como raça e como homem de cor: a vida social. Ser e viver como negro não é uma peripécia comum na vida ocidental. Raça e cor diferenciam-nos e tornamos a sensibilidade específica, desenvolvida no século da Negritude, uma nova dimensão criadora. Integrando uma forma e uma substância, uma ética e uma estética, enfim, um cosmovisão, a Negritude é algo de que "um branco não poderia falar convenientemente a seu respeito, porquanto não possui experiência interior dela".[2] É o mesmo, Sartre, porém, quem diz: "como todas as noções antropológicas, a Negritude é um reflexo de ser e de dever-ser; ela nos constitui e nós a constituímos: juramento e paixão, ao mesmo tempo".[3]

Raízes da dramática negro-brasileira

Ocorre, portanto, que as raízes do teatro negro-brasileiro atravessam o Atlântico e mergulham nas profundidades da cultura africana.

Desde suas primeiras manifestações coletivas, o africano esteve essencialmente vinculado ao teatro. As danças cultuais da África Negra encontram-se na origem dos ritos, e já sabemos que do culto aos Deuses e aos Antepassados passou-se à reprodução das ações humanas e dos animais, à estilização existencial. Para Frobenius "o rito provém de um jogo. Manifesta-se como um instinto no homem: a vontade de representar. E representar seu papel seria a origem de toda a Civilização. O homem é ator; o jogo é a representação da Tragédia que ele vive".[4]

A esse instinto ou necessidade vital, o africano subordina todos os aspectos de sua existência pessoal e comunitária. A própria beleza tem outro significado muito diverso do ocidental, possuindo um valor próprio, decorrente do serviço que pode prestar à vida. Também a justiça está no mesmo caso, não constituindo uma instância absoluta, mas subordinando-se à vida.[5]

As grandes festas religiosas — forma da vitalidade negra — com sua liturgia consubstanciada a dança, canto e pantomima, são as primeiras e autênticas cenas teatrais africanas. Farta é a documentação, no passado e no presente, revelando as bem desenvolvidas formas de teatro africano, negadas pelos incapazes de compreender o drama que não apresente o cânon tradicional do Ocidente.

O teatro dos povos de cor precedeu o nascimento do teatro grego. Gaston Baty e René Chavance informam: "apenas há uns poucos anos se revelaram, graças aos descobrimentos do abade Driotton, os primeiros textos de literatura dramática".[6] Documentos novos surgiram indicando pistas e rumos da evolução daquela cultura teatral desconhecida, perdida no vale do Nilo. Até que "finalmente foi possível restituir ao Egito a honra de certos descobrimentos que se atribuíam, jactanciosamente, aos gregos". A Grécia seguiu os passos do Egito. Antes de Ésquilo — cerca de mil anos — escreveu-se, no Egito, um libreto sobre a morte de Hórus, o qual se iguala à tragédia esquiliana. A própria forma dramática dos ritos, tornando-os mais sugestivos, assim como a prática do culto de Dionísio, foi imitação do Egito negro. Reproduziam os gregos a atmosfera teatral: canto, dança e poema, reunidos no culto dionisíaco. Todavia, na Grécia, o teatro desprendeu-se da rígida disciplina do culto. Avanço que o teatro egípcio não pôde ou não soube conquistar, rompendo a servidão ao sacerdote e assumindo a necessária liberdade. Ficou prisioneiro, estagnou, quase se perdeu para sempre a notícia de sua existência. Mas isso é outra história.

Teatro africano

Citado por Fernando Ortiz, Woodson afirma que

a função histriônica na África é tão geral que até podemos assinalar o negro africano como um ator nato. O africano é um ator congênito devido à sua extraordinária emotividade em busca de expressão. O drama na África, sem embargo, não se manifesta à europeia, mas à maneira africana. Claro está que, na África negra, o teatro, no mesmo sentido em que o entendemos nós, não existe.[7]

Já Roger Bastide, louvando-se em Henri Labouret, menciona consideráveis informações sobre a existência de um teatro africano, assim como também um teatro de marionetes. Temas do repertório: "vendedor e mulher leviana que o arruína; a mulher adúltera, o amante e o marido; a inveja punida. Em resumo, um conjunto de saborosas farsas, chamadas pelo nome genérico de *Koté Komanyaga* (caçoadas da associação, isto é, do casamento)".[8]

A negação, por parte do branco, da cultura africana, é responsável pelos conceitos pejorativos referentes à raça e à cor do homem nascido na África, e pelas apreciações que, durante séculos, procuraram negar seus autênticos valores espirituais, artísticos, religiosos e políticos.

Leo Frobenius nos demonstra, conclusivamente, que, na África, refletem, sob forma degradada, as influências provenientes da Europa.[9] Com grande sagacidade crítica, fala dos *fetiches*, do *fetichismo*. Essas figuras de madeira, de marfim ou de argila, atentamente examinadas, revelam, profundamente, as relações significativas com a divindade, apesar de espesso revestimento, tal como uma capa de mofo, de concepções sem interesse: essa capa de impureza tem origem na influência europeia. Tem origem na palavra *fetiche*, que não é africana, senão portuguesa — de *feiticeiro*, isto é, *o que tira a sorte*. A magia, a adivinhação, tinham, entre os portugueses da época florescente do comércio escravista, uma grande importância. O *fetichismo* africano se explica, assim, como uma impostura europeia, envolvendo as manifestações cultuais africanas com um véu obscuro posto ao redor das mais puras e antigas concepções de elevada significação. Os empregados das feitorias portuguesas interpretaram, segundo as ideias em curso no seu país, as práticas dos negros. E após aquela conquista, mercê das condições históricas, os negros tiveram que aceitar a interpretação dada pelos escravagistas. Mas, quando se consegue eliminar essas capas impuras não africanas, descobrem-se, detrás dos *fetiches*, Deuses; detrás dos *fetichistas*, os verdadeiros Sacerdotes dos Deuses.

Os narradores africanos, com várias denominações segundo a região — os griots, por exemplo —, interpretam como verdadeiros atores os contos, as lendas, as fábulas, as epopeias da raça negra. Alguns atingem alta qualidade artística, como descreve Gorer a respeito de atores sudaneses:

essa pantomima, entrando cada vez uma máscara, até que só ficou o diretor, prosseguiu. Este era um dançarino de extraordinária ingenuidade e técnica; durante as três horas que durou a cerimônia, bailou continuamente, às vezes de maneira dramática, às vezes de maneira burlesca, imitando, picarescamente, os maometanos e cristãos em seus cultos, os soldados e caçadores, e diferentes animais. Tinha gestos sumamente expressivos que comunicavam à distância a verdadeira impressão das coisas ou pessoas que imitava. Dominava a técnica de sua arte, com um grau de virtuosismo não igualado por nenhum bailarino profissional.[10]

Realmente, para o ator africano, a palavra não tem valor em si mesma, porém, unicamente, pelo sentido cênico que lhe é emprestado pelo narrador ou intérprete. Ela é, apenas, um dos elementos de uma expressão global. Por isso, diz Fernando Ortiz: "Nessa 'literatura sem letras' é onde se observa a diferença fundamental entre a arte do branco e a do negro, no tocante à sua expressão vital".[11] Pois, como já foi dito, omitindo o texto, esse teatro, que quase desconhece o drama escrito, significa um teatro vivo que brota, original e puro, de cada representação. Efrain Tomás Bó definiu o Teatro Experimental do Negro como "um teatro de atores que conjuga em seu movimento todo o complexo mecanismo do espetáculo dramático, da transformação emocional e misteriosa que sofre o verbo em cena, quando é acentuado pela mímica do *gesticulator*".[12]

A imensa riqueza da literatura oral africana tem sido, desde séculos, recolhida por muitos estudiosos, simples viajantes, ou escritores e artistas. Segundo observa Frobenius, "as clássicas fábulas de Esopo se parecem muito às dos negros africanos",[13] e sabe-se que esse mesmo escravo Esopo, como Púchkin, Terêncio, Dumas (pai), Beethoven, foram homens de cor. Outro negro, René Maran, confessa que ao escrever seu romance *Batouala* só fez: "refletir em suas páginas o que escutei lá, em descrever o que vi lá". Lá é a África Equatorial Francesa, o país Ubangui-Chari, onde nas noites de lua ouvia ele aquela pobre gente. "Suas brincadeiras provavam sua resignação. Sofriam e riam de seus sofrimentos."[14]

Delafosse conta que ouviu "Griots contarem histórias no curso das quais faziam falar seus heróis e que se tornavam, em suas bocas, verdadeiras cenas de teatro, com personagens múltiplas interpretadas por um só ator".[15]

Teatro afro-francês

Alunos e professores da Escola William Ponty, no Senegal francês, criaram um teatro baseado na coleta de lendas e tradições africanas. Um teatro africano formalmente próximo ao gosto francês. Em 1932, junto a uma peça de Molière, é conhecida a primeira manifestação de teatro africano de expressão francesa. Daí, em diante, nos fins de ano, havia na escola festa de arte indígena. Em agosto de 1937, no Teatro Champs--Élysées e sob a direção do governador Labouret, esse teatro viu-se consagrado na Exposição Colonial de Paris. Duas peças foram apresentadas: *Sokamé*, drama de camponeses em luta contra a seca, comparada pelos críticos parisienses à *Iphigénie*, de Eurípedes; e *Pretendentes rivais*, qualificada como fina e maliciosa. Georges Duhamel assistiu a uma representação desse teatro e da *Rainha Baoulé* ficou-lhe ótima lembrança: "Os atores improvisados", diz, "mas cheios de fervor, exprimiam-se num francês excelente e articulado com cuidado. Porém cantavam em sua língua de origem e isso pareceu-nos harmonioso e natural".[16]

Ao terminar a Segunda Guerra Mundial, vários grupos teatrais africanos se organizaram em países da Europa. O mais importante deles foi o *Teatro de Keïta Fodéba*, que se tornou "um instrumento de conhecimento dos valores culturais do Mundo Negro".[17] Também o grande poeta da Negritude, Aimé Césaire, em coautoria com Birago Diop, participou de um espetáculo intitulado *Evocação*, com cantos tradicionais da África, *negro spirituals*, e beguines antilhanos. Organizado por estudantes africanos em Paris, *Evocação* apresentou o problema da presença dramática do negro no mundo.

Mesmo separados por injunções históricas, pelos idiomas e culturas de cada nova Nação, os negros, desde o êxodo iniciado em 1501 rumo ao Novo Mundo, mantiveram a unidade imposta pela cor e pela herança comum da memória coletiva.

No país de origem, os Deuses negros falavam pela música, a dança e a pantomima. Nessa convivência de Deuses e negros, a máscara participava da liturgia como elemento fundamental: "é já um signo de positiva civilização, ainda que extremamente antigo; é a grandiosa tentativa do homem primitivo de estender sua personalidade além da medida humana até ao sobrenatural",[18] ou, segundo Fernando Ortiz, "uma aventura metafísica de profunda filosofia".[19] Integrado também nas cerimônias religiosas e evocações dos antepassados, consignemos ainda a presença do tambor — *atabaque* — cuja significação não se esgota na simples qualidade de instrumento de ritmo musical. Muito mais do que isso: o tambor é "fonte do ritmo cósmico, arquivo das complicadas harmonias do universo, poder que suscita poderes que regem a ordem do mundo, coisa sagrada com poder para dominar o curso das coisas: Deuses".[20]

Possibilidades do teatro afro-cubano

Ninguém ignora as influências significativas da linguagem musical negra na música do Ocidente. Seu poder de persuasão é sutil e penetrante; produz na própria carne dos colonizadores — o bairro lisboeta da Mouraria — um gênero de música, de canção popular, o *Fado*, que passa por ser a legítima e típica criação de Portugal.[21]

A fabulosa riqueza de arte negra cubana, apenas de uns dois anos para cá, começa a ser devidamente reconhecida. Assistimos, em janeiro de 1961, no Teatro Nacional de Havana, à apresentação de danças rituais de origem africana, nas quais sobressaía uma figura fascinante: o *diablito ñañigo*. Fernando Ortiz, com justiça, dedica a esse personagem várias páginas do seu livro e diz: "Se as figuras dos *diablitos* e máscaras sagradas não apareceram ainda nos teatros e cabarés de Cuba não é por falta de espetaculosidade, senão porque ainda desempenham sinceramente suas funções na vida religiosa popular e inspira temor usá-las fora dos ritos".[22] Existem outros personagens de importância e interesse: o *Egun* dos lucumís, o *Mojiganga* dos congos e o *Kokoríkamo*.

Nas novas condições sociais desfrutadas por Cuba, a cultura, a religião e as artes negras encontram ambiente de respeito, prestígio e estímulo, sendo esperado o rápido florescimento de um teatro escrito. A música cubana já ganhou cidadania universal, assim como sua poesia negra, com a voz poderosa de Nicolás Guillén à frente. Mas as *comparsas* santiagueiras, os griots afro-cubanos, ainda aguardam textos e palco que lhes deem oportunidades de autêntico desenvolvimento.

Teatro negro norte-americano

Sob a violência do seu racismo, é, nos Estados Unidos, que o negro vai exercer a mais poderosa influência musical de que há memória. Em New Orleans, nos cultos negros do *voodoo*, origina-se o gênero musical e coreográfico que iria caracterizar o século: o Jazz. Néstor R. Ortiz Oderigo[23] fala de *Congo Square*, na Louisiana, local de reunião dos escravos. Ali, todos os sábados à noite, em campo aberto, à imitação da atmosfera africana, eles executavam suas danças tribais trazidas do Congo. Não há exagero: ainda hoje "no coração dos Estados Unidos o negro continua acreditando em seus Deuses-tambores ainda que se chame cristão"... "E a razão é muito simples: que segue sendo negro."[24] Na África, a ordem divina não é explicada, não é entendida pelas vias do intelecto e da razão: é captada.

Conforme assinala Efrain Tomás Bó, "há 125 anos, durante a escravidão — 1821 —, o ator negro James Hewlett subia à cena da Broadway, interpretando o papel de protagonista em *Otelo* e *Ricardo III*".[25] Era o principal artista da The African Company. Para uma pequena e entusiástica plateia de negros, em Nova York, essa companhia representou, até quando, "infelizmente, brancos arruaceiros enchiam os lugares vazios e produziam tal algazarra que, em pouco tempo, o teatro foi fechado".[26]

Houve outro ator negro de projeção, Ira Aldridge; realizou tournées no continente europeu, interpretando repertório clássico, enquanto as danças e canções, o humor e a bossa dos escravos das plantações do Sul dos Estados Unidos produziam os menestréis. No início, os brancos se pintavam de preto. Os menestréis autênticos não eram admitidos no teatro profissional. Surgidos em 1843, "os menestréis, como forma teatral, passaram para talvez não mais voltar. É natural que seja assim. Existe pequena dúvida de que eles ajudaram a criar e fixar os estereótipos negros — cordato ou intrigante, muito tolo ou muito sabido, mas sempre irresponsáveis".[27]

Os blues, os *negro spirituals*, o ragtime, são outras formas da valiosa contribuição do negro à cultura musical norte-americana. Já se afirmou que, além da superfície estonteante dos estrondos, do barulho, dos gritos do jazz, palpita uma melodia que, à semelhança dos salmos israelitas, contém todo o processo da raça negra.

O teatro propriamente dito teve início com os menestréis, de um lado, e nos templos batistas, de outro. No interior daqueles templos, lembrando os autos sacramentais, surgiram farsas bíblicas, e os coros, responsáveis pela categoria ecumênica de vozes, como a de uma Marion Anderson. O ano de 1917 registra importante acontecimento: a apresentação de *Three Plays for a Negro Theatre*, de autoria de Ridgely Torrence: destruiu completamente os estereótipos teatrais das personagens negras. Críticos brancos e negros saudaram o espetáculo como a primeira grande oportunidade de o negro representar drama sério e legítimo, arrancando do poeta negro James Weldon Johnson estas palavras: "É espantoso como o sr. Torrence, branco, pode escrever peças sobre a vida do negro com tal conhecimento intrínseco e tão profundo discernimento e espontaneidade".[28] Outro autor branco, Marc Connelly, escreveu uma farsa de grande êxito, *The Green Pastures*, espécie de interpretação negra da Bíblia protestante. Peça de combate à escravidão houve *A cabana do Pai Tomás*, de Harriet Beecher Stowe, baseada no romance da mesma autora.

Em 1920, Eugene O'Neill, o mais importante dramaturgo do teatro norte-americano, escreveu *The Emperor Jones* e, pouco depois, em 1924, *All God's Chillun Got Wings*. O *Emperor Jones*, sob forma expressionista para a época revolucionária, é, inicialmente, um estudo das condições de vida do negro no Sul dos Estados Unidos. Jones, garção de estrada de ferro, aprende com os brancos de trem de luxo a jogar, roubar, simular e matar. A peça faz o reconto histórico da raça negra, da escravidão, e é uma intensa e atordoante revelação do medo, do terror cósmico.

Escreveram-se depois muitos textos para negros: *In Abraham's Bosom*, de Paul Green; *Shuffle Along* [de Aubrey Lyles e Flournoy Miller]; *Porgy and Bess*, de DuBose e Dorothy Heyward; *Run, Little Chillun*, do escritor e compositor negro Hall Johnson; *Four Saints in Three Acts*, de Virgil Thomson e Gertrude Stein; *Never No More*, de James K. Millen.

Langston Hughes resume a evolução da poética negra dos Estados Unidos, desde os começos do século XIX, a partir da poetisa Phillis Veaty até os nossos dias. Ele, como nenhum outro, coincide com o poeta brasileiro Gerardo Mello Mourão: "a poesia não é outra coisa senão a procura mera da liberdade". A peça *Mulato*, adaptada de um conto de Langston Hughes, apresentada em 1933, teve a carreira mais longa de uma peça de autor negro na Broadway. *Mulato* é um protesto contra o linchamento de negros; análise das relações entre senhores e escravas no Sul, com filhos mulatos que odeiam os pais brancos. Outras obras de protesto: *They Shall Not Die*, de John Wexley, apelo em favor dos rapazes de Scottsboro; *Strange Fruit*, de Lilian Smith; *Deep Are the Roots*, de Robert Ardrey; *Jeb, The Nigger*; e a mais importante delas: *Filho nativo*, de Richard Wright.

Outra obra significativa: *Haiti*, do negro William DuBois. Sobre as lutas históricas da libertação desse país, também

Lamartine levou à cena a "extraordinária aventura humana do haitiano Toussaint Louverture",[29] escrita em 1840 e encenada em Paris em 1850.

Desejamos chamar a atenção sobre a importância, em qualidade e quantidade, desse teatro que é, por outro lado, testemunho daquela *tensão* referida por Sartre: "entre um Passado nostálgico em que o negro não mais penetra e um Porvir em que cederá lugar a novos valores".[30] De onde a beleza trágica da Negritude. Não há enganos nem sofismas: a alma negra, no Ocidente, ainda é uma exilada "no meio dos frios *buildings* da cultura e da técnica brancas".[31] E como a Negritude é afirmação particular de uma cor e de uma raça, constitui, e principalmente, um gesto antirracista. Ela pertence, como já dissemos certa vez em relação ao Teatro Experimental do Negro, não à ordem dos fins, mas à ordem dos meios. Um dia a Negritude não terá mais razão de existência: morrerá para ceder lugar a um outro tipo de relações humanas. Mas até esse dia, enquanto o negro continuar "mero objeto de versões de cuja elaboração não participa",[32] a Negritude permanecerá viva e atuante.

O negro no teatro brasileiro

No Brasil, a bandeira da Negritude foi empunhada pelo Teatro Experimental do Negro desde a sua fundação, em 1944. Quer no plano artístico, quer no campo social, o Teatro Experimental do Negro vem procurando restaurar, valorizar e exaltar a contribuição dos africanos à formação brasileira, desmascarando a ideologia da *brancura* que implantou entre nós uma situação tal que, na expressão sartriana, "Desde que abre a boca, ele — o negro — se acusa, a menos que se encarnice em derrubar a hierarquia",[33] representada pelo colonizador europeu e seu processo civilizatório.

Ramo da circunstância cultural, o Teatro Brasileiro formou-se marcado de colonialismo, afetado pela mesma alienação e dependência à Metrópole, característica da nossa contingência histórica. Sabemos, com Gumplowicz, que, à medida que as sociedades se vão diferenciando em classes, há, simultaneamente, uma estratificação étnica. Da estratificação social caminha-se para a formação da estética racial. O grupo dominante formula seus valores estéticos fortemente impregnados das conotações raciais. Consequentemente, a cultura dominante do colonizador branco, simplesmente, esmagou a cultura trazida pelos africanos. Os sinais exteriores do estupro cultural cometido pelos brancos contra os pretos são visíveis, por exemplo, na chamada *assimilação* ou *aculturação*. Termos que não passam de puro despistamento do imperialismo da *brancura*, e deixam à mostra seu indisfarçável objetivo de absorção do que o negro tem de mais profundo: o seu espírito. Um *negro de alma branca*, eis o que de mais nobre se pretende fazer do negro no Ocidente.

Da escravidão aos dias de hoje, com variações de grau, os cultos negros têm tido uma existência clandestina, portanto, criminosa. Conseguem certa tolerância como folclore. A pressão social e a violência da polícia impuseram o sincretismo religioso, que identifica Obatalá ao Senhor do Bonfim, Xangô a são Jerônimo, Yansã a santa Bárbara ou Ogum a são Jorge. Os cultos afro-brasileiros não são apenas manifestações folclóricas; ou melhor, seriam folclore na medida em que também o seriam, por exemplo, as religiões católica ou muçulmana.[34] A humilhação racial e religiosa a que foi submetido o negro brasileiro é uma história dramática que ainda está por ser contada. Edison Carneiro,[35] recentemente, advogou um movimento destinado a defender a liberdade de cultos.

Entretanto, como já afirmou o Poeta, o negro "é a negação do grego, a negação do Orfeu".[36] Por isso, simultaneamente ao movimento de se ajoelhar diante de um altar católico, ele executa um passo coreográfico; produz um fato rítmico; impõe à cerimônia da lavagem da Igreja do Senhor do Bonfim, por exemplo, uma inequívoca atmosfera mágico-africana, de cunho fáustico por excelência. Um ser teofânico, o negro, pela dança e pelo canto e pela pantomima, capta o divino: configura seus Deuses, humaniza-os e convive com eles no transe místico.

A primeira denúncia do Teatro Experimental do Negro teve como alvo a impostura dos chamados estudos sobre o negro. O sociólogo Guerreiro Ramos afirma:

O Teatro Experimental do Negro foi, no Brasil, o primeiro a denunciar a alienação da antropologia e da sociologia nacional, focalizando a gente de cor à luz do pitoresco ou do histórico puramente, como se se tratasse de elemento estático ou mumificado. Esta denúncia é um leitmotiv de todas as realizações do Teatro Experimental do Negro, entre as quais o seu jornal *Quilombo*, a Conferência Nacional do Negro (1949) e o I Congresso do Negro Brasileiro, realizado em 1950.[37]

Num ensaio, em preparo, sobre *Teatro Negro*, desenvolvemos e aprofundamos essas considerações. Todavia, fique consignado que, da alienação da nossa cultura, da alienação do nosso conceito estético, caímos na ambivalência a que o ideal da brancura submeteu a existência brasileira: um povo de cor que oficialmente pretende ser um povo branco. Sobretudo no exterior, quando o Brasil defende a política antirracista, o faz num tom benevolente e paternalista de país de brancos. Tal anomalia, aliás, mereceu de um cientista um estudo denominado "Patologia do 'branco' brasileiro"...[38]

Os germes de um teatro popular brasileiro autêntico estão nos: *Autos dos Congos*, das *Taieiras*, dos *Quicumbres*, do *Bumba meu boi* e outros autos populares. Esse teatro está ainda por ser desenvolvido, quando ultrapassarmos definitivamente a fase da dependência espiritual e da alienação.

Nas condições desfavoráveis que acabamos de mencionar, o negro figurou em algumas peças ainda no período escravocrata: *O cego*, de Joaquim Manuel de Macedo (1849); *O escravo fiel*, de Antônio Cordeiro (1858); *Cancros sociais*, de Maria Ribeiro (1865); *O escravo*, de Benjamim Augusto (1866); *O negro*, de Olímpio Catão (1879). *Calabar*, de Agrário de Menezes, parece ser a primeira com um herói de cor; focaliza "o espírito mais inteligente do seu tempo", segundo Sílvio Romero,[39] e deve ter sido o primeiro estudo do mulato e seus complexos. *História de uma moça rica*, de Pinheiro Guimarães (1861); *Escravos e senhores*, de Castro Soromenho; *O filho da escrava*, de Totila Unzer; *O escravocrata* (1884) e *O Liberato* (1881), ambas de Artur Azevedo; *O mulato*, adaptação do romance homônimo de Aluísio de Azevedo; *O demônio familiar* e *Mãe*, ambas de José de Alencar; *Gonzaga*, de Castro Alves; *A pupila dos negros nagôs ou A força do sangue*, de A. D. Pascual, talvez a primeira obra onde negro forro assume importância de personagem central.

É a custo que o negro impõe sua presença à nossa literatura dramática, mesmo em papéis secundários, como é o caso quase geral das peças mencionadas. Mas, conforme assinala o crítico Adonias Filho, em penetrante ensaio sobre "A temática negra",[40] o negro é o responsável pelo *Ciclo do Pai João*, crônica oral da escravidão, que prossegue no *Ciclo do Martírio*: *Negra Fulô* e *Negrinho do Pastoreio*, entre outros personagens. *O Ciclo Heroico*, por motivos óbvios, foi o menos desenvolvido em nossa literatura. No teatro de Martins Pena, o negro, entra, unicamente, como elemento pitoresco; não quis, à semelhança de Castro Alves, Artur Azevedo e, em menor escala, José de Alencar, fazer do palco um contribuinte à libertação do escravo.

Na realidade, combater a escravidão tinha seu *quê* de temerário. Os autores se viam na contingência de ocultar o próprio nome, o que aconteceu com *Mãe*, que nem chega a ser obra abolicionista, e não trazia a assinatura de José de Alencar quando foi representada no Teatro Ginásio Dramático, a 24 de março de 1860. Informa João Luso outras peças apresentadas:[41] *Cenas da escravidão*, maio de 1875, no Teatro São Luís; *Lei 28 de setembro*, em 10 de outubro de 1877, no Teatro D. Isabel; *A escrava Andréa*, no Ginástico, em 1879; e *O Liberato*, em 1881, no Teatro Lucinda, todas omitindo os respectivos autores. Qual a razão? Exigência das autoridades? Receio de represálias? *O escravocrata*, de Artur Azevedo de parceria com Urbano Duarte, não obteve da censura, na época a cargo do Conservatório Dramático, autorização para subir à cena, sendo publicada em 1884. *A cabana do Pai Tomás*, publicada em inglês em 1851 e em português em 1853, foi representada em julho de 1876 no Rio, obtendo ruidoso sucesso, seguindo depois para o interior do país.

Os textos citados nem de longe significavam o verdadeiro teatro que o negro estava de fato praticando na clandestinidade dos seus cultos, na comemoração dos seus antepassados, nos folguedos e, principalmente, na luta épica pela libertação da raça. Heróis como *Zumbi dos Palmares*, nas Alagoas, *Chico Rei*, em Minas Gerais, *Karocango*, no estado do Rio de Janeiro, ou o *Preto Pio*, na serra do Cubatão, em Santos, figuras históricas nimbadas de lenda e mito, aguardam o Poeta que os integrará em nossa dramaturgia.

Teatro negro-brasileiro contemporâneo

Os antecedentes mais remotos de textos para negros, formalmente elaborados, estão no teatro grego. Ésquilo escreveu *As suplicantes*, odisseia das cinquenta filhas de Danau, *trigueiras* de pele, queimada pelo sol do Nilo. Nasceram no Egito. Fugindo do casamento com os primos, os cinquenta filhos de Egito, irmão de Danau, as Danaides atingem a terra de Argos, na Hélade, buscando proteção. A tragédia não retrata conflito étnico. Ressalta, apenas, o fato de ser a primeira obra escrita conhecida com personagens de cor escura. As suplicantes pisam a Argólida e suplicam, a Zeus, compaixão para "as suas tenras faces tostadas pelo sol do Nilo". Descendem da mesma raça do rei da Argólida, Pelasgos, mas tão escuras de pele que provocam surpresa e dúvida no soberano:

"— Ó estrangeiras! Não posso acreditar o que dizeis, que sois da nossa raça argiva. Melhor se parecem mulheres da Líbia."[42]

Há também um contemporâneo de Lope de Vega, Andrés de Claramonte, autor de uma comédia *El valiente negro en Flandes*,[43] inspirada na vida de famoso guerreiro lugar-tenente do duque de Alba.

Eugene O'Neill, em carta que nos dirigiu em novembro de 1944, lamentava, em relação ao teatro norte-americano, a falta de peças para negros. "Mas", dizia ele, "acho que bem cedo haverá dramaturgos negros de real mérito para suprir essa falta."[44] O autor de *Emperor Jones*, obra de estreia do Teatro Experimental do Negro, no Theatro Municipal do Rio de Janeiro, a 8 de maio de 1945, sustenta, assim, que o verdadeiro autor de textos para intérpretes de cor deve ser o próprio negro. Entre nós, alguns vão surgindo. Nesta antologia, incluímos três autores negros: Rosário Fusco, Romeu Crusoé e Abdias Nascimento. Os outros dramaturgos que formam esta coletânea, Nelson Rodrigues, Tasso da Silveira, Agostinho Olavo, Lúcio Cardoso, Joaquim Ribeiro e José de Morais Pinho, talvez não sejam, rigorosamente, brancos, mas, duma perspectiva de sentido popular, eles certamente o são.

É compreensível que ainda não haja numerosos autores dramáticos de cor. O negro ainda não teve tempo de se afirmar, quando sabemos que a abolição é acontecimento recente. Observa Frobenius: "A passagem de uma esfera a outra — da escravidão à recente liberdade é caótica — assim neste sentido o iniciado à nova realidade conhece o caos como o primeiro degrau de uma ordem nova e de uma nova instituição".[45] Ora, 73 anos é muito pouco tempo para todo um povo — mais de 20 milhões de brasileiros de cor —, nas condições vigentes, superar o caos e entrar, definitivamente, na recuperação dos seus valores culturais.

Nesta antologia, obedecemos ao critério da ordem alfabética de sobrenomes dos autores. Lamentamos a impossibilidade material de inclusão de todas as peças, escritas desde a fundação do Teatro Experimental do Negro, algumas criadas especialmente para o nosso conjunto, todas, porém, desfrutando o clima de dignidade artística, conquistado pelo nosso Teatro para o artista de cor.

Oxalá possamos, em breve, publicar o segundo volume contendo, por exemplo: *Orfeu da Conceição*, de Vinicius de Moraes; *Um caso de kelê*, de Fernando Campos; *O cavalo e o santo*, de Augusto Boal; *Yansã, mulher de Xangô*, de Zora Seljan; *Os irmãos negros*, de Klaynér P. Velloso; *O processo do Cristo Negro*, de Ariano Suassuna; *Caim e Abel*, de Eva Ban; *Plantas rasteiras*, de José Renato; *Orfeu negro*, de Ironides Rodrigues; *Pedro Mico*, de Antonio Callado; *Gimba*, de Gianfrancesco Guarnieri; *Chico Rei*, de Walmir Ayala. Duas peças sofreram repúdio dos próprios autores talvez num gesto de excessiva autocrítica: *O porão*, de Alfredo Mesquita, e *Zumbi, rei dos Palmares*, de Péricles Leal. O mito do Zumbi atraiu Santos Moraes e Miécio Táti; ambos têm peças escritas, e Vinicius de Moraes estuda profundamente o tema para obra futura. Sobre *Chico Rei*, há também a promessa, de quinze anos, de uma tragédia de Aníbal Machado. Outra peça prometida há anos: *Auto de botequim*, de Fernando Góes.

A literatura dramática para negros está em plena fase de criação e, certamente, não é estranha a esse fenômeno a era nova que o país atravessa, de desenvolvimento e autoconscientização.

Sem dúvida, estamos assistindo ao encerramento da fase do *caos* para o negro ex-escravo. Assumindo, no Brasil, as consequências e as implicações que a Negritude contém, ele afia os instrumentos da sua recusa, engendrada na espoliação e no sofrimento: recusa da assimilação cultural; recusa da miscigenação compulsória; recusa à humilhação; recusa à miséria; recusa à servidão.

O Teatro Experimental do Negro é isto: um instrumento e um elemento da Negritude. Seu único valor absoluto é a sua generosidade.

Rio de Janeiro, outubro de 1961

Outras obras consultadas

BERVEILLER, Michel. *A tradição religiosa na tragédia grega*. São Paulo: Editora Nacional, 1935.

CARNEIRO, Edison. *Candomblés da Bahia*. 2. ed. Rio de Janeiro: Andes, [1954].

FREYRE, Gilberto et al. *Novos estudos afro-brasileiros*. Rio de Janeiro: Civilização Brasileira, 1937.

GUMPLOWICZ, Luís. *La lucha de razas*. Madri: La España Moderna, [1909].

LOPES FILHO, Napoleão. "Metafísica negra". *Letras e Artes*, suplemento de *A Manhã*, Rio de Janeiro, 8 jun. 1952.

SACO, José Antonio. *Historia de la esclavitud*. Cidade do México: Alameda, 1955.

SOUSA, J. Galante. *O teatro no Brasil*. 2 v. Rio de Janeiro: INL, 1960.

Testemunho de Abdias Nascimento sobre os 80 anos da abolição

Nesta passagem dos oitenta anos da abolição da escravatura no Brasil, é oportuno que se faça uma verificação objetiva dos resultados práticos da lei de 13 de maio de 1888. Será realmente um homem livre o descendente dos escravos africanos? Até onde o negro brasileiro desfruta objetivamente de igualdade frente aos demais cidadãos de outras origens raciais, e isso em todos os escalões da vida nacional?

Há mais de dez anos o repórter de uma revista carioca de grande circulação recolheu o depoimento de vários homens de cor a respeito dessas questões. Até a presente data esses depoimentos permaneceram inéditos, porém, mantendo a mesma significação, interesse e atualidade, pois de lá até cá nada se modificou na situação em que se encontram os negros em nosso país.

O processo da campanha abolicionista estancou em 1888. Atirado ao caos, o ex-escravo vem se debatendo no esforço de enxergar o caminho de uma libertação de fato. Um contexto obscuro e complexo, de contorno evasivo e aparência enganosa, colocou o negro em situação polêmica. Sem envolver a adesão nem os pontos de vista dos entrevistados, estou entre os que afirmam que só tivemos uma abolição de fachada: jurídica, teórica, abstrata. Reiteradamente tenho dito e mais uma vez repito: os poderes públicos atiraram os ex-escravos à extinção pela fome, a doença, o desemprego, a miséria mais completa. Não só as classes dirigentes, mas toda a sociedade brasileira fechou-nos possibilidades de sobrevivência, com oportunidade de vida digna, decente. Criou-se, isto sim, uma teia de slogans sobre igualdade e democracia racial que tem se prestado tanto para aliviar a má consciência nacional, apresentando nosso país no exterior como modelo de convivência racial, como ainda, internamente, para manter o negro enganado e domesticado.

Houve uma fase em que o negro despertou o interesse de estudiosos, principalmente de estudiosos do Nordeste. A sinceridade dos mesmos não impediu que o negro fosse desfrutado apenas como *material etnográfico* ao seu exercício literário e acadêmico, pois que ao invés do enfoque estático — história, religião, folclore, etnografia, cozinha, antropologia física etc. — a condição do negro exigia uma urgente ação prática que promovesse a transformação de sua existência horrível. E tivessem fim a agressão e a espoliação que, hoje como ontem, ainda o atingem.

Muito fácil é lutar contra a usurpação manifesta. Desde tal perspectiva os negros norte-americanos, ou sul-africanos, rodesianos e angolanos — cada qual com suas peculiaridades — desfrutam de situação paradoxalmente mais vantajosa do que nós, os negros brasileiros. Pois quais são as forças que barram nosso progresso? Serão inimigos declarados ou adversários rancorosos? Não. Aparentemente, não. Entre nós o racismo figura um camaleão, muda constantemente de tática e de estratégia. Tanto toma a forma do paternalismo, da cordialidade, da benevolência, da boa vontade, como se denomina mestiçagem, aculturação, assimilação... Refletindo sobre considerações análogas, disse certa vez o dr. Martin Luther King:

A compreensão superficial das pessoas de boa vontade é mais nociva do que a incompreensão das pessoas de má vontade.

Na camada mais esclarecida da sociedade brasileira, felizmente, já estão desmistificados e desmascarados plenamente os embustes e sofismas em que se resume nossa "democracia racial". Estão expostos para quem quiser ver as fraudes "científicas" dessa igualdade, as pressões aculturadoras, a domesticação assimilativa, o desprezo, a ofensa, a humilhação imposta ao negro por causa da cor.

Os próprios homens de cor, através de suas associações e jornais, assumiram a tarefa da denúncia da discriminação e do preconceito disfarçados.

Tanto a extinta Frente Negra Brasileira, de São Paulo, quanto o Teatro Experimental do Negro, do Rio de Janeiro, *O Clarim da Alvorada*, de São Paulo, ou o *Quilombo*, do Rio, desenvolveram, conforme seus recursos e limitações, trabalho positivo. Atualmente temos trabalhos científicos idôneos, havendo se tornado indispensáveis à compreensão do assunto as obras de um Guerreiro Ramos, de um Roger Bastide, Octavio Ianni, Fernando H. Cardoso, Viotti da Costa, e, principalmente, de Florestan Fernandes. Nossa responsabilidade de brasileiro e de membro da família humana nos impôs o dever de, integrado em nossa autenticidade, abraçar a *Negritude* para o resgate dos valores negro-africanos que informam a formação cultural de nosso povo.

Eis uma lição da sociologia:

O defeito só o é quando afeta uns poucos. Quando afeta a maioria ou a todos, perde o caráter de lesão, e se afigura mesmo traço de normalidade.

É o caso do *mito* de nossa democracia racial, que se define mais corretamente como uma *patologia da normalidade*. Uma democracia racial patológica — enferma e teratológica. Não se trata de nenhum exagero. Recordemos que os brasileiros fortemente pigmentados de escuro somam cerca de 30 milhões. Certos apóstolos da miscigenação pregam a rápida extinção do negro. E assim estaria automaticamente resolvido o problema. Mas até que a fórmula brasileira de *linchamento* étnico produza seus efeitos será válido o que disse Sartre:

> Um judeu, branco entre os brancos, pode negar que seja judeu, declarar-se homem entre os homens. O negro não pode negar que seja negro ou reclamar para si esta abstrata humanidade incolor: ele é preto.

A parte branca, ou menos negra, continuará monopolizando o poder político, o poder econômico, o privilégio da instrução e do bem-estar, alheia às imposições da famigerada Lei Áurea — a Lei da Magia Branca, na correta definição de Antonio Callado. Sob a lei da magia branca, o negro é igual a qualquer outro brasileiro. Na prática — sem magia branca ou negra —, negro é apenas isto: o *infame pela raça* consignado no estatuto colonial.

Por que apenas o negro deve pagar o ônus do nosso "paraíso racial"? Retifico. Também o índio tem sido agredido. Segundo inquérito estarrecedor do próprio Governo Federal, ficamos conhecendo os processos e as técnicas usados para a liquidação do indígena nesta mesma década dos 1960. Outra máscara arrancada à contrafação do nosso tão apregoado humanismo brasileiro, temperado com doçura e espírito cristão...

Há, entretanto, uma trágica advertência suspensa à meditação de toda a humanidade: o brutal assassínio do dr. Martin

Luther King. Recordar seu exemplo e seus ensinamentos será a melhor forma de homenageá-lo, de provar que sua morte não foi em vão. Líder da não violência, sempre evitou que sua pregação se tornasse arma para escudar a mentira, a injustiça, a pusilanimidade. Pregava ideias viris e atuava com energia. Provocava e estimulava a tensão criadora. Profligava os legisladores brancos que votavam leis adrede preparadas à não execução. E para que o negro não se visse submetido ao arbítrio do branco, advogou a ascensão política do negro. Dizia que

há séculos o negro vem sendo aprisionado pelos tentáculos do poder branco.

O poder negro possibilitaria que ele próprio — o negro — tivesse condições e força de operar as transformações sociais, políticas e econômicas. Impõe-se a coparticipação do negro em todos os graus do poder, se se quer realmente alcançar uma sociedade justa num mundo de paz. Também entre nós o negro perdeu a confiança nos mediadores. Dir-se-ia que Luther King estivesse pensando nas tão brasileiras quanto cediças manifestações piegas de afeto do branco ao negro, ao pronunciar que

o amor sem poder é sentimental e anêmico.

Em mais de trezentos anos de trabalho e sofrimento o africano construiu, quase sozinho, um país; lutou contra os invasores da Pátria; morreu na guerra do Paraguai e na luta contra o nazifascismo. Oitenta anos transcorreram desde aquele 13 de maio que libertou a ele e seus descendentes. Um novo cidadão brasileiro. Construiu um país também para si mesmo. Dois estrangeiros ilustres visitando o Brasil, que imaginavam ser um exemplo de convivência entre raças diferentes, perguntaram:

Onde estão os negros?

Jean-Paul Sartre e Robert Kennedy estranharam a ausência total dos negros, por exemplo, nas universidades. Não existem negros juízes? Brasileiros de cor na carreira diplomática? Senadores e deputados negros? E oficiais da Marinha, da Aeronáutica, do Exército? Negros banqueiros, industriais negros, homens de cor empregadores? Não há ministros de Estado negros num país de 30 milhões de cidadãos de cor?

As exceções, os mulatos disfarçados de branco, não são exemplos válidos. Ou melhor, valem como diagnóstico da mencionada *patologia da normalidade*. Onde estão os negros? Ora, estão por aí encurralados no emprego humilde ou no desemprego; prisioneiros do analfabetismo, da miséria, da doença, do crime. Do crime de ser negro. Do crime de ter construído um país para outros. Fruto da estrutura capitalista que oprime e espolia branco e preto? Isso corresponde a meia-verdade. Os brancos pobres não tiveram a experiência histórica de trezentos anos de escravização e especialmente desconhecem a experiência da cor negra sobre a pele. Uma dupla opressão desabou sobre o negro: uma provocada pela cor, outra pela exploração capitalista.

E posto que o oprimem em sua raça — conclui Sartre —, e por causa dela, é de sua raça, *antes de tudo* [o grifo é meu], que lhe cumpre tomar consciência.

Assumir sua condição de cor, eis o primeiro passo. A subjetividade negra inspirando e permeando sua *práxis*, a ação transformadora que o negro precisa exercer sobre a realidade imediata que o cerceia, humilha e secundariza. Fica assim caracterizado que seu papel não se esgota e muito menos se subordina a uma mera tomada de posição de classe operária. Movendo-se no cenário de uma sociedade de classes, seu protagonismo deve atingir a todas elas e não somente uma. Até para Marx, escreveu Guerreiro Ramos,

A comunidade humana sobrepuja a de classe operária.

Nenhum compromisso ideológico, nenhuma ideia, sistema ou teoria social e política, terá bastante força ou autoridade para destruir este simples fato: o fato de ser negro, hoje, no Brasil.

Imperativo de dignidade humana e dever cívico de brasileiro, devemos nós — negros e brancos — esforçarmo-nos para que nossa democracia racial se transforme em fato concreto; seja efetivamente, consuetudinariamente, um valor e uma grandeza da cultura nacional. Ao negro cumpre organizar-se para o desempenho desse protagonismo que a história lhe reservou. Sem messianismo, mas decidido; isento de ódio ou ressentimento, porém firme e inarredável na defesa do justo lugar a que tem direito, deve o negro criar suas forças de pressão, seus instrumentos de ação direta. Na vivência do processo e da luta, se formarão dirigentes e líderes qualificados. Somente organizado em força dinâmica, atuante, conseguirá o negro obter igualdade de oportunidade a um status de vida superior. Ao lado de outras forças revolucionárias abre-se ainda ao seu esforço a perspectiva de uma mudança qualitativa — econômica e social — não só para a gente negra mas para todo o povo brasileiro.

Naturalmente tudo o que contraria o status quo apresenta riscos. Mas correndo todos os riscos está o negro desde o instante do seu nascimento. Não temam, pois, os negros a incompreensão de uns, a calúnia de muitos. Não temam o labéu de racista negro, pois é outra tática de intimidação e imobilização. Basta-nos a integridade de nossa consciência de democratas e de humanistas. No mais, baseados em nossa experiência histórica — que é nossa e intransferível —, estamos convictos em ser esta espécie de

racismo antirracista o único caminho capaz de levar à abolição das diferenças de raça.

O poder negro poderá chegar até aqui?

Equivocava-se completamente o escritor negro americano James Boggs ao pretender, numa conferência pronunciada em Nova York, em 1964, que "Os Estados Unidos são o único país do mundo que conquistou a independência mas manteve a escravatura". Não é verdade. O negro no Brasil conhece essa mesma experiência histórica. Também aqui o negro participou do processo da Independência nacional, registrando-se sua presença desde a Inconfidência Mineira. Entretanto, de nada adiantaram os movimentos libertários do próprio negro-escravo, quer fugindo do cativeiro e pontilhando o território nacional de quilombos, ou se rebelando e tingindo o chão da pátria com seu sangue insurreto. Também em nada resultaram os esforços de brancos como Joaquim Nabuco, Castro Alves, ou um José Bonifácio que, mesmo antes da Independência, chegou a pleitear medidas concretas a favor do escravo. Tudo em vão. Conquistada a Independência em 1822, a estrutura econômico-social do país permaneceu inalterada, e, para os milhões de seres humanos escravizados, nada se modificou. O negro continuaria por mais 66 anos na condição de semovente, força motriz de engenhos de açúcar, burro de carga da mineração, trabalhador dos cafezais. A extinção do regime escravocrata, na América do Norte, ocorreu durante a guerra de secessão de 1863, enquanto no Brasil só atingiríamos o estatuto jurídico de cidadãos em 1888.

James Boggs prossegue afirmando que, após a guerra civil e já libertos os escravos, "o país segregou os negros deixando que fossem sistematicamente explorados e degradados com base na cor. *Nenhum outro país do mundo* [o grifo é meu] cometeu um crime de tamanha brutalidade. No entanto, o povo americano vive falando dos crimes do fascismo ou do nazismo, sem nunca mencionar o fato de que os negros americanos têm vivido nos Estados Unidos sob o regime fascista cada dia dos trezentos anos de sua existência".

O texto que segue revela até que ponto se mascarou a realidade racial entre nós, chegando a projetar no exterior, como uma verdade inconteste, uma imagem que não passa de mistificação: Martin Luther King, entrevistado por Carlos Lemos (*Jornal do Brasil* de 1º de janeiro de 1967), ao lhe ser indagado se havia alguma coisa que o povo brasileiro podia fazer para auxiliar o negro americano, ingênua ou ironicamente, respondia: "Sim, exercer influência para que seu governo lute na ONU e em todas as organizações internacionais em favor do negro americano".

Ignoram, ignorariam Boggs e King o que se passa por detrás do biombo da democracia racial de fachada que o Brasil ostenta? Essa inconcebível mistificação do Brasil apresentar-se no exterior como exemplo de harmonia racial já era denunciada antes da abolição por Joaquim Nabuco: "A ideia é que a mentira no exterior habilita o governo a não fazer nada no país e deixar os escravos entregues à própria sorte". Tal fenômeno é uma constante no comportamento brasileiro, uma tradição que, por vezes, atinge grandiloquência condoreira quando, por exemplo, orgulha-se da imagem de uma abolição feita na base de rosas... A dura realidade é que este jogo floral não erradica a situação do negro no Brasil que, à parte secundaríssimos pormenores, diferenças apenas de grau, é semelhante à do negro nos Estados Unidos. Semelhante ou talvez pior.

Não há também no Brasil um sistema de exploração do negro que vem colhendo seus frutos desde a chegada dos primeiros escravos? Sobre os grilhões e o genocídio dos tumbeiros não se constituiu "uma aristocracia cutânea" baseada na cor branca, que até hoje monopoliza o bem-estar, a economia, a educação, o prestígio social, o poder político? E essa aristocracia da brancura, cujo poder incomparável tem degradado a cor negra através de processos violentos (seu poder policial) ou através de processos sub-reptícios e formas sutis (a religião, a ciência, a arte, a cultura enfim), por acaso não existe no Brasil? E a extensão das definições brancas da cor negra (a cor do diabo, a cor do mal, a cor do feio, a cor inferior) não tem pervertido o homem negro, degradado os valores de sua cultura tradicional trazida da África, menosprezado sua história milenar?

Com a súbita irrupção do "Poder Negro" essas questões vêm à tona, tornam-se candentes. É cômodo para as camadas dirigentes ou melhor situadas imaginar que o homem de cor no Brasil é um felizardo porque não é caçado a pauladas no meio da rua. É cômodo deixar o negro brilhar no futebol, se tornar "rei", ou comandar a alegria consentida do Carnaval. Aqui, como nos Estados Unidos, não é a população negra tradicionalmente pacífica e resignada? Aliás, o negro americano, de tão conformado, não se deixava mesmo até imolar na pirotécnica funesta da "Ku Klux Klan"? Como, pois, compreender ou justificar os recentes acontecimentos, de trágicas consequências, em que o negro de vítima passiva passou a revidar golpe com golpe, violência com violência? O negro preparado, armado para tomar a iniciativa da agressão, eis o fato que está assombrando o mundo. Mesmo a liderança moderada (por exemplo Luther King), que nega ao poder negro qualquer conotação com violência negra, não pode omitir a essência revolucionária do movimento: "Poder Negro é fazer a General Motors dizer sim, quando queria dizer não".

Nossa imprensa vem refletindo há algum tempo a surpresa, lidando com a perplexidade e a ansiedade de certas camadas sociais que acham desnorteante a capacidade ofensiva do negro. E mais: consideram fato gravíssimo o nível de esclarecimento que ele apresenta, exigindo participar em todos os escalões do poder público e privado, e não nos escalões inferiores como era a norma cristalizada no correr dos séculos. "Poder Negro", diz Luther King, "é influir econômica, política e moralmente nos destinos da nação e nos nossos próprios. Essa influência é nosso caminho para a liberdade."

Não é só a imprensa. Muita vez temos percebido a pergunta dissimulada em expectantes lábios mudos. Outras vezes a interrogação articula-se e faz coro com indagações imprecisas: "Seria possível acontecer no Brasil algo semelhante ao que ocorre atualmente nos Estados Unidos?".

Em livro que publicarei brevemente (Ed. GRD), intitulado *O negro revoltado*, forneço alguns elementos à compreensão e ao diagnóstico do problema negro no âmbito de nossas fronteiras. Esse texto inclui, ao lado de contribuições valiosas de sociólogos como Roger Bastide, Guerreiro Ramos ou Thales de Azevedo, o registro taquigráfico da participação do homem de cor nos debates que se travaram durante as sessões do I Congresso do Negro Brasileiro, promovido em 1950 no Rio de Janeiro pelo Teatro Experimental do Negro. Trata-se da primeira tentativa de se fixar ao vivo o que o negro pensa, sofre, aspira, reivindica e combate, não de um ponto de vista individual e sim procurando configurar uma perspectiva comum à minoria étnica marginalizada.

Tornou-se lugar-comum a frase: "No Brasil não há problema de raça". Realmente não existe entre nós um problema do negro. Nosso problema negro é um problema do branco. Foi este quem, após 13 de maio de 1888, entregou o negro à morte. Libertou juridicamente o escravo, mas não forneceu ao novo cidadão meios de sobrevivência. Cerca de 2 milhões de brasileiros foram atirados à rua, sem meios de se alimentar, vestir ou morar. Sem qualquer preparação profissional ou amparo de qualquer espécie. Somente a grande capacidade de resistir ao sofrimento, a vivência da dor, da fome, da lágrima, permitiu que o negro sobrevivesse, embora organicamente combalido, embora mental e psiquicamente abalado no seu âmago. A grande maioria negra ainda se encontra traumatizada, entorpecida, existindo ao nível da vida vegetativa. Ninguém atentou para a advertência de Nabuco: " A emancipação dos atuais escravos e seus filhos é apenas a tarefa imediata do Abolicionismo. Além dessa, há outra maior, a do futuro: a de apagar os efeitos de um regime que, há três séculos, é uma escola de desmoralização e inércia, de servilismo e irresponsabilidade para a casta dos senhores". Um ministro de Estado, depois da abolição, entendeu que apagar os efeitos do regime seria mandar queimar todos os documentos referentes ao tráfico escravo e ao comércio interno "do gado negro". Não ocorreu aos dirigentes do país, aos usufrutuários do trabalho do ex-escravo (latifundiários, senhores de engenho, plantadores de café) que, para apagar a mancha da escravidão, havia um caminho curto e simples: dar oportunidade de trabalho ao negro, com remuneração condigna que lhe permitisse morar decentemente, alimentar-se e vestir-se, organizar sua família, educar seu filhos com dignidade e liberdade. Muito ao contrário, a espoliação prosseguiu sua obra nefasta. No círculo fechado da fome, da enfermidade, das necessidades mais primárias, habitando porões, mocambos e favelas, o negro brasileiro bem poderia repetir o hino citado por James Baldwin no seu impressionante depoimento — *Da próxima vez, o fogo* —, "Sei que minha veste me servirá bem. Experimentei-a nos porões do inferno".

O aspecto, já não diremos intolerável, mas apenas risível, do comportamento brasileiro é a negativa sistemática das coisas evidentes. Diríamos que o preconceito de cor no Brasil, a discriminação racial, para usarmos a expressão consagrada de Nelson Rodrigues, existe como o "óbvio ululante". Por exemplo, a queima do arquivo escravista determinada por Rui Barbosa foi substituída por circulares e avisos reservados de caráter discriminatório. Nessa atitude sub-reptícia de escamotear a prova, de não deixar nem o rastro do crime, temos caracterizada a diferença fundamental entre o racismo americano e o racismo brasileiro. Enquanto lá os racistas assumem a responsabilidade da agressão, aqui, o negro que defende seu direito, que exige o cumprimento constitucional da igualdade efetiva, corre o risco de se tornar em contraventor da lei. Temos de convocar todas nossas reservas de bom humor para superar a amargura e a melancolia que nos assaltam. E, num clima emocional de humor e ironia, destacar pessoas e fatos, testemunhos dessa encruzilhada de cor e de raças, é um desafio aos anseios de compreensão, de paz e de amor entre os homens. Lembro-me de um encontro com o general Eurico Gaspar Dutra, em 1945. Na qualidade de presidente da Convenção Nacional do Negro, havia recebido de Sua Excelência, em 2 de outubro daquele ano, estas palavras animadoras: "Desejo possam encaminhar-se pleno êxito seus trabalhos". A Convenção Nacional do Negro, reunida em São Paulo, votou um "Manifesto" que dizia em certo trecho:

Devemos ter o desassombro de ser, antes de tudo, negros, e como tal, os únicos responsáveis por nossos destinos, sem consentir que os mesmos sejam tutelados ou patrocinados por quem quer que seja. Não precisamos mais de consultar ninguém para concluirmos da legitimidade de nossos direitos, da realidade angustiosa de nossa situação e do acumpliciamento de várias forças interessadas em nos menosprezar e mesmo em condicionar nosso desaparecimento.

Entre os itens reivindicatórios, a Convenção pleiteava que "se tornasse matéria de lei, na forma de crime de lesa-pátria, o preconceito de cor e de raça", e, em outro item, solicitava bolsas de estudo para "brasileiros negros, como pensionistas do Estado, em todos os estabelecimentos particulares e oficiais de ensino secundário e superior do país, inclusive nos estabelecimentos militares". Esse manifesto despertou a atenção do general Eurico Gaspar Dutra, candidato à presidência da República, que convocou ao seu gabinete o Diretório da Convenção. Fui em companhia de José Pompílio da Hora, Sebastião Rodrigues Alves e Aguinaldo Camargo (hoje falecido), entre outros. Em plena audiência, Sua Excelência teve a coragem cívica de fazer a denúncia de uma circular ou aviso reservado, contrário ao ingresso do negro e do judeu na Escola Militar. Foi além, o general Dutra, ordenando ao coronel chefe do seu gabinete que nos fornecesse um documento assinado confirmando a existência do referido aviso reservado. Naturalmente, estamos aguardando até hoje que o coronel cumpra a determinação do presidente Eurico Gaspar Dutra...

Maliciosamente ou na boa-fé da ignorância, costumam dizer que entre nós o problema é diferente porque aqui houve a miscigenação. Um famoso sociólogo criou até uma lusotropicologia para proclamar a isenção de preconceito racial do português em matéria de contato com pessoas de outras origens. Os fatos concretos desmentem mais essa escamoteação da realidade. Não revelam, por exemplo, que cerca de 80% da população negra dos Estados Unidos também é mestiça; não põem em evidência o imperativo fisiológico (e não ausência de preconceito) que levou o português ao comércio sexual com a negra. Em sua origem, a mulatização se baseia na violência, no abuso do poder, no usufruto do escravo como *coisa*. Essa trágica mentira, a cruel hipocrisia da "mestiçagem luso*tropical*", desfaz-se ante a comprovação de ser ela mais uma teoria predatória da raiz negra da humanidade, do que um amplexo fraterno de raças e cores diferentes. José Honório Rodrigues, escrevendo em *O Jornal* (Rio de Janeiro, 11 de maio de [19]61), considera que: "Se examinarmos a ação portuguesa na África, veremos que a proclamada falta de preconceito não conduziu à miscigenação. Porque, como já acentuamos, faltou ali, quando realmente se iniciou a colonização, no fim do século passado, a escravidão que permitia, com ou sem preconceito, usar e abusar dos escravos num plano meramente material e sexual".

Há toda uma parafernália para empulhar, torcer, mistificar, ameaçar, mas nenhuma mentira consegue obscurecer, por todo o tempo, os simples fatos diários da vida do negro. O preconceito de cor, em pesquisa realizada no mercado de trabalho do Rio e de Porto Alegre pela seção de colocações do Ministério do Trabalho, conforme sua responsável, sra. Vera Neves, menciona em *O Jornal* de 14 de junho de 1959, encontra-se em primeiro lugar como fator de desemprego. Em relação a Porto Alegre, o noticiário da imprensa menciona ainda ser o preconceito velado: "Não se observam negros, a não ser com raríssimas exceções, em trabalhos de balconistas, escriturários, enfermeiros [...]", para em seguida acrescentar: "O maior número de pretos é observado em trabalhos braçais, de estiva, em portos, armazéns, lojas etc. [...] Observa-se um esforço íntimo para que o preconceito de cor não aflore, mantendo-o subjacente, veladamente, para que não venha a constituir-se em outra grave questão social aqui no Brasil".

Os critérios de nossa política imigratória também pagaram seu tributo à eiva racista. Convém ressaltar a coincidência da atitude governamental com a particular. Num inquérito ilustrativo feito pela Sociedade Nacional de Agricultura e revelado pelo seu presidente, sr. Arruda Câmara (*Jornal do Commercio* de 7 de junho de 1948), abrangendo pessoas, instituições e autoridades em todo o país, manifestaram-se contra a imigração amarela 37% e 56% a favor (não emitiram opinião 7%). Contra a imigração negra 76% e 18% a favor sendo que 6% não emitiram opinião. A raça branca, excetuados os votos contrários a qualquer imigração (3%), não foi objeto de restrições. É desnecessário indagar se houve algum negro entre os inqueridos, quando sabemos que ele não participa de associações rurais ou comerciais, nem é um agricultor ou industrial, autoridade pública de categoria, e, no ramo do crédito ou da finança, ele é o ausente total.

Onde o negro se situa como a presença dominante é nas favelas. *O Estado de S. Paulo* de 13 de abril de 1950 publica estes dados significativos: "População do Rio de Janeiro: Brancos, 1 660 834 — Negros e Mulatos, 708 459. A População favelada: Brancos, 55 436 — Negros e mulatos, 113 218". Temos nesses números um flagrante da segregação habitacional, se atentarmos que a população de cor soma um terço da população global da cidade e figura com uma cifra 100% maior do que a branca na população favelada. Para cada branco favelado, há dois negros e mulatos morando no morro.

Procedendo a uma reflexão desapaixonada sobre os números de nossa realidade étnica, não podemos evitar a triste conclusão de que entre nós o problema negro, na sua essência, se reveste de um caráter bem mais grave que o apresentado nos Estados Unidos. A ausência da violência física, que não se inscreve no procedimento brasileiro, mas também não anula a forma de violência sutil de que o negro é vítima, é substituída por processos indiretos, porém terríveis e eficazes na erradicação da cor negra. Quando falam em miscigenação, estão na verdade dizendo "branquificação", pois aquele negro que não sucumbe na moléstia, na fome, no crime, nos mocambos, nos morros, é triturado na mulatagem. E como as oportunidades crescem na medida em que o brasileiro tenha a aparência do branco europeu, pense e sinta como o homem do mundo ocidental, o negro vê-se coagido a abdicar de sua condição de negro. Uma forte compulsão impõe a ele "melhorar a raça", segundo a expressão popular, a fim de sobreviver e poder ingressar na sociedade competitiva em nível de ascensão vertical. A curva da liquidação do negro pode ser facilmente observada na ótica dos algarismos. Vejamos: Rio Branco assinalava às vésperas da Independência (1822): 3,8 milhões de habitantes, sendo 1,93 milhão de negros, 1,43 milhão de brancos e 526 500 mulatos. Isso no Brasil independente e escravizador da maioria dos seus habitantes válidos à sua organização econômica. Segundo o IBGE, temos: 1872 — brancos, 3 787 289; negros, 1 954 542 e pardos (mulatos) 4 188 737. Em 1890 — brancos, 6 302 198; negros, 2 097 426 e pardos, 5 934 291. Em 1940 — brancos, 26 171 778; negros, 6 035 869 e pardos, 8 744 365. Em 1950 — brancos, 32 027 661; negros, 5 692 657 e pardos, 13 786 742.

Em percentuais, vemos o declínio do negro nas datas mencionadas — respectivamente: 19,68% — 14,63% — 14,64% e 10,96%. Naturalmente o decréscimo do negro favoreceu principalmente a percentagem mulata, que é a ponte que conduz à branquificação, ideal recôndito de certas camadas brasileiras.

O negro nunca teve a oportunidade de fazer a denúncia sistemática de todos os crimes e perseguições de que é vítima no Brasil. Normalmente, nossos órgãos de imprensa estão condicionados por forças poderosas, às quais não interessa tratar de assunto tão desagradável. Publicam esporadicamente uma reportagem, e fica tudo como dantes no quartel de Abrantes. Aproveitando uma oportunidade que agora se nos abre, iniciamos com este trabalho uma série de estudos e depoimentos sobre o problema negro no Brasil, através do *Jornal da Senzala*. Aqui estaremos para dialogar, esclarecer sem hipocrisias, sem dogmatismos ou qualquer postura paternalista. Não somos nenhum Messias, abominamos o colonialismo que ainda nos desgraça a brancos e negros. Colaboraremos na conscientização do negro e do povo brasileiro em geral, certos de que assim estaremos colaborando para o desenvolvimento do país, para a amizade verdadeira entre os povos e a fraternidade entre os homens. Não é possível fraternidade nem paz enquanto o negro permanecer estrangeiro dentro das fronteiras de sua própria pátria, enquanto os brancos assassinarem negros na África, enquanto os colonialistas ainda mantiverem, às portas do século XXI, colônias conquistadas à força, e espoliadas há cerca de quatro séculos, como Angola e Moçambique. O mundo ventilado, o mundo aberto a todos os homens, não comporta governos como os de Ian Smith ou Salazar. O mundo ou caminha para a justiça social verdadeira, com o negro participando da condução dos destinos de seu país, ou caminharemos para dias tormentosos. Hoje, a massa negra ainda está entorpecida. Mas não tenham dúvidas, ela acordará um dia. Que não está tão longe como parece...

Teatro Negro do Brasil:
Uma experiência sociorracial

Várias interrogações suscitaram ao meu espírito a tragédia daquele negro infeliz que o gênio de Eugene O'Neill transformou em *O imperador Jones*. Isso acontecia no Teatro Municipal de Lima, capital do Peru, e ao impacto da própria peça juntava-se outro fato chocante: o papel do herói representado por um ator branco tingido de preto. Àquela época, 1941, eu nada sabia de teatro. Momentos antes de me dirigir ao espetáculo, acabara de pronunciar, economista que era, uma conferência no Seminário de Economia da Universidad Mayor de San Marcos. Não possuía qualificação técnica para julgar a qualidade interpretativa de Hugo D'Evieri, porém, algo denunciava a carência daquela força passional requerida pelo texto e que unicamente o artista da raça negra poderia infundir à vivência cênica do protagonista. Por que um branco brochado de negro? Pela inexistência de um intérprete dessa raça? Entretanto lembrava que em meu país, onde mais de 20 milhões de negros somavam a quase metade de sua população de cerca de 60 milhões de habitantes, na época, jamais assistira a um espetáculo cujo papel principal tivesse sido representado por um artista da minha cor. Não seria, então, o Brasil, uma verdadeira democracia racial? Minhas indagações avançavam mais longe: na minha Pátria, tão orgulhosa de haver resolvido exemplarmente a convivência entre pretos e brancos, deveria ser normal a presença do negro em cena, não só em papéis secundários e grotescos, conforme acontecia, mas encarnando qualquer personagem — Hamlet ou Antígona — desde que possuísse o talento requerido. Ocorreria de fato o inverso: até mesmo um *O imperador Jones*, se levado aos palcos brasileiros, teria necessariamente o desempenho de um ator que pintaria de negro sua pele branca, a exemplo do que sucedia desde sempre com as encenações de *Otelo*. Mesmo em peças nativas — tipo *O demônio familiar* (1857), de José de Alencar, ou *Iaiá Boneca* (1939), de Ernani Fornari — em papéis destinados especificamente a atores negros se teve como norma a exclusão do negro autêntico em favor do negro caricatural.

Esse fato ou constatação melancólica exigiu de mim uma resolução. Esta não poderia ser outra que a decisão de fazer alguma coisa para erradicar o absurdo que significava para o negro e os prejuízos de ordem cultural para o meu país. Ao fim do espetáculo tinha chegado a uma determinação: no meu regresso ao Brasil, criaria um organismo teatral aberto ao protagonismo do negro, onde ele ascendesse da condição adjetiva e folclórica para a de *sujeito* e herói das histórias que representasse. Antes que uma reivindicação ou um protesto compreendi a mudança pretendida na minha ação futura como a defesa da verdade cultural do Brasil e uma contribuição ao Humanismo que respeita todos os homens e as diversas culturas com suas respectivas essencialidades. Antes do ano de 1944, quando concretizei, no Rio de Janeiro, a fundação do Teatro Experimental do Negro — TEN —, àquelas preocupações iniciais outras se juntaram, e na reflexão e na crítica o projeto primitivo se tornou mais profundo e complexo. Perguntava-me: o que poderia haver, para além da barreira ornamental da cor, justificando a ausência do negro na cena brasileira? Seria válida a hipótese de sua incapacidade para representar papéis sérios, de responsabilidade artística? Talvez fosse só considerado capaz de fazer o moleque pitoresco ou personagem folclórico?

Existiriam implicações mais profundas, uma diferença básica de concepção artística e expressão teatral? Porventura condicionamentos exclusivistas e conflitantes de uma estética branca e de uma estética negra? Algo haveria nos fundamentos daquela anormalidade objetiva dos anos de 1944, pois dizer Teatro genuíno — fruto da imaginação e do poder criador do homem — é dizer mergulho nas raízes da vida. E vida brasileira excluindo o negro de seu centro vital só por cegueira ou deformação da realidade. Impunha-se assim um recuo histórico para a decifração das contradições que tínhamos pela frente, e quem sabe o encontro da luz que iluminaria o roteiro que o Teatro Negro do Brasil haveria de percorrer.

Os antecedentes coloniais

De saída convém reiterar o óbvio: uma colônia — Brasil — é modelada segundo os padrões originários da metrópole — Portugal. O Brasil de 1500 é isto: simples cenário no exercício da cobiça predatória de Portugal. Mero apêndice do império português — feitoria agrícola — e os colonizadores, menos que povoar, tinham como tarefa iminente arrancar do território recém-descoberto o máximo de produtos tropicais, ouro e esmeraldas, parar abastecer os mercados europeus. Fenômeno típico do colonialismo da época. Com seu eixo fora do país, os interesses econômicos dos colonizadores funcionavam como agulha magnética indicando a direção da vida periférica do Brasil que se formava. Gravitava em torno da Europa, via Portugal, e de lá provinha tudo, desde os produtos manufaturados aos padrões estéticos; desde as ideias e crenças aos estilos de comportamento social, instituições políticas e jurídicas. Provada a ineficácia do indígena para o trabalho forçado, logo nos primeiros anos da descoberta, transplantaram também para o Novo Mundo a escravidão africana que Portugal já havia introduzido na Europa. Não foi em vão que os portugueses foram os primeiros europeus a pisar o solo africano abaixo do Saara...

Um dos pretextos do imperialismo era a dilatação da fé e a conversão dos gentios. A fim de salvar a alma dos indígenas e, em contrapartida, ajudar a manutenção do regime escravocrata africano, para cá vieram os padres jesuítas. Couberam a eles, precisamente ao padre José de Anchieta, as primeiras iniciativas de teatro no Brasil. Anchieta escreveu vários autos sacramentais de forma europeia, representados pelos portugueses e indígenas conversos; a primeira dessas representações aconteceu entre 1567 e 1570 com o *Auto da pregação universal.*

À mercê de seu trabalho e capacidade de adaptação, passou o negro a constituir o elemento primordial na formação de nossa economia e na composição ética e social da Colônia que se formava. Espoliado em todos os sentidos — até da própria condição humana —, o escravo não passava de instrumento de trabalho, *coisificado* em propriedade privada que o senhor português usufruía como bem lhe aprouvesse. O africano tornou possível a formação econômica do Brasil, na mesma forma que o escravo nos Estados Unidos tornaria possível o advento da economia capitalista. Transplantado da Europa para a América, o colonizador portava os interesses portugueses e a bagagem mental de sua formação metropolitana. Que formação era essa relativa ao africano? Isto: os costumes e uma pretensa ciência antropológica dogmatizavam a inferioridade da raça negra. Não se esgotavam, contudo, no âmbito político ou da economia, as ambições espúrias daquela racionalização imperialista. Ela transbordou-se para o campo da ética, da estética e da religião. À submissão, pela força, do africano, seguiu-se a migração forçada com o consequente rompimento violento de seus costumes, tradições e organização familiar. Uma verdadeira cosmovisão da *brancura* pressionou e degradou os valores da metafísica negra, da moral negra, da beleza negra. Tem razão Katherine Dunham destacando como a mais sensível das formas de privação e de esbulho essa que provoca a inanição espiritual resultante do seccionamento dos liames da origem e da tradição.

Sem qualquer classificação na estrutura social brasileira que se delineava no curso da História, tudo ao seu redor existindo para a sua inexistência, ainda assim o africano-escravo reagia. Vítima de duplo estupro: espiritual e sexual; à violação de sua cultura original correspondeu a violação da mulher negra, mais que prostituída, transformada em *uso* do colonizador branco. Não é válida por isso mesmo a maliciosa confusão que pretende mascarar a prepotência sexual do português com ausência de intolerância racial. Em verdade Lisboa para cá mandava de preferência sentenciado e algumas prostitutas para executar a rapinagem mercantilista de sua colonização. De mais esta espoliação — a espoliação sexual — extraíram a fictícia *tendência natural do português à miscigenação* e até um lusotropicalismo que, na prática, se resume a um artifício de finalidade domesticadora. O escravo, de todas as formas possíveis, perseguia a recaptura de sua liberdade e dignidade criando os quilombos e procurando manter vivos seus costumes e crenças. Ao tempo dos autos jesuítas do século XVI, também os escravos, por ocasião do Natal até Reis (25 de dezembro a 6 de janeiro), promoviam a representação de seus autos profanos: a *Congada* ou *Congo*, as *taieiras*, o *Quicumbre*, os *Quilombos* — de origem negro-africana — e o *Bumba meu boi*, cuja fonte é discutida, mas que possui indiscutível adaptação dos escravos, com a introdução de personagens como "Mateus" e "Bastião", *negros gozados*, germe dos futuros negrinhos pitorescos. Estes, aceitos durante a escravidão, chegaram até nossos dias como os únicos "intérpretes" negros tolerados na cena brasileira. Autos e folguedos populares dos escravos decorriam como se fossem autos portugueses do século XVI ou dos franceses da Idade Média. Um teatro não escrito da tradição africana dos griots — oral, anônimo, folclórico; ainda, contemporaneamente, a vitalidade dessas manifestações coletivas pode ser testemunhada em várias regiões do país. Alguns de seus intérpretes deixaram nome e se registra os dos escravos Caetano Lopes dos Santos e Maria Joaquina — "Rei" e "Rainha" da *Congada*, apresentada com enorme êxito em 1811 no Rio de Janeiro. Outro que deixou rastro foi o ex-escravo e ator Vitoriano com sua interpretação, em 1790, de *Tamerlão na Pérsia*, ocorrida em Cuiabá (Mato Grosso).

À medida que demograficamente a Colônia se incorporava e a sociedade se constituía, acentuava-se a escassez de mulher branca, e o usufruto sexual da mulher negra pelo colonizador assume, por assim dizer, normalidade institucional. Aparece um novo degrau socioétnico: o mulato. Sua condição é ambivalente: filho de escrava, escravo é; porém, filho bastardo do Senhor, goza de certas concessões e regalias. O mulato personificava a um tempo a convergência e a repulsão entre a Casa-Grande e a Senzala. Destinavam ao mulato marginal algumas das funções de confiança do português entre as quais as de feitor e de capitão de mato, tarefas ingratas e antipáticas. Mais tarde deram-lhe outra atribuição — a de ator teatral. Recordemos: àquela altura da história considerava-se a atividade teatral uma profissão desprezível, *a mais vergonhosa de todas... abaixo das mais infames e criminosas.* Por que, então, não franqueá-la a esses inquietos mulatos, desde que se lhes cobrisse o rosto com "uma camada de branco e vermelho"? Diversos visitantes estrangeiros do Brasil colonial assistiram a peças desempenhadas por gente de cor: Bougainville (1767), Von Martins e Von Spix (1818), Saint-Hilaire (1819) são alguns deles. Não só atuavam em cena como assumiam outras responsabilidades a exemplo do "mulato e corcunda" padre

Ventura, que construiu a Casa da Ópera, no Rio de Janeiro, em 1767. Entre 1753 e 1771, no arrabalde da Palha, em Diamantina (Minas Gerais), uma negra famosa, Chica da Silva, manteve um teatro particular onde se assistia ao repertório clássico da época. No setor musical — criador e executante — o negro muito contribuiu destacando-se a importante presença do compositor erudito padre José Maurício (1767-1830), regente da Capela Imperial.

Grosso modo pode-se afirmar que se representava nos palcos brasileiros peças, ou de autores estrangeiros, ou de autores nacionais, que repetiam em seu texto os modelos europeus, no fundo e na forma. Cumpria-se assim a lógica do processo de nossa formação histórica, na ação mimética, repetitiva, a que reduziam as comunidades dependentes, simples reflexos da Metrópole. Antropologia e sociologia praticadas até recentemente no Brasil traziam a ineludível marca de sua origem d'além-mar. Hoje a chamada antropologia cultural acha-se desmoralizada como ciência, mas anteriormente já nos referimos à sua vigência histórica ao coonestar os propósitos domesticadores do conquistador europeu. Na linha da transplantação de tudo, até de ciência histórica, floresceu aqui uma exaustiva bibliografia sobre o negro. Nesses livros se focalizava um negro esquisito, estranho àqueles encontrados nas ruas, trabalhando nas fábricas, colhendo ou plantando café e cana-de--açúcar, habitando as favelas, cantando no rádio, engraxando sapatos, pleiteando matrícula nos ginásios e sonhando com diploma universitário. Os cientistas autores das obras não eram, geralmente, pessoas mal-intencionadas. A maioria deles tinha propósitos generosos e alguns dedicavam sincera amizade ao negro. Estavam, porém, condicionados pela perspectiva da antropologia metropolitana, trabalhando sob critérios inadequados ao contexto que propunham analisar. Equivocados, confundiram preconceito científico com a realidade. Tornaram compulsoriamente o negro em *assunto, material etnográfico*, isto é, negro-peça-de-museu empalhado e estático. Sua configuração *ex-ótica* despertava viva curiosidade pelo pitoresco de sua culinária, sua amatória, sua forma craniana, maneira de dançar e bater tambor na adoração de seus deuses...

Surge o Teatro Negro do Brasil: TEN

Um teatro negro do Brasil teria de partir do conhecimento prévio desta realidade histórica, na qual exerceria sua influência e cumpriria sua missão revolucionária. Engajado nesses propósitos foi que surgiu o TEN, que fundamentalmente propunha-se a resgatar, no Brasil, os valores da cultura negro-africana degradados e negados pela violência da cultura branco-europeia; propunha-se a valorização social do negro através da educação, da cultura e da arte. Teríamos que agir urgentemente em duas frentes: promover, de um lado, a denúncia dos equívocos e da alienação dos estudos sobre o afro-brasileiro, e fazer com que o próprio negro tomasse consciência da situação objetiva em que se achava inserido. Tarefa difícil, quase sobre-humana, se não esquecermos a escravidão espiritual em que foi mantido não somente antes, como depois de 13 de maio de 1888, quando, teoricamente, ele se libertara da servidão. Porque de fato a mesma estrutura econômico-social permaneceu e o negro liberto não colheu nenhum dividendo econômico, social ou cultural. Após a abolição da escravatura, segundo o professor Florestan Fernandes, *manteve-se inalterada uma situação de raça típica da ordem social desaparecida*. A um só tempo o TEN alfabetizava seus primeiros elementos — recrutados entre operários, empregadas domésticas, favelados sem profissão definida, modestos funcionários públicos — e oferecia-lhes uma nova atitude, um critério próprio que os habilitava também a ver, enxergar o espaço que ocupavam, inclusive o grupo afro-brasileiro, no contexto nacional. Inauguramos a fase prática, oposta ao sentido acadêmico e descritivo referido. Não interessava ao TEN aumentar o número das monografias e outros escritos, nem deduzir teorias, mas a transformação qualitativa da interação social branca e negra. Verificamos que nenhuma outra situação jamais precisara tanto quanto a nossa do *distanciamento* de Bertolt Brecht. Uma teia sedimentada pela tradição entre o observador e a realidade, deformando-a. Urgia destruí-la. Do contrário não conseguiríamos descomprometer a abordagem da questão livre dos despistamentos, do paternalismo, dos interesses criados, do dogmatismo, da pieguice, da má-fé, da obtusidade, da boa-fé, dos estereótipos vários. Tocar tudo como se fosse pela primeira vez, eis uma imposição irredutível.

Preparados estavam os primeiros artistas do TEN. Revelou-se a necessidade de uma peça ao nível das ambições artísticas e sociais do movimento. Qual o repertório existente? Escassíssimo. Uns poucos dramas superados onde o negro fazia o cômico, o pitoresco, ou a figuração decorativa: *O demônio familiar* (1858) e *Mãe* (1859), ambas de José de Alencar; *Cancros sociais* (1865), de Maria Ribeiro; *O escravo fiel* (1858), de Carlos Antônio Cordeiro; *O escravocrata* (1884) e *O dote* (1907), de Artur Azevedo, a primeira com a colaboração de Urbano Duarte; *Calabar* (1858), de Agrário de Menezes, as comédias de Martins Pena (1815-48). E nada mais. Nem ao menos um único texto que refletisse nossa dramática situação existencial, pois, como diria mais tarde Roger Bastide, o TEN não era a catarse que se exprime e se realiza no riso, já que *o problema é infinitamente mais trágico: o do esmagamento da cultura negra pela cultura branca.* Sem possibilidade de opção, *O imperador Jones* se impôs como solução natural. Não cumprira a obra de O'Neill idêntico papel nos destinos do negro norte-americano? Tratava-se de uma peça significativa: transpondo as fronteiras do real, da logicidade racionalista da cultura branca, não condensava a tragédia daquele burlesco "imperador" um alto instante da concepção mágica do mundo, da visão transcendente e do mistério cósmico, das núpcias perenes do africano com as forças prístinas da natureza? O comportamento mítico do Homem nela se achava presente. Ao nível do cotidiano, porém, "Jones" resumia a experiência do negro no mundo branco, onde, depois de ter sido escravizado, libertam-no e o atiram nos mais baixos desvãos da sociedade. Transviado num mundo que não é o seu, Brutus Jones aprende os maliciosos valores do dinheiro, deixa-se seduzir pela miragem do poder. Numa ilha das Antilhas usa tudo o que aprendeu com os brancos: pela fraude torna-se "imperador", trapaceia, rouba; perseguido, foge e defronta-se com a perdição definitiva.

Escrevemos a Eugene O'Neill uma carta aflita de socorro. Nenhuma resposta jamais foi tão ansiosamente esperada. Quem já não sentiu a atmosfera de solidão e pessimismo que rodeia o gesto inaugural, quando se tem a sustentá-lo unicamente o poder de um sonho? De seu leito de enfermo, em San Francisco, a 6 de dezembro de 1944, O'Neill nos responde:

> *You have my permission to produce* The Emperor Jones — *without any payment to me, and i want to wish you all the success you hope for with your Teatro Experimental do Negro. I know very well the conditions you describe in the Brazilian theatre. We had exactly the same conditions in our theatre before* The Emperor Jones *was produced in New York in 1920 — parts of any consequence were always played by blacked-up white actors. (This, of course, did not apply to musical comedy or vaudeville where a few negroes managed to achieve great success.) After* The Emperor Jones, *played originally by Charles Gilpin and later by Paul Robeson, made a*

great success, the way was open for the negro to play serious drama in our theatre. What hampers most now is the lack of plays, but I think before long there will be negro dramatists of real merit to overcome this lack.[1]

Essa generosa adesão e lúcido conselho tiveram importância decisiva em nosso projeto. Transformaram o total desamparo das primeiras horas em confiança e euforia. Ajudou que nos tornássemos capazes de suprir com intuição e audácia o que nos faltava em conhecimento de técnica teatral e em recurso financeiro para enfrentar as inevitáveis despesas com cenários, figurinos, maquinistas, eletricistas, contrarregra. Encontramos em Aguinaldo de Oliveira Camargo a força capaz de dimensionar a complexidade psicológica de Brutus Jones, numa excelente tradução de Ricardo Werneck de Aguiar. Os mais belos e menos onerosos cenários que poderíamos pretender foram criados pelo pintor Enrico Bianco, os quais se tornaram clássicos no teatro brasileiro. Sob intensa expectativa, a 8 de maio de 1945, no Theatro Municipal, onde antes nunca pisara um negro como intérprete ou como público, o TEN apresentou seu espetáculo fundador. Uma data histórica no Teatro Brasileiro, em cujo protagonismo o negro fazia o seu ingresso de forma irreversível. A crítica saudou entusiasticamente e na sua unanimidade. Henrique Pongetti, cronista de *O Globo*, registra: "Os negros do Brasil — e os brancos também — possuem agora um grande ator dramático: Aguinaldo de Oliveira Camargo. Um antiescolar, rústico, instintivo grande ator". O clima de pessimismo e descrença que precedeu a estreia do TEN exprimiu-se nas palavras do escritor Ascendino Leite:

Nossa surpresa foi tanto maior quanto as dúvidas que alimentávamos relativamente à escolha do repertório que começava, precisamente, por incluir um autor da força e da expressão de um O'Neill. Augurávamos para o Teatro Experimental do Negro um fracasso redondo. E, no íntimo, formulávamos censuras à audácia com que esse grupo de intérpretes, quase todos desconhecidos, ousava enfrentar um público que já começava a ver no teatro mais do que um divertimento, uma forma mais direta de penetração no centro da vida e da natureza humana. Aguinaldo Camargo em *O imperador Jones* foi no entanto uma revelação.

R. Magalhães Júnior traduziu o desejo dos que não assistiram: "O espetáculo de estreia do Teatro do Negro merecia, na verdade, ser repetido, porque foi um espetáculo notável. E notável por vários títulos. Pela direção firme e segura com que foi conduzido. Pelos esplêndidos e artísticos cenários sintéticos de Enrico Bianco. E pela magistral interpretação de Aguinaldo de Oliveira Camargo no papel do negro Jones".

Conquistara o TEN sua primeira vitória. Encerrada estava a fase do negro sinônimo de palhaçada na cena brasileira. Um ator fabuloso como Grande Otelo poderia de agora em diante continuar extravasando sua comicidade. Mas já se sabia que outros caminhos estavam abertos e que só a cegueira ou a má vontade dos empresários continuariam não permitindo que as plateias conhecessem do que, muito acima da graça repetida, seria capaz o talento de Grande Otelo, sem dúvida o maior ator e comediante que o Brasil possui, isso entre brancos e pretos. A primeira vitória abriu passagem à responsabilidade do segundo lance: a criação de peças brasileiras para o artista negro. Não tencionávamos promover um autoencurralamento no círculo fechado de uma dramaturgia "só para preto". Mas esta teria forçosa prioridade em face da conjuntura existente. Toda razão tinha o conselho de O'Neill. Uma coisa é aquilo que o branco exprime como sentimentos e dramas do negro, outra coisa, e bem diversa, é o seu até então oculto coração, isto é, o negro desde dentro. A experiência de ser negro num mundo branco é algo intransferível. E no sentido a que nos referimos, não vale alegar ser o Brasil um povo mestiço. Sabemos que padrões, valores e signos da cultura são aqueles que dominam, identificam e personalizam a formação da sociedade brasileira. Ainda não se consumou a erradicação definitiva da idiossincrasia antinegra que permeia a comunidade no seu interior e na sua morfologia externa. Mesmo nos dias que correm somos um país bifronte: no exterior o Brasil se declara uma modelar democracia racial; e internamente coage ou mantém uma atitude desconfiada pelo negro que insiste na manutenção dos valores perenes de sua cultura de origem. Há entre os brancos brasileiros amigos sinceros que respeitam a dignidade do brasileiro negro bem como a integridade de sua herança cultural. Não possuímos uma legislação apartheid à África do Sul, nem agressões tipo Norte-América tingem de sangue as relações de pretos e brancos. Entretanto certo mecanismo mais sutil instalou-se no país executando uma espécie de *linchamento branco*, incruento, do corpo físico do negro através da glorificada miscigenação. Enquanto isso o processo assimilativo e aculturativo torna impossível a existência íntegra do negro enquanto espírito e cultura. A chamada Lei Afonso Arinos (1951) pune a discriminação racial, mas é impotente diante do crime do preconceito de cor que se manifesta, por exemplo, na verdadeira ânsia mórbida pela aquisição do estado da *brancura*. O sociólogo negro Guerreiro Ramos focalizou tal complexo num estudo a um tempo rigorosamente científico e irônico — "Patologia social do 'branco' brasileiro" (1955).

São razões de sobra justificando a pretensão do TEN em ultrapassar o primarismo repetitivo inerente ao folclore, aos autos e folguedos populares remanescentes do período escravocrata, citados anteriormente. Reproduzi-los meramente significaria imperdoável retrocesso, a previamente malograda tentativa de frear o fluxo da vida. E deter o processo histórico-social em cujo seio, simultaneamente, *objetos* e *sujeitos* — agentes e pacientes — participávamos no esforço comum de emancipar as massas brasileiras de sua condição inferior de cultura e status social. Nem só autos e folclore careciam da qualidade pretendida. Também o chamado teatro erudito era carente de tudo, e os únicos textos dignos da referência figuram na escassa relação já feita. Fomos levados a outra peça de Eugene O'Neill: *Todos os filhos de Deus têm asas*. Os intérpretes Ruth de Souza, Ilena Teixeira, José Medeiros, Abdias Nascimento, dirigidos por Aguinaldo Camargo e cenários de Mário de Murtas, foram os principais responsáveis pela encenação, em 1946, no Teatro Fênix. O crítico de *O Jornal* assinala que os protagonistas "Abdias Nascimento e Ilena Teixeira revelaram certa capacidade para o trágico", enquanto Cristiano Machado (*Vanguarda*) julga:

> O primeiro [Abdias Nascimento], que é decerto uma das mais poderosas e singulares figuras que a arte negra já forneceu ao Brasil, soube desempenhar-se do papel que lhe coube. [...] Não basta apenas representar O'Neill; o autor de *Todos os filhos de Deus têm asas* exige que o saibam representar. Foi o que aconteceu no espetáculo a que assistimos no Fênix.

Literatura dramática negro-brasileira

No seguinte ano de 1947, houve, afinal, o encontro com o primeiro texto brasileiro escrito especialmente para o TEN — *O filho pródigo*. Lúcio Cardoso, seu autor, inspirou-se na parábola bíblica para construir seu drama poético. Uma família negra perdida no deserto. A não ser o Pai, que em moço havia caminhado vários dias e muitas noites para ver o mar, ninguém jamais vira uma pessoa de cor branca. Assur é o mais curioso entre os irmãos. Certa noite acolhem na casa uma Peregrina. Ao tirar os misteriosos véus negros que lhe cobrem o rosto, surge uma mulher branca como a luz da Lua. A Peregrina seduz o jovem Assur, que parte com ela para o desconhecido. Com cenário de Santa Rosa — o mulato que renovou a arte cenográfica do teatro brasileiro — e interpretação principal de Aguinaldo Camargo, Ruth de Souza, José Maria Monteiro, Abdias Nascimento, Haroldo Costa e Roney da Silva, *O filho pródigo* foi considerado por alguns críticos como a maior peça do ano teatral. Em seguida montou o TEN outro texto especialmente criado por Joaquim Ribeiro: *Aruanda*. Trabalhando elementos folclóricos da Bahia, o autor expõe de forma tosca a ambivalência psicológica de uma mestiça e a convivência dos deuses negros com os mortais. Rosa Mulata, culturalmente assimilada, não acredita nos orixás. Seu marido Quelé, filho de santo, ao voltar certa noite do "terreiro", canta um *ponto* de candomblé. A cantiga invoca Gangazuma, que vem de Aruanda, baixa sobre o corpo de Quelé, e é através do próprio marido que o deus possui Rosa Mulata e a torna uma adúltera. Tornam-se amantes. *Cavalo* ou *aparelho* inconsciente, Quelé ignora o que faz quando está *atuado*. O marido, porém, sente falta dos ardores da esposa, que arrefecem. Rosa se afasta dele agora nos momentos habituais do amor. O ciúme leva Quelé ao desespero. Rosa Mulata não sai de casa e ninguém visita seu pobre lar. Ela o trai com quem? Espreita a mulher até surpreendê-la em confidências com sua velha mãe. Agora sabe de tudo. Como vingar se o rival é um orixá, um espírito? O possível será castigar a esposa infiel, pensa em matá-la. Mas reflete e desiste. A morte não seria castigo, e sim prêmio. Morta, Rosa iria mais depressa para os braços do amante nos reinos encantados de Aruanda. O deus não gosta de mulher feia, o recurso é desfigurá-la; destruindo sua beleza mataria automaticamente o amor de Gangazuma. Nossa encenação compôs um espetáculo integrado organicamente, com dança, canto, gesto, poesia dramática, fundidos e coesos harmonicamente. Usamos música de Gentil Puget e *pontos* autênticos recolhidos dos "terreiros". O resultado mereceu do poeta Tasso da Silveira este julgamento: "É um misto curioso de tragédia, opereta e ballet. O texto propriamente dito constitui, por assim dizer, simples esboço: umas poucas situações esquemáticas, uns poucos diálogos cortados, e o resto é música, dança e canto. Acontece, porém, que com tudo isso, *Aruanda* resulta numa realização magnífica de poesia bárbara". Quando terminou a temporada de *Aruanda*, as dezenas de tamboristas, cantores e dançarinos organizaram outro grupo para atuar especificamente nesse campo. Depois de usar vários nomes, esse conjunto se tornaria famoso e conhecido como Brasiliana, havendo percorrido quase toda a Europa durante cerca de dez anos consecutivos.

Há um autor que divide o Teatro Brasileiro em duas fases: a antiga e a moderna — Nelson Rodrigues. Dele é *Anjo negro*, e focaliza sua trama o enlace matrimonial de um preto com uma branca. Ismael e Virgínia se erguem como duas ilhas, cada qual fechada e implacável no seu ódio. A cor produz a anafilaxia que deflagra a violenta ação dramática e reduz os esposos à condição de inimigos irremediáveis. Virgínia assassina os filhinhos pretos; Ismael cega a filha branca. É a lei de talião cobrando vida por vida, crime por crime. São monstros gerados pelo racismo, que tem nessa obra sua mais bela e terrível condenação. Ismael responde: "— Sempre tive ódio de ser negro", quando a Tia o adverte sobre a mulher: "— Traiu você para ter um filho branco". Prisioneira das muralhas construídas pelo marido para afastá-la do desejo de outros homens, Virgínia ameaça: "— Compreendi que o filho branco viria para me vingar. De ti, me vingar de ti e de todos os negros". Infelizmente a encenação de *Anjo negro* (1946) não correspondeu à autenticidade criadora de Nelson Rodrigues. O diretor Ziembinski adotou o critério de supervalorizar esteticamente o espetáculo em prejuízo do conteúdo racial. Foi usada a condenável solução de brochar um branco de preto para viver no palco o Ismael. (A responsável pela produção, Maria Della Costa, futuramente repetiria a solução ao apresentar *Gimba*, de Gianfrancesco Guarnieri, quando a própria atriz-empresária se escureceu artificialmente para interpretar a mulata de morro carioca protagonista da obra.) *Anjo negro* teve muita complicação com a censura. Várias peripécias como esta que nos foi revelada por Nelson Rodrigues: escolhida para figurar no repertório de temporada oficial do Theatro Municipal do Rio de Janeiro, impuseram as autoridades uma condição: que o papel principal de *Anjo negro* fosse desempenhado por um branco pintado. Temiam que depois do espetáculo o Ismael, fora do palco e na companhia de outros negros, saísse pelas ruas caçando brancas para violar... Dir-se-ia uma anedota. Entretanto não existe nem ironia nem humorismo. É fato que, aliás, se repetiu por ocasião da montagem de *Pedro Mico*, de Antonio Callado. A imprensa refletiu a apreensão de certas classes achando possível à população do morro entender a representação em termos de conselho à ação direta. Os favelados (a maioria é negra) desceriam dos morros para agressões à moda *Pedro Mico*, que, por seu turno, deseja reeditar os feitos de Zumbi dos Palmares. Antonio Callado realizou obra da maior importância. Sacrificada na montagem do Teatro Nacional de Comédia (Ministério da Educação e Cultura) pela caricatural figura betuminosa do Pedro Mico, apesar da excelente categoria do ator Milton Moraes. José de Morais Pinho escreveu *Filhos de santo*, ambientada na sua cidade do Recife (estado de Pernambuco). Entrelaça questões de misticismo e exploradores de *Xangô* (candomblé), com trabalhadores grevistas perseguidos pela polícia. Paixão mórbida de um branco pela negra Lindalva, que se torna tuberculosa pelo trabalho na fábrica. Sério, bem construído, *Filhos de santo* subiu à cena no Teatro Regina (Rio, 1949). Pai Roque fala a Lourenço da doença da irmã, o grevista responde: "— Obra do senhor branco. Miseráveis. Ainda hei de ver essas pestes com os pés no tronco, trabalhando prá gente". Pai de santo Roque retruca, experiente: "— É difícil, meu filho. Só se todos os negros pensassem como tu, como eu... Mas, muitos, basta olharem prá cara de branco, prá baixar logo a cabeça, feito galo apanhado...". Acontece que Lourenço é jovem, não desanima, diz que sempre encontrou muito cabra disposto, e por isso tem esperança: "— A questão é ter poder. Fé nos santos e confiança nos companheiros, isso a gente tem muita. O que falta é poder". Poderíamos dizer que as metas preconizadas por Lourenço estão sendo alcançadas com a libertação de quase toda a África. E também — por que não dizê-lo? — pelo fermento do negro norte-americano. Parafraseando Toynbee, e em virtude de certas condições históricas, um decisivo papel está destinado ao negro dos Estados Unidos num rumo novo — político e cultural — para os povos de cor de todo o mundo. Seria, por assim dizer, o recolhimento da herança legada pela atual geração de grandes negros — Léopold Sédar Senghor, Kwame NKrumah, Langston Hughes, Jomo Kenyatta, Aimé Césaire, Sékou Touré, Nicolás Guillén, Peter Abrahams, Alioune Diop, Lumumba, James Baldwin, Mário de Andrade. O mundo apenas começa a ser visto pelo negro e a África, a humanidade apenas percebe as vozes da inusitada constelação negra de homens paradigmáticos.

Baseando sua fundação no duplo movimento de atores e autores, o Teatro Negro do Brasil está realizando, conforme observou o poeta Efrain Tomás Bó, a razão da existência da velha *commedia dell'arte*, pois o teatro, como lei musical, tem duas faces: criação e representação. O veio da temática negra é rico — estamos pensando em Adonias Filho —, rico em quantidade e matizamento e pela força de suas raízes penetrando os refolhos da alma brasileira.

Medeia sugeriu a Agostinho Olavo sua obra *Além do rio* (1957). O autor apenas se apoia na espinha dorsal da fábula grega e produz peça original. Conta a história de uma rainha africana escravizada e trazida para o Brasil do século XVIII. Feita amante do senhor branco, ela trai sua gente, é desprezada pelos ex-súditos, agora escravos. Uma rainha abandonada e solitária, não fosse o amor de Jasão e de seus dois filhos brancos. Chega o dia do amante querer um lar, um casamento normal como o dos outros senhores de escravos. Isto é, uma esposa branca, de posição social. Jasão rompe sua ligação com Medeia, mas quer levar os filhos. A rainha mata seus próprios filhos no rio, retorna a seu povo, e convoca: "— Vozes, ó vozes da raça, ó minhas vozes, onde estão? Por que se calam agora? A negra largou o branco. Medeia cospe este nome e Jinga volta à sua raça, para de novo reinar". A dinâmica visual do espetáculo baseia-se nos cantos e danças folclóricas — maracatu, candomblé —, pelos pregões dos vendedores de flores, frutos e pássaros. A fusão dos elementos trágicos plásticos e poéticos resultaria numa experiência de *Negritude* em termos de espetáculo dramático que o TEN propunha-se apresentar ao I Festival Mundial das Artes Negras, realizado em Dacar no ano de 1966. Historiando o episódio da intolerância racial do nosso Ministério do Exterior, omitindo o TEN de nossa delegação, escrevemos uma Carta Aberta dirigida aos membros do Festival, à Unesco e ao governo da República do Senegal. Sob as mais falsas alegações o TEN foi excluído e *Além do rio* aguarda a oportunidade da sua revelação no palco. Romeu Crusoé, um negro do Nordeste, transformou sua vivência na peça *O castigo de Oxalá* (1961), encenada por um grupo amadorista, Os Peregrinos, no Teatro da Escola Martins Pena. Em

1951 Abdias Nascimento havia escrito o mistério negro *Sortilégio*, cuja encenação fora proibida pela censura. Durante vários anos o autor tentou a liberação da obra, incriminada, entre outras coisas, de imoralidade. Finalmente em 1957 o TEN apresentou *Sortilégio* no Theatro Municipal (do Rio e de São Paulo), dirigida por Léo Jusi, cenário de Enrico Bianco e música de Abigail Moura, regente da Orquestra Afro-Brasileira. O mistério tem seu nervo vital no choque de culturas, e propõe uma estética negra como parte essencial na composição de um espetáculo genuinamente brasileiro. Após falar no bailado dos Orixás e dos Mortos, nas cantigas das filhas de santo, no realismo da questão racial misturado à poesia da macumba carioca, o professor Roger Bastide, da Sorbonne, acrescenta a respeito de *Sortilégio*:

> Foi assim um grande prazer para mim ler a peça — a primeira manifestação dum teatro negro escrito por um brasileiro de cor, o que desejava tanto. Há duas possibilidades de julgar a peça: seja do ponto de vista das ideias — seja do ponto de vista do teatro. Do ponto de vista das ideias, é o drama do negro, marginal, entre duas culturas, a latina e a africana (como entre as duas mulheres, infelizmente igualmente prostitutas); pode-se discutir a solução, a volta à África. [...] A salvação é na mecânica ligada a uma mística africana, e o Brasil pode trazer esta mensagem de fraternidade cultural ao mundo. Mas do ponto de vista teatral, esta volta à África é muito patética; através da bebida de Exu e da loucura, todo um mundo que volta das sombras da alma...

Assistindo à obra, Guerreiro Ramos pondera: "Os que não estiverem definitivamente pervertidos pelo padrão estético ariano serão, certamente, sensíveis ao que há de novo e revolucionário nesta peça". Acrescenta Nelson Rodrigues: "Na sua firme e harmoniosa estrutura dramática, na sua poesia violenta, na sua dramaticidade ininterrupta, ela constitui uma grande experiência estética e vital para o espectador". Alguns críticos, foram brancos ou foram negros, retomaram o antigo receio da personalização do negro, e acusaram o autor de tentar um novo racismo: o racismo negro.

Exceto *Pedro Mico* e *Gimba*, as sete últimas obras mencionadas foram recolhidas num volume editado pelo TEN em 1961 — *Dramas para negros e prólogo para brancos* —, que é, historicamente, a primeira antologia de teatro negro. A documentação referente aos vários aspectos do movimento — críticas, crônicas, ensaios curtos etc. — enfeixa o livro das edições GRD intitulado *Teatro Experimental do Negro: Testemunhos* (1966). A bibliografia dramática negra está em fase de criação. Entre as que aguardam encenação citemos algumas: *Oxum Abalô*; *Yansã, mulher de Xangô*; e *A orelha de Obá*, todas de Zora Seljan. Os mitos negro-africanos recriados na sua pureza e dignidade de origem. Além da seriedade da pesquisa, os trabalhos de Zora Seljan participam, de forma sensível e bela, deste instante humanístico da ascensão da cultura africana no mundo. Essas peças constituem o volume *Três mulheres de Xangô*. Da década 1950-60 são: *Orfeu negro*, de Ironides Rodrigues; *O processo do Cristo Negro*, de Ariano Suassuna; *Um caso de kelê*, de Fernando Campos; *Caim e Abel*, de Eva Ban; *O cavalo e o santo*, *Laio se matou* e *O logro*, de Augusto Boal. Enorme repercussão de crítica e público obteve quando representada no Theatro Municipal (1956, Rio) a obra musicada de Vinicius de Moraes *Orfeu da Conceição*. Os artistas do TEN colaboraram na produção dirigida por Léo Jusi e com cenário de Oscar Niemeyer. Uma visão epidérmica e rósea do morro carioca, pelos sambas de Vinicius e Antonio Carlos Jobim. Sem maiores consequências ou significação desde um ponto de vista de autenticidade.

Outros autores fizeram do negro personagem: Dias Gomes, José Paulo Moreira da Fonseca, Pedro Bloch, Santos Moraes, Walmir Ayala etc.

Como seria natural e esperado, o nascimento do TEN incitou e provocou o negro. Para seguir o seu exemplo ou até mesmo para combatê-lo, outros grupos surgiram. Os negros de São Paulo criaram também um Teatro Experimental do Negro que tem a seu crédito, no repertório apresentado, entre outras peças *O mulato*, de Langston Hughes. Langston Hughes como O'Neill autorizou o TEN a representar sua peça, que teve em Áurea Campos a premiada intérprete do papel de Cora, a trágica mãe do mulato linchado. Outro conjunto paulista encenou recentemente (1966) de James Baldwin *Blues for Mr. Charlie*. Há tentativas ainda não definitivamente realizadas dos negros de Porto Alegre, de Belo Horizonte e de Salvador. Aqui no Rio de Janeiro desde a década de 1950 existe o Teatro Popular Brasileiro, criado pelo poeta negro Solano Trindade, dedicado exclusivamente à obra de transplantar para o palco o folclore brasileiro na sua pureza e integridade. Seu elenco é na maioria de artistas negros, e o TPB já excursionou na Europa e faz frequentes temporadas em São Paulo. Outro grupo carioca atuou em 1966 — o Grupo de Ação, de artistas de cor liderados por Milton Gonçalves. Apresentou *Memórias de um sargento de milícias*, adaptação de Millôr Fernandes do romance homônimo de Manuel Antônio de Almeida (1854). Depois o Grupo teve em cartaz *Arena conta Zumbi*, de Augusto Boal e Gianfrancesco Guarnieri, musical apresentado anteriormente pelo Teatro de Arena (Rio e São Paulo) com elenco todo branco. *Foi o que coube à raça dos homens negros: a "befindlichkeit" da liberdade*, disse o poeta Gerardo Mello Mourão. No rastro da liberdade é que sucede a reprodução do contexto histórico, político, social e racial dessa peça, enfocando o mais famoso reduto antiescravista do Brasil colônia — o Quilombo dos Palmares. Já mencionamos a Brasiliana, que em dias de março do ano passado partiu para novamente excursionar em terras da Europa seu repertório de ritmos, danças, músicas e canções de origem folclórica. Nesse ramo merecem referência os esforços da bailarina Mercedes Baptista. Por influência do TEN Katherine Dunham concedeu-lhe uma bolsa de estudos em sua Escola de Arte de Nova York, onde Mercedes Baptista permaneceu durante um ano. Quando voltou ao Brasil o TEN fez de Mercedes Baptista coreógrafa a primeira dançarina do nosso espetáculo *Rapsódia negra* (1952), no qual Léa Garcia se revelou uma atriz excepcionalmente talentosa. *Rapsódia negra* serviu como ponto de apoio e exercício para em seguida criar sua própria escola de danças e seu Ballet Folclórico Mercedes Baptista.

Certa ocasião definindo o TEN tive oportunidade de assinalar que

ele é um campo de polarização psicológica, onde se está formando o núcleo de um movimento social de vastas proporções. A massa dos homens de cor, de nível cultural e educacional normalmente baixo, em virtude de condições histórico-sociais, jamais se organizou por efeito de programas abstratos. A gente negra sempre se organizou objetivamente, entretanto, sob o efeito de apelos religiosos ou interesses recreativos. Os *terreiros* e as escolas de samba são instituições negras de grande vitalidade e de raízes profundas, dir-se-ia, em virtude de sua teluricidade. O que devemos colher desta verificação é que só poderemos reunir em massa o povo de cor mediante a manipulação das sobrevivências paideumáticas subsistentes na sociedade e que se prendem às matrizes culturais africanas. Não é com elucubrações de gabinete que atingiremos e organizaremos esta massa, mas captando e sublimando a sua profunda vivência ingênua, o que exige a aliança de uma certa intuição morfológica com o senso sociológico. Com estas palavras desejo significar que o TEN não é nem uma sociedade política, nem simplesmente uma associação artística, mas um experimento sociorracial, tendo em vista adestrar gradativamente a gente negra — com acesso só nas classes do campesinato e do operariado — também nos estilos de comportamento da classe média e superior da sociedade brasileira.

Empenhamos sempre em sublinhar uma norma de ação não idealística e tão pouco ideológica, pois almejamos a transformação da realidade adversa sem o recurso da truculência, sem a radicalização do ódio. Daí certas iniciativas paralelas como o Seminário de Grupoterapia, que funcionou sob a responsabilidade do professor Guerreiro Ramos, e que tinha em vista o estudo e a terapêutica das tensões emocionais do negro; os concursos da Rainha das Mulatas e da Boneca de Piche, instrumento pedagógico buscando definir um tipo de beleza na mulher afro-brasileira, e a consequente educação do gosto estético popular pervertido pela pressão e consagração exclusiva de padrões brancos de beleza. Inclusive um concurso de artes plásticas sob o tema do *Cristo Negro* (1955) teve finalidade semelhante. Outras iniciativas visaram reformular os estudos sobre o negro, eivados de academicismo inoperante. Sob o patrocínio do TEN realizaram-se duas sessões da Convenção Nacional do Negro (São Paulo, 1945) e (Rio, 1946), a Conferência Nacional do Negro (1949) preparatória do I Congresso do Negro Brasileiro (1950), a Semana do Negro de 1955. Abdias Nascimento organizou os resultados desses encontros nos volumes *O negro revoltado* e *Negritude polêmica*, a sair brevemente.

Perspectivas do futuro

Neste ano de 1968 o negro brasileiro completará oitenta anos de vida livre legal. Nos limites deste trabalho não cabe o balanço pormenorizado da evolução do afro-brasileiro desde os quinhentos aos dias de hoje. Quanto ao teatro negro particularmente, ele ainda está na infância, com diversos problemas equacionados esperando solução. Necessidade urgente, por exemplo, é a conquista de uma casa de espetáculos própria, onde possa representar e manter seus cursos e iniciativas culturais. É também grave prejuízo a interrupção da revista *Quilombo*, órgão do TEN, cuja publicação urge reatar. Outro problema é o encontro de uma fórmula para se atingir a massa de cor e fazer dela uma plateia permanente. Seu poder aquisitivo é quase nulo e o custo do espetáculo teatral é relativamente elevado. Temos ainda um projeto de teatro vivo, dialético, dinâmico: o espetáculo criado pelo esforço simultâneo e integrado de escritores, compositores, dançarinos e coreógrafo, intérpretes, músicos, diretor e cenógrafo, na base de um tema proposto. Tentamos em vão que o Serviço Nacional de Teatro (Ministério da Educação e Cultura) se interessasse pelo projeto. Tivemos, entretanto, a alegria de saber que o teatro de Gana realizou experiência semelhante. Uma equipe composta de atores, diretores, escritores e demais colaboradores do espetáculo percorria o interior de Gana. Parava nas cidades e aldeias, ouvia e recolhia histórias e fatos significativos que se transformam, em seguida, na representação que o povo do lugar aplaude. Muita vez o habitante mesmo participava da encenação de história que lhe era familiar. Mas continuemos com os projetos em pauta: está o TEN neste momento organizando um Museu de Arte Negra. A tônica são as obras dos artistas negros e dos artistas de outra cor inspirados no negro ou refletindo qualquer aspecto da cultura negra ou de sua influência no mundo. E como a arte negra não é solitária, existe em interação permanente com outras manifestações artísticas, o Museu de Arte Negra recolherá de todas as origens raciais, de quaisquer procedências nacionais, a obra — pintura, escultura, desenho, gravura, objeto e outras manifestações — que possua significação artística.

O Teatro Experimental do Negro é um processo. A *Négritude* é um processo. Projetou-se a aventura teatral afro-brasileira na forma de uma antecipação, uma queima de etapas na marcha da História. Enquanto o negro não desperta completamente do torpor em que o envolveram. Na aurora do seu destino, o Teatro Negro do Brasil ainda não disse tudo a que veio.

Prefácio à primeira edição
de *O negro revoltado*

Eu me revolto, logo nós somos.

Albert Camus, *L'Homme revolté*

O presente volume reúne vários trabalhos apresentados ao
I Congresso do Negro Brasileiro, promovido pelo Teatro Experimental do Negro, no Rio de Janeiro, entre 26 de agosto e 4 de
setembro de 1950. Além das teses, indicações, depoimentos
e contribuições diversas, o que marca a sua originalidade e a
sua força é a presença do próprio negro em ativa participação.
O registro taquigráfico revelará que o negro brasileiro não
aceita nem paternalismo nem intermediários para suas reivindicações. Dialogando com pessoas de quaisquer origens raciais e pertencentes a classes sociais as mais diversas, ele firmou seus princípios, sua tática e estratégia, recusou a tutela
ideológica. O texto que se segue é a fixação ao vivo do que o
negro pensa, sofre, aspira, reivindica e combate. Nesse con-
clave houve liberdade plena e total a todas as manifestações
pertinentes aos temas em debate. Isso deu ensejo a que as várias orientações que, ao longo dos anos, vinham se configu-
rando a respeito dos estudos e do comportamento do homem
de cor viessem à tona e mesmo se radicalizassem. Duas correntes mais significativas sobressaíram: de um lado, a maioria, constituída do povo negro, pessoas destituídas de títulos
acadêmicos ou honoríficos; e, de outro, os que se autointi-
tulavam "homens de ciência". A camada popular e o grupo
dos "cientistas", ao final do Congresso, se chocaram violentamente. Foi quando estes últimos tentaram, após a assembleia
haver aprovado a "Declaração final do Primeiro Congresso do

Negro Brasileiro", fazer aprovar uma outra "Declaração", esta assinada somente pelos "cientistas". Ocorria que, não se deixando manipular pelos que se julgavam autoridades no assunto, a camada popular impediu aos "cientistas", naquele ato de recusa à sua "Declaração", que os resultados do Congresso fossem por eles domesticados e desvirtuados. O povo negro venceu a sutileza daquele tipo de intelligentsia, alienada de seus problemas.

Arthur Ramos havia dito certa vez competir "a uma elite negra, com seus líderes, traçar normas, diretrizes, para o futuro de seu povo de cor". Foi ainda um ilustre professor da Sorbonne, de Paris, o sociólogo Roger Bastide, quem, numa das sessões mais vibrantes do Congresso, proferiu:

Acho que o Congresso do Negro Brasileiro não deve ser unicamente um congresso de estudos afro-brasileiros, mas deve distinguir-se pelo seu trabalho de ação. É um congresso onde se discutem ideias por um Brasil maior. Estou feliz, porque neste congresso ninguém dorme. Todos discutem, dando bom exemplo de democracia social e política.

Infelizmente o comportamento dos "cientistas" impediu que se concretizasse o "bom exemplo" preconizado por Roger Bastide e Arthur Ramos. E tal foi o abismo que se abriu entre as duas correntes que se viram irremediavelmente afetados os resultados do Congresso. Sobretudo prejudicou a divulgação dos Anais na ocasião oportuna, assim como o cumprimento das recomendações da Assembleia. Várias teses, pareceres, discursos e atas, por exemplo, foram, em confiança, emprestados ao sr. L. A. Costa Pinto que, na época, realizava um trabalho para a Unesco sobre o negro no Rio de Janeiro. A maior parte do material emprestado jamais me voltou às mãos. O extravio desses documentos foi denunciado por Guerreiro Ramos em artigo no *O Jornal* (17 de janeiro de 1954) ao analisar a autoridade científica do sr. L. A. Costa Pinto:

> [...] confirma no livro que acaba de publicar — *O negro no Rio de Janeiro* — a sua incompetência em matéria de sociologia e a sua falta de probidade, já reveladas em trabalhos anteriores. [...] *Lutas de família* é, assim, uma ilustração do primarismo sociológico e da *desonestidade em todos os sentidos* [o grifo é meu] [...]. [Costa Pinto] vai ficar na história da sociologia no Brasil como o autor da maior chantagem ocorrida em tal domínio.

Aliás, Gilberto Freyre também se refere a "antropólogos e sociólogos, *alguns talvez tendenciosos* [o grifo é meu], encarregados pela Unesco de realizar no Brasil um inquérito sobre relações de raça" ("Prefácio" a *Religião e relações raciais*, de René Ribeiro), o que naturalmente não se aplica nem a René Ribeiro (Pernambuco) nem a Roger Bastide e Florestan Fernandes (São Paulo), cujos trabalhos em suas respectivas áreas mereceram o respeito de todos. No que se refere à parte carioca da pesquisa, além de Guerreiro Ramos, outras pessoas se manifestaram condenando a tendenciosidade "científica" do livro do sr. L. A. Costa Pinto, entre eles o assistente social Sebastião Rodrigues Alves que, em conferência pronunciada na ABI [Associação Brasileira de Imprensa], disse:

> Tudo leva a crer que esses aventureiros têm propósitos de achincalhar o negro e de permanecer na sua costumeira posição de "senhores". Essa industrialização dos estudos afro-brasileiros e relações de raças é uma atividade muito rendosa, não só no âmbito econômico-financeiro, como também na ascensão dos "estudiosos" que se tornam donos do problema do negro e se lançam numa aventura

perniciosa, afirmando, erroneamente, que o negro tem tais complexos, tais e tais comportamentos, e reagem desta ou daquela forma. [...] Andou manuseando as atas e teses discutidas no Congresso, tirando ali algo para suas presunçosas e impostoras alegações. É tão capcioso esse pseudocientista que tem a desfaçatez de afirmar estar dando um aspecto novo aos estudos do negro no Rio de Janeiro. [...] É realmente uma forma usurpadora e medíocre de se aproveitar do trabalho alheio. [...] Os "cientistas" e "estudiosos" têm procurado transformar nosso trabalho em arapuca ideológica.

Ao que o sr. L. A. Costa Pinto contesta referindo-se genericamente aos negros que, tanto no Congresso ou fora dele, recusaram sua "ciência":

Duvido que haja biologista que depois de estudar, digamos, um micróbio, tenha visto esse micróbio tomar da pena e vir a público escrever sandices a respeito do estudo do qual ele participou como material de laboratório. (*O Jornal*)

Recentemente procurei Edison Carneiro (coorganizador do Congresso comigo e Guerreiro Ramos) e indaguei se ele por acaso não teria em seu poder as atas e outros documentos emprestados ao sr. L. A. Costa Pinto. A resposta foi negativa. Em consequência, este volume não tem a responsabilidade dos demais membros coorganizadores, mas somente a minha, de secretário-executivo do Congresso e de diretor do Teatro Experimental do Negro, entidade promotora do certame.

Na rota do preconceito

Certa a colocação de Martin Luther King: "A compreensão superficial das pessoas de boa vontade é mais nociva do que a incompreensão absoluta das pessoas de má vontade". Nos dias que correm, a situação racial no Brasil está obnubilada por tal crosta de estereotipias, clichês e condicionamentos estratificados que somente através de um choque traumático — grito patético de *revolta* — talvez fosse possível arrancar a consciência brasileira do hábito e do torpor. Lembrando Sócrates, o líder negro norte-americano da não violência advoga, entretanto, a tensão de espírito como forma de supressão da escravidão a mitos e meias-verdades. Possivelmente usando tal instrumento catártico, a classe de brancos e brancoides — detentores dos privilégios econômicos e sociais — se sensibilizaria à marginalização do negro, à sua dor secular, ao seu inconformismo submetido, mas não aniquilado de todo.

Teriam as classes dirigentes deste país uma irremediável incapacidade de sentir, com Joaquim Nabuco, pelo menos, "a dor maior — a do Brasil ultrajado e humilhado; os que têm a altivez de pensar — e a coragem de aceitar as consequências desse pensamento — que a pátria, como a mãe, quando não existe para os filhos mais infelizes, não existe para os mais dignos?".

Ou estaremos exagerando? Seremos os criadores de um problema artificial, inexistente neste país, conforme somos frequentemente acusados?

Recordemos algumas incriminações desse tipo. Por ocasião do concurso de artes plásticas do Cristo Negro, uma cronista do *Jornal do Brasil*, em 26 de junho de [19]55, dizia:

Pelo seu exemplo de abnegação, de renúncia, de bondade, a Mãe Negra, que nos embalou o sono, que nos deu seu leite, foi a grande formadora do nosso coração. [...] Essa exposição que se anuncia deveria ser proibida como altamente subversiva. Tal acontecimento realizado às vésperas do Congresso Eucarístico foi preparado adrede para servir de pedra de escândalo e motivo de repulsa. O nosso descontrole moral, a nossa grande falta de respeito e de bom gosto, o nosso triste estado d'alma, não podem ser dados em espetáculos aos que nos visitam. Damos daqui nosso brado de alarma. As autoridades eclesiásticas devem, quanto antes, tomar providências para impedir a realização desse atentado feito à Religião e às Artes. O próprio povo brasileiro se sentirá chocado pela afronta feita.

Conforme se percebe facilmente, a articulista convoca o poder policial a fim de impedir uma manifestação de arte e cultura, na qual, aliás, participaram em grande maioria os artistas brancos. Estes compreenderam que uma arte brasileira, para ser autêntica, precisa incorporar a ela o cânone negro que permeou nossa formação desde os primeiros dias. Para desgosto da cronista, o cardeal d. Jaime Câmara e o bispo d. Hélder Câmara deram seu apoio e patrocinaram o Cristo de Cor.

A atitude cautelosa de certas pessoas é outra forma de manifestar incompreensão. Por exemplo, J. Etienne Filho, na *Tribuna da Imprensa*, de 14 de janeiro de 1950:

O problema não consiste em isolar o negro, mas em assimilá-lo. Uma revista, um teatro, um clube, exclusivamente para o elemento negro, não corre o perigo de hipertrofiar um sentimento de grupo? O problema não é de assimilação, antes que de segregação? [...] Por isso, tememos que iniciativas louváveis como o *Quilombo* ou o TEN possam ser contraproducentes, isto é, consigam o aplauso daqueles que o dariam, de qualquer modo, a qualquer medida antirracista, mas, por outro lado, afastem aqueles que nisto podem ver um excelente pretexto para o desenvolvimento de suas teorias de sangue puro ou de supremacia de raças.

Sempre o receio do racismo antibranco! Não ocorre a J. Etienne Filho que a hipótese de atitudes antibrancas partidas de negros é muito menos perigosa do que o efetivo, concreto, imediato procedimento antinegro de parte de nossa sociedade? Quem está advogando segregação? Nós, os segregados? Ou nossos segregadores?

Interpretações desse gênero surgem frequentemente em nossa imprensa. Evoco ainda o *Correio da Manhã*, de 9 de julho de 1950, quando uma jornalista, assinando sua matéria, entrevista Katherine Dunham, em visita ao nosso país. Lá pelas tantas a redatora coloca na boca de Katherine estas palavras:

No Brasil, onde o problema não deveria existir, tive uma impressão desagradável ao ver um jornal feito por negros e para negros, chamado *Quilombo*. Não é um título que me pareça adaptado segundo li nos seus livros — disse para Gilberto Freyre — e parece-me que aqui, onde o problema não é igual ao dos Estados Unidos, os negros devem ler a imprensa de todos, não se segregarem voluntariamente, o que pode dar resultados nefastos. Quando discuti esses problemas com o líder de um movimento "negro" disse-lhe: "Você me faz lembrar Marcus Garvey".

Há uma série de inverdades como essa da segregação voluntária do negro, de jornal "feito por negros e para negros". A eterna incompreensão mais próxima à intriga do que ao equívoco. A própria Katherine, de São Paulo, onde se encontrava, em carta àquela jornalista retificou:

Como a senhora sabe, sou uma grande amiga de Abdias Nascimento, no Rio de Janeiro, e seus associados, que fazem parte do teatro negro. Sou perfeita conhecedora dos seus problemas, assim como dos negros brasileiros, especialmente porque eu mesma fui vítima da discriminação racial aqui em São Paulo. [...] Falando ainda de um ponto de vista puramente científico, e acredito que isto tenha ficado claramente entendido entre nós, Gilberto Freire [sic] e eu, a publicação do *Quilombo* é um reconhecimento da segregação do negro brasileiro, e Abdias Nascimento, se quisesse seguir a tese apresentada em minha conferência, que foi o ponto de partida de toda esta discussão, teria toda justificativa em ser um "Messias" de um povo oprimido e deprimido. Eu não posso afirmar ser esta a intenção, ou mesmo o desejo, do sr. Nascimento, porque ele nunca o expressou para mim. Sei apenas ser ele uma pessoa profundamente preocupada e conhecedora das condições existentes e está disposto e animado a tentar melhorar estas condições [...] o sr. Nascimento que, certamente, conta com a minha completa cooperação.

Os nossos críticos, se fossem tão fiéis à verdade quanto são apressados nos julgamentos irresponsáveis, equivocados ou maliciosos, constatariam facilmente a ausência de quaisquer intenções ou propósitos autossegregacionistas, de supremacia de raças etc. etc. Se usamos as expressões *raça, racismo* é, evidentemente, conforme o entendimento informal, popular, acientífico. Como sinônimo de etnia e nunca como purismo biológico. Convém acentuar, entretanto, que o tabu, em que se erigiu a palavra raça, jamais impediu e jamais impedirá que exerçamos os atos ditados pelo nosso sentimento de responsabilidade para com o futuro do negro no Brasil. E nem o temor ao apodo infamante de racista será bastante forte para abafar nossa rebeldia ante "essa triste perspectiva, o expediente de entregar à morte a solução de um problema", como dizia Joaquim Nabuco, que acrescentava:

O processo natural pelo qual a escravidão fossilizou nos seus moldes a exuberante vitalidade do nosso povo durou todo o período do crescimento, e enquanto a nação não tiver consciência de que lhe é indispensável adaptar à liberdade cada um dos aparelhos do seu organismo de que a escravidão se apropriou, a obra desta irá por diante, mesmo quando não haja mais escravos.

Entregar à morte foi, realmente, a solução adotada após o 13 de maio de 1888. Cerca de 2 milhões de brasileiros simplesmente atirados à rua. Sem meios de se alimentar, vestir, morar. Alguém que possua dignidade e entendimento, diante desse espantoso ato histórico, não pode chegar a outra conclusão: quiseram liquidar a raça negra no Brasil, como fizeram mais tarde os nazistas com os judeus. Talvez com um requinte maior de sadismo, desumanidade e covardia. Basta refletir: quase quatro séculos de sujeição e espoliação total. Destruída sua família, sua tradição. Embrutecido de mente, desnutrido. Assim foi. E eis chegada a liberdade da Lei Áurea: a liberdade de não comer, não morar, não vestir. A liberdade de não viver. A liberdade de sobreviver, de subviver e de morrer. Ninguém atentou para o que dizia Nabuco:

A emancipação dos atuais escravos e seus filhos é apenas a tarefa imediata do Abolicionismo. Além dessa, há outra maior, a do futuro: a de apagar os efeitos de um regime que, há três séculos, é uma escola de desmoralização e inércia, de servilismo e irresponsabilidade para a casta dos senhores.

No próximo ano de 1968 completam-se oitenta anos de abolição jurídica da escravatura entre nós. Analisando nossa realidade de hoje quase se pode dizer que a Lei Áurea fora assinada ontem. A situação do negro livre pouco se modificou nos oitenta anos de abolição: baixo status social, educacional, econômico, político, sanitário é o elenco de frustrações transformado num forte potencial de justos ressentimentos da raça. Com as iniciativas e realizações do Teatro Experimental do Negro, tanto no campo artístico como no social, temos procurado canalizar a frustração subjacente, em atos e fatos positivos da coletividade negra. Transferir ou canalizar o que poderia se tornar ressentimento negativo, em estado de *revolta* profundamente criador. Pois a *revolta* não se limita a expressar uma mágoa, nem se esgota no ressentimento. Com Sartre, acreditamos que ela vai mais longe: "a *revolta* é que é o âmago da liberdade, pelo que ela apenas se realiza com o engajamento na *revolta*".

Nossa *revolta* está plenamente consciente de que a opressão dos negros nos Estados Unidos, na África do Sul, em Angola e Moçambique, ou na Rodésia de Ian Smith, são formas particulares da mesma opressão que atinge indistintamente a todos os povos de cor, em qualquer país de predominância branca. Podem variar de grau, tais opressões, mas a sua essência é sempre a mesma. Daí essa constância singularizando o negro — espoliação e opressão — dentro dos quadros nacionais e culturais os mais diversos.

Sabemos as dificuldades já enfrentadas e por enfrentar nessa tarefa de purgar nossas relações entre pretos e brancos de fatores negativos. Florestan Fernandes afirma mesmo que "a única força de sentido realmente inovador e inconformista, que opera em consonância com os requisitos de integração e de desenvolvimento da ordem social competitiva, procede da ação coletiva dos 'homens de cor'". Mas temos sentido na carne o preço que nos custa. As agressões de todo o tipo, as intimidações, a violência. Por outro lado, sabemos que só somos dignos da liberdade que formos capazes de conquistar. O status socioeconômico de um povo é o fruto de sua determinação em consegui-lo. Não existe doação de bem-estar social. Tal expectativa é fruto da utopia paternalista. Contudo, toda vez que o negro "rompe esta barreira, não só não é ouvido, como suscita incompreensões irracionais", ainda segundo Florestan Fernandes.

Deixemos neste parágrafo que o repórter Luís Villarinho (*Diário da Noite*, Rio, 6 de outubro de 1961) nos forneça alguns dados. Ele fez levantamentos estatísticos e divulgou os seguintes resultados: no *futebol* o negro está presente com 52%, os pardos com 32% e os brancos com 13%; *assaltos e furtos*: 80% de negros; *estelionatos ou apropriações indébitas*: 90% de brancos; *educação* (Instituto de Educação, Colégio Militar, Pedro II, Colégio Naval): 8% de negros; *universidades*: 6% de negros, 10% de pardos e 84% de brancos; *ginásio*: 9% de negros, 26% de pardos, 61% de brancos; *primário*: 18% de negros, 25% de pardos, 57% de brancos. "Se o negro reage e procura ascender aos ambientes mais elevados", diz a reportagem, "chega à conclusão de que tem pela frente um inimigo invisível — a segregação, que, no Brasil, não tem nome, não é classificada, nem chega mesmo a ser admitida."

À idêntica conclusão chegou também Nelson Werneck Sodré:

O Brasil não ficou imune à questão racial, e nem poderia ficar. [...] Existe, conhecemos os seus efeitos, e os sentimos por toda parte. A diferença entre a situação tradicional — de que o negro trabalhava e o branco vivia do produto do trabalho do negro — e a atual não disfarça um traço social que não se pode apagar pelo engano ou pela simples negação. Não temos casas de espetáculos especiais, veículos especiais e lugares especiais para o negro, como acontece nos Estados Unidos. Mas temos, como lá, na estrutura social, um lugar especial para eles. E isso é o que importa.

Discriminação militante

> *O espírito de revolta não é possível senão nos grupos em que uma igualdade teórica encobre grandes desigualdades de fato.*
>
> Albert Camus, *L'Homme révolté*

Temos em mãos o dossiê da discriminação racial em nosso país. Esta não é a ocasião para divulgá-lo, o que certamente faremos um dia. Por ora, basta referir alguns casos ilustrativos ocorridos antes e depois da Lei Afonso Arinos, votada em 1951, para punir a discriminação racial e de cor. Entre os mais recentes, citemos o que aconteceu ao deputado estadual Carlos Santos, do Rio Grande do Sul. A imprensa do país registrou no mês de janeiro deste ano o incidente em que se viu envolvido esse parlamentar quando, ao candidatar-se à presidência da Assembleia Legislativa do seu estado, foi ameaçado de morte por um seu colega branco, deputado do mesmo partido, que não admitia ser presidido por um negro. Foi eleito o deputado Carlos Santos, o que muito recomenda a consciência democrática dos parlamentares gaúchos. Porém a agressão sofrida por aquele deputado, devido à sua coloração epidérmica, é agravo que transcende sua própria pessoa para ser o diagnóstico de um povo.

Durante uma cerimônia que se realizava nos salões de um clube na cidade de Santos (estado de São Paulo) o deputado Esmeraldo Tarquínio, da Assembleia Legislativa daquele estado, em resposta a um discurso que acabara de proferir, recebeu do coronel do Exército Fleury Varela, comandante da Fortaleza de Itaipu, violenta agressão verbal. "Se no Brasil houvesse discriminação racial, um *negro cretino* [o grifo é meu] e subversivo como você, Tarquínio, não estaria no parlamento" (*Correio da Manhã*, Rio de Janeiro, 1º de julho de 1965). Em certa ocasião, também aqui no Rio, o deputado Souza Marques, indicado para ocupar uma Secretaria no governo estadual, teve sua nomeação vetada pelo fato de ser negro, conforme o próprio parlamentar denunciou em sessão pública realizada na Associação Brasileira de Imprensa (ABI).

Para encerrar essa referência ao Poder Legislativo, citemos o episódio mais recente e mais dramático de quantos tenham ocorrido. Refiro-me ao incidente envolvendo o deputado federal Nelson Carneiro. Agredido fisicamente e injuriado pelo seu colega Souto Maior, que o chamou pejorativamente de "negro", viu-se na contingência de, em pleno recinto da Câmara Federal, em Brasília, responder a afronta à bala. As declarações do deputado Nelson Carneiro à comissão de inquérito estão registradas no *Jornal do Brasil*, de 11 de junho de 1967, p. 20.

Há um evidente retrocesso na participação do negro na direção da vida do país. Raros, raríssimos, atualmente, os membros de cor de nosso Poder Legislativo. As honrosas exceções, como vimos, são vítimas de humilhações e ofensas. Houve época, entretanto, em que a simples ausência de um mulato no Ministério era motivo para protestos na tribuna da Câmara. José Honório Rodrigues (*O Jornal*, Rio, 21 de maio de 1961) lembra o deputado Antônio Pereira Rebouças, em pleno 1843, negando autenticidade nacional ao Ministério que não tinha um representante mulato. À acusação de Rebouças respondeu o deputado Ângelo Muniz da Silva Ferraz — depois barão de Uruguaiana — como aquele, também representante da "Província Africanizada da Bahia". Sua defesa do Ministério terminou com a afirmação de que, quando houvesse no país mulatos com instrução e capacidade, eles não seriam desprezados. Prontamente retrucou Rebouças:

"Mas aqui estou eu, que me julgo tão bom quanto os atuais, e ninguém me convidou."

Nesse debate participou ainda outro homem de cor: o deputado João Maurício Wanderley, futuro barão de Cotegipe.

Não estamos reivindicando para todos os negros um diploma de deputado ou título de barão. Espero que minhas palavras não sejam distorcidas e interpretadas com malícia. A discriminação atinge pincipalmente as ocupações humildes. Ainda no dia 28 de junho deste ano, o *Jornal do Brasil* inseria em sua página 6 (Suplemento Classificado) anúncio pedindo telefonista "com ótima aparência, branca". A candidata deveria telefonar para 52-2260, sr. Alberto, e "por favor não se apresentar sem os requisitos acima".

Obviamente, uma lei só por si mesma não tem o poder e a força de modificar comportamentos estratificados através de séculos de hábito de tratar o negro desrespeitosamente e de forma depreciativa. Não concordamos com a identificação, que ultimamente se vem fazendo, de nossa discriminação como mercadoria importada dos Estados Unidos. O preconceito de cor brasileiro é secular e autóctone. De pura cepa lusitana.

Outro exemplo significativo temos na conferência do sr. Antônio Arruda Câmara, segundo o *Jornal do Commercio* de 7 de junho de 1948. A Sociedade Nacional de Agricultura procedeu, em 1925, a um inquérito em todo o país entre pessoas, instituições e autoridades estaduais e municipais. Revela o sr. Arruda Câmara:

Manifestaram-se contra qualquer imigração 3%. Entre os favoráveis à imigração, manifestaram-se contra a amarela 47% e a favor 46%; contra a negra 76% e a favor 18%. Não emitiram opinião 7% e 6%, respectivamente, dos interessados sobre a imigração amarela e negra. A raça branca, excetuados os votos contrários a qualquer imigração, não foi objeto de restrições, tendo reunido acentuada preferência italianos, alemães e portugueses. [...] Traduz esse inquérito, ainda agora, quase vinte e cinco anos depois, em muitos dos seus aspectos, aspirações e anseios nacionais.

Será, talvez, porque reflete ele o pensamento de estadistas, economistas e sociólogos conhecedores das necessidades brasileiras.

Nessa pesquisa foram distribuídas 6 mil circulares das quais responderam 4,16% associações rurais; 1,54% associações comerciais; 25,77% agricultores; 8,7% industriais; 8,24% comerciantes; 30,40% intelectuais; 12,37% autoridades diversas; 8,76% atividades não declaradas.

Outro inquérito, este feito por Guerreiro Ramos e seus alunos do curso do Departamento Administrativo do Serviço Público (Dasp), num grupo constituído em sua maioria por funcionários públicos (*A Manhã*, Rio, 4 de julho de 1948), nenhum se declarou negro. Na pesquisa ficou registrado o irredutível preconceito de cor: 77,35% dos pesquisados não admitiam casamento com negro, e 54,71% o mesmo com o mulato.

Somente os cegos e os surdos, os duros de entendimento e obsessivos da má-fé podem desconhecer e negar a gravidade que dia a dia assume nossa inter-relação étnica, com tendência a se intensificar rapidamente. Bailes e clubes barram o negro, negam-lhe certos empregos, a carreira diplomática, dificultam-lhe o oficialato das Forças Armadas e praticam a segregação residencial. Quando a segregação não se manifesta à luz do dia, exerce sua ação envergonhada em avisos ou circulares reservadas. Mesmo depois da Lei Afonso Arinos a ação criminosa do preconceito e da discriminação prossegue sua obra nefasta. É ilustrativo observar-se a curva sempre ascendente das dificuldades opostas à promoção do negro, através dos casos mais divulgados pela imprensa, como aconteceu — para citarmos alguns deles — com a cientista Irene Diggs e a dançarina Katherine Dunham, também antropóloga, ambas norte-americanas. A primeira foi vetada pelo Hotel Serrador (Rio de Janeiro) e a segunda pelo Hotel Esplanada (São Paulo).

O que mais seduzia à distância, neste país, era a convivência fraterna dos brancos, negros, mulatos e índios, e isso, a meu ver, é o que há de básico e substancial numa democracia. [...] Foi com essa ilusão que cheguei ao Rio, rumando do aeroporto para o Hotel Serrador, onde, com muita antecedência, a Embaixada Americana reservara aposentos para mim. Eu vinha em missão oficial do Departamento do Estado, estudando a situação social e histórica dos negros na bacia do Prata e do Brasil.

São palavras de Irene Diggs, ao jornal *Diretrizes*, de 10 de fevereiro de 1947. Por que teria sido recusada?

Porque sou negra. O Hotel Serrador arranjou às pressas uma desculpa amarela que não me convenceu. Não sabiam, naquele hotel, que a dra. Irene Diggs era negra, e daí a atrapalhação em que ficaram quando me apresentei na portaria. [...] Agora estou convencida de que no Brasil há mais preconceito do que em qualquer outro país da América, com exceção dos Estados Unidos. No meu país esse preconceito tende a desaparecer, ao passo que aqui a tendência é para aumentar. E explico por quê: os negros americanos são hoje o grupo negroide mais avançado do mundo. Alcançaram tal grau de cultura e bem-estar econômico que já não podem ser tratados como párias. [...] Ainda não nos amam, mas já nos respeitam, nos Estados Unidos. [...] Revelarei então o que todo mundo ignora em meu país, isto é, que este grande país, onde a raça negra já produziu gênios e heróis como Henrique Dias, Aleijadinho e outros, dissimula o seu preconceito de raça como a brasa debaixo da cinza. Há racismo no Brasil, e com tendência para aumentar. Digo mais: é o único país latino-americano onde mais se cultiva tão odioso preconceito. Estou desencantada.

Pelas colunas do *Correio Paulistano*, de 16 de julho de 1950, declara Katherine Dunham:

> Estou profundamente surpreendida. Havia feito reserva há cerca de dois meses, quando ainda estava no estrangeiro, por intermédio de meus agentes. Eles não ignoravam (o Hotel Esplanada) que o apartamento era para mim e meu marido. À última hora a decisão do hotel nos surpreendeu. [...] Naturalmente senti-me ferida. Minha vida tem sido uma luta: mostrar que o preconceito é um absurdo.

Nessa mesma ocasião o mesmo Hotel Esplanada mandou cancelar reserva de aposentos feita para Marian Anderson sob a justificativa de que o regulamento vedava a hospedagem a pessoas de cor. Katherine constituiu advogado e na sua petição à justiça declarava, depois de historiar os fatos e sua recusa exclusivamente por ser de cor — tanto assim que sua secretária, que é branca, inscreveu-se na recepção do hotel:

> Assim, é indiscutível que tal atitude configura o crime de injúria, pois foi a suplicante ofendida na sua dignidade e decoro (art. 140 do Código Penal). (*Tribuna da Imprensa*, Rio, 21 jul. 1950)

Também o autor deste sofreu várias experiências de discriminação. Em certa oportunidade viu-se compelido a dirigir ao chefe de Polícia do Rio de Janeiro um protesto pelo fato de ter barrada, por um comissário de polícia, sua entrada em um baile no Hotel Glória para o qual se achava convidado.

A estratégia da discriminação em nosso país, sob certo aspecto, é mais sutil e mais cruel que a praticada nos Estados Unidos, porque não permite qualquer oportunidade de defesa à vítima. Criou slogans, fabricou leis, com isso domesticou o negro. Em sua grande maioria o negro brasileiro sofre a dopagem da pseudodemocracia racial que lhe impingiram. Ele ainda se acha "drogado". Como dizia Walter Scott a respeito do escravo, e parecem dizer nossas leis, hábitos, costumes, enfim todo o comportamento do país: "Não acordeis o negro que dorme, ele sonha talvez que é livre".

Certa vez escrevi um artigo, "A sociologia 'desaculturada'" (*O Jornal*, Rio, 31 de outubro de 1954), dizendo em certo trecho:

Um aspecto que sempre me intrigou e me pareceu da maior significação na observação do fenômeno inter-racial no Brasil é aquele relacionado com a fuga do negro à sua própria cor. Não que eu desejasse, ou achasse necessário, que a cada instante, ou mesmo de quando em vez, o homem de cor fizesse profissão de fé de sua negrura. Não. Ela já carrega em si mesma eloquência irredutível. Mas de outro lado, por que se envergonhar de sua herança cultural africana, só prezar a contribuição branca de nossa formação, erro em que incorreu até mesmo um negro ilustre como José do Patrocínio, quando bradava enfaticamente: "Nós, os latinos...". Por que erigir a brancura como única medida de valor, como o verdadeiro ideal de vida e o supremo padrão de beleza? Por que aceitar passivamente as imposições de uma equívoca sociologia que prega a aculturação como forma natural da "solução" do problema negro no Brasil? Esse racismo disfarçado pela mistificação cientificista é a violência mais chocante e sutil que o negro terá que enfrentar para a sobrevivência de seus valores peculiares.

Preconceito e desemprego

*A revolta nasce do espetáculo da
sem razão, ante uma condição
injusta e incompreensível.*

Albert Camus, *L'Homme révolté*

O artificialismo de apresentar o Brasil no exterior como modelo de solução de convivência étnica não é moda recente. Já por volta de 1880, Joaquim Nabuco denunciava o embuste com estas palavras de sábio: "A ideia é que a mentira no exterior habilita o governo a não fazer nada no país e deixar os escravos entregues à sua própria sorte". Outra coisa não fazem e não fizeram nossos governos republicanos, em relação ao ex-escravo.

Sem que se saiba antecipadamente quando nem onde, o fato é que a verdade sempre se revela. Por mais que essas coisas devam ficar confinadas dentro das fronteiras do país, já se levantam no estrangeiro algumas pontas da triste mortalha com que no Brasil se encobriu a situação do negro. *The Times*, de Londres (*Jornal do Brasil*, Rio, 23 de abril de 1960), revela:

> a discriminação racial existe, realmente, no Brasil, ainda que muitos brasileiros neguem esse fato. [...] A discriminação é tão suave e tácita que se torna quase imperceptível, mas os negros, conduzidos ao Brasil pelos colonizadores portugueses, encontram-se segregados economicamente. [...] De um modo geral os negros não conseguem promoções fáceis, não só nas atividades civis, mas dentro das forças armadas. Assegura-se que a razão disso está no seu nível de educação inferior. Mas um garçom negro é coisa rara num hotel ou restaurante de qualidade, e as grandes lojas nunca os têm a seu serviço como balconista. [...] O que preocupa grande parte

dos latino-americanos, principalmente os brasileiros, é que, com a industrialização e gradativo aumento de níveis das rendas e consequentes facilidades educacionais, breve chegará a ocasião em que os negros desejarão ultrapassar suas limitadas posições. Perguntam — qual será a atitude com que os brancos vão encarar esses fatos?

As dificuldades se sucedem numa cadeia infernal ao negro que deseja emprego, e, depois, ascensão no trabalho que a duras penas tiver conseguido. Já mencionamos que para o modesto lugar de telefonista se exige a cor branca. Querem a moça negra explorada e humilhada como nos tempos da escravidão: seu lugar é na cozinha ou no tanque, em tarefas inferiores. Em cada cem trabalhadores domésticos, cerca de 62 são negros e mulatos. Uma sobrevivência do regime colonial de prestação de serviços, já que à empregada doméstica não se deve qualquer obrigação em matéria de ordenado, garantia de emprego, férias, doença etc. Trata-se de um trabalhador cuja garantia é o humor do patrão. Seu registro profissional, significativamente, é feito na polícia... O I Congresso do Negro Brasileiro houve por bem dedicar uma de suas sessões para ouvir e debater o trabalho que a respeito das domésticas apresentou uma talentosa advogada negra, a dra. Guiomar Ferreira de Matos.

Como maior fator de desemprego, o preconceito de cor foi mencionado em *O Jornal* de 14 de junho de 1959. Após pesquisa feita no mercado de trabalho (Rio de Janeiro), a chefe da Seção de Colocações do Ministério do Trabalho, sra. Vera Neves, afirma:

Com efeito, candidato de cor, *mesmo com habilitação* [o grifo é meu], para o comércio, escritórios, cinemas, consultórios, portarias, bares, hospitais, firmas estrangeiras e outros estabelecimentos que exigem pessoas de "boa aparência", não consegue trabalho. [...] É o preconceito de cor que se encontra em primeiro lugar como fator de desemprego, em seguida vêm a idade e a nacionalidade.

Em Porto Alegre, segundo a mesma notícia de *O Jornal*, também se procedeu a uma rápida pesquisa de campo no mesmo sentido da realizada no Rio. Eis as conclusões:

1. Existe, também em Porto Alegre, o preconceito racial no aproveitamento do homem de cor, embora veladamente; 2. ocorre uma segregação espontânea, por parte do preto, que por não se achar preparado psicologicamente e adaptado às condições ambientais, foge da procura de emprego em certas funções; 3. não se observam negros, a não ser em raríssimas exceções, em trabalhos de balconistas, escritórios, enfermagem, ou seja, em ocupações externas de maior contato com o público; 4. em determinados ramos de atividade a presença do negro é observada em cargos primários da hierarquia; 5. o maior número de pretos é observado em trabalhos braçais, de estiva, em portos, armazéns, lojas etc.; 6. a acolhida do negro em função especializada, na indústria, pode ser devido à defasagem entre o nosso desenvolvimento industrial e a mão de obra especializada, cada vez mais rara; 7. observa-se um esforço íntimo para que o preconceito de cor não aflore, mantendo-o subjacente, veladamente, para que não venha a constituir-se em outra grave questão social, aqui no Brasil; 8. o preconceito racial não aparece com maior evidência, entre nós, possivelmente em virtude do fraco poder econômico do negro.

A difícil luta antiga

A consciência nasce com a revolta.
Albert Camus, *L'Homme révolté*

Perguntar-se-á: e o negro? Ficou quieto todo esse tempo? Assistiu passivamente à liquidação de sua raça?

Venceram o negro. Submeteram-no. Passivo ele nunca foi. E nem pacífico. Os quilombos, as insurreições e levantes provam, ao longo da história do Brasil, seu senso de dignidade humana, cuja meta é sempre a liberdade. Depois da abolição de 1888, seus esforços duplicaram tendo em vista sobreviver no caos, no abismo em que se viu de repente atirado.

Por volta de 1920, mais ou menos, em São Paulo, os negros tentam organizar-se para dar forma coletiva a seus problemas. Funda-se o Centro Cívico Palmares, e seu trabalho foi denunciar a Guarda Civil de São Paulo, que não admitia negros em seus quadros. Surge o jornal *Clarim da Alvorada*, fundado por Jayme de Aguiar e José Correia Leite, sendo um dos seus propósitos a realização do I Congresso da Mocidade Negra. Combatida por intelectuais negros, a ideia não foi adiante. Chegou, porém, a contar com algumas expressivas adesões, como as do professor Arlindo Veiga dos Santos, em São Paulo, e do advogado dr. Evaristo de Morais, aqui no Rio.

Em nome dessa democracia racial que Florestan Fernandes já qualificou de mito, mesmo depois que a Unesco constatou de norte a sul a precariedade de nossas relações raciais, ainda agora, brancos e brancoides, intelectuais ou não, insistem em não querer ver o que acontece à sua frente, negando razão e fundamento aos que trabalham para melhorar nosso tipo de convivência étnica.

A muralha de preconceito e discriminação que não se vê, mas que existe, é uma criação dos "amigos" do negro. Vedam-lhe na prática o direito teórico da igualdade. Na verdade ele — o negro — não passa de um cidadão de segunda classe. Seu padrão educacional é realmente baixo. Por isso ele não pode ocupar os postos mais elevados da hierarquia social. Culpa do negro? As crianças negras morrem em maior número: seria culpa de sua inferioridade biológica? Ou de seu baixíssimo padrão alimentar, de saúde, de higiene? O negro não possui especialização profissional para enfrentar o trabalhador de outras origens — terá ele poder de decisões privativas do poder público, para evitar, impedir sua própria degradação? Não pode estudar por falta de meios, e não tendo habilitação profissional não pode trabalhar e conseguir os meios de que necessita. É um hermético círculo vicioso da civilização capitalista — e dita cristã — que precisa ser rompido de qualquer forma antes que nós, os negros, pereçamos todos. Não exageramos. Não estamos longe da extinção total do negro no Brasil. Basta consultar os números.

Rio Branco assinala que às vésperas da Independência, 1822 (um Brasil independente mas escravizador da maioria de seus filhos), havia 3,8 milhões de habitantes, sendo: 1,93 milhão de negros, 1,43 milhão de brancos e 526 mil de mulatos.

Segundo o IBGE temos: em 1872: brancos 3 787 289; negros 1 954 542; e pardos 4 188 737. Em 1890: brancos 6 308 198; negros 2 097 426; e pardos 5 934 291. Em 1940: brancos 26 171 778; negros 6 035 869; e pardos 8 744 365. Em 1950: brancos 32 027 661; negros 5 692 657; e pardos 13 786 742.

Em percentuais, vemos o declínio do negro nas datas mencionadas: 19,68%; 14,63%; 14,64%; 10,96%. Da mesma forma é fácil constatar-se a branquificação da população brasileira através dos mesmos percentuais nas mesmas datas acusando para o branco e o pardo (eufemismo de mulato), respectivamente: 1872: 38,14% e 42,18%; 1890: 43,97% e 41,40%; 1940: 63,47% e 21,20%; 1950: 61,66% e 26,54%.

Nunca é demais insistir: o slogan da democracia racial brasileira serve à discriminação disfarçada e ao lento, porém inexorável, desaparecimento do negro. É a fórmula encontrada pelo Brasil para apagar a "mancha" da escravidão, conforme desejava Rui Barbosa ao mandar, como ministro da Fazenda, que se queimassem os documentos referentes ao tráfico escravo e ao regime escravocrata. Falou vagamente numa indenização aos ex-escravos, mas de concreto só mesmo a queima de papéis. Satisfazia-se com essa providência romântica a má consciência das classes dirigentes.

Com a revolução de 1930, os negros de São Paulo tentam novo avanço. Organizam a Frente Negra Brasileira, movimento liderado pelos irmãos Arlindo e Isaltino Veiga dos Santos, José Correia Leite, Gervásio de Morais e Alberto Orlando. A gente negra paulista respondia assim ao apelo da época de transição que o país atravessava. A iniciativa alastrou-se rapidamente não só no interior do estado de São Paulo, como nas grandes cidades de significativa população de cor. Sem dúvida representava uma nova posição do negro, cansado de bancar o jagunço, o capanga, o cabo eleitoral dos velhos caciques de calcanhar ainda preso ao recente período escravocrata. Foi um teste relativamente bem-sucedido, ficou provada a capacidade organizacional do negro numa sociedade que lhe negava participação e qualquer oportunidade de bem-estar social. O negro exprimia-se com desenvoltura nos planos social, cultural e político. O Estado Novo de 1937 fechou as portas desse belo esforço.

Não pretendo traçar a crônica dos movimentos dos negros de São Paulo. Tão somente me animam algumas referências aos esforços do negro nos quais tomei parte ou tive informações diretas. Isso servirá para situar, no tempo e no espaço, a significação do I Congresso do Negro Brasileiro, finalidade básica deste volume. O trabalho e os esforços daqueles negros tinham um sentido prático, o ambiente era de competição intensa com os demais elementos que formariam a sociedade multirracial paulista — núcleo da civilização urbana e industrial do Brasil de nossos dias. Outro instrumento importante dessa época foi o Clube Negro de Cultura Social, fundado em 1932, e que em maio de 1938 teve suas realizações do cinquentenário da abolição oficializadas por Mário de Andrade, então diretor do Departamento Estadual de Cultura.

Eu já participara de realizações tanto em São Paulo como em Campinas (interior do estado) no Centro Cívico Campineiro (1933). Nessa mesma cidade onde a discriminação ostensiva ao negro durou até ontem, promovi, com Geraldo Campos de Oliveira, Aguinaldo de Oliveira Camargo, Agur Sampaio, Jerônimo e José Alberto Ferreira, o Congresso Afro--Campineiro. Teve lugar em maio de 1938 e contamos com a colaboração das alunas da cadeira de sociologia da Escola Normal, ministrada pelo professor Nelson Omegna.

Em outra ocasião, o negro paulista teve que enfrentar um chefe de Polícia, o dr. Alfredo Issa, que atendendo pedido de comerciantes proibiu o footing tradicional que os negros promoviam aos domingos na rua Direita. Uma comissão foi enviada ao Rio: Fernando Góes, Rossine Camargo Guarnieri, Galdino e Abdias Nascimento. Aqui, um dos que mais nos ajudaram a combater a portaria racista foi o jornalista Osório Borba, do *Diário de Notícias*.

O Rio apresenta uma teia de mistificações que dificulta ainda mais a compreensão dos problemas de relações de raça. A cidade despista com simpatia, belas cores e ritmo contagiante a prática da discriminação racial. É onde a segregação residencial atinge seu ponto mais agudo. Basta percorrer os guetos das favelas. *O Estado de S. Paulo*, suplemento especial de 13 de abril de 1960, publica os seguintes dados de 1950: *População do Rio*: brancos — 1 660 834; negros e mulatos — 708 459. *População favelada*: brancos — 55 436; negros e mulatos — 113 218.

Isso quer dizer que para cada três habitantes do Rio, um é negro. Para cada branco favelado, há dois negros morando no morro. Se atentarmos para o fato, segundo a presente estatística, de que o negro é um terço da população carioca e figura em cifra 100% maior na população favelada, teremos diante dos olhos a odiosa segregação de moradia imposta à população de cor.

É tão chocante a situação de fato que ninguém se rende à evidência e alguns procuram tangenciar: "mas o negro não é o dono da cidade no Carnaval? Seus craques de futebol não são os mais aplaudidos? Não temos um 'rei' Pelé? Mário Filho com seu estudo *O negro no futebol brasileiro* já não esgotou e encerrou o assunto?". A resposta é simples: não. Mário Filho prestou um enorme serviço ao país com sua denúncia. Mas o problema mudou de feição, porém não foi resolvido. Ainda em dezembro de 1951, pela *Última Hora*, Gentil Cardoso, técnico de renome, fez acusações:

"Por causa da cor", dizia o repórter, "Gentil tem perdido muita coisa, em dinheiro e em glória. Fala o discutido *coach*:
'— Culpa exclusiva da pigmentação. Porque sou negro, me perseguem e me tiram as grandes possibilidades. Negam-me ainda, por causa da cor, todo o meu trabalho em favor do futebol brasileiro. [...] Uma vez o presidente do Flamengo, Dário de Melo Pinto, recebeu uma carta que me acusava de ter recebido "metade das luvas do Eliezer". Acontece, porém, que, para minha salvação, Eliezer não recebeu níquel de luvas'."

O processo grosseiro e sempre repetido é esse denunciado por Gentil: quando não têm argumentos contra um negro, o mais fácil é chamá-lo de desonesto, de ladrão, de negro sujo. Vejamos agora o depoimento do grande Domingos da Guia (*Última Hora*, Rio, 8 de junho de 1957):

> Aparentemente, o futebol brasileiro não faz discriminação racial. Olhem o panorama dos nossos jogos: o preto e o branco atuam juntos. Há times quase somente de pretos. Essa confraternização parece levar, fatalmente, à conclusão de que tanto faz, nos gramados do Brasil, ter uma cor ou outra. O problema, porém, é mais dramático do que parece. Não se deixem iludir pelas aparências. E um nome ocorre, irresistivelmente: refiro-me a Gentil. É, sem dúvida, o mais solitário, o mais desprezado dos técnicos. Há, no destino de Gentil, um outro detalhe misteriosíssimo. Ei-lo: o sucesso, a glória, é o seu trampolim para a rua da amargura.

A tensão racial afeta não só o futebol como outras áreas desportivas. Nelson Rodrigues fixa admiravelmente bem o encontro de luta livre entre Gracie versus Waldemar (*Última Hora*, Rio, 1959). Diz ele:

> Ignorar o fato racial é tirar da luta Gracie × Waldemar todo o seu patético. É preciso ver, antes de tudo e sobretudo, o drama da cor. O branco contra o preto e vice-versa. Eu sei que os anjinhos vão estranhar: "Mas como? No Brasil não existe o preconceito racial!". Tanto existe que a simples sugestão do problema já irrita, já exaspera, e todos o evitam com impressionante pusilanimidade. Mas o que importa é o seguinte: o que houve, anteontem, na ACM, foi a forra ancestral do negro sobre o branco. [...] O lutador preto subiu ao *ring*. E, então, ocorreu, a meu lado, um fato transcendente, que foi o seguinte: um sujeito louro, barrigudo e sanguíneo, falou em "negro boçal!". "Negro

boçal!" A partir deste momento eu vi tudo. A luta perdeu para mim todo o sentido técnico e esportivo, que a poderiam banalizar. Adquiriu uma dimensão nova. E se me perdoarem a enfática subliteratura, direi que vi o retinto Waldemar, não como "um negro", mas como "o negro". [...] cada um de nós tem o seu racismo irredutível. Vão argumentar com a ferocidade dos brancos norte-americanos. E, com efeito, nós não linchamos, mas fazemos algo pior: nós humilhamos. Todas as relações entre brancos e negros, no Brasil, se fazem, justamente, na base desta humilhação. O negro mais nobre, mais ilustre, mais puro, passa a ser apenas um moleque, se experimentamos uma vaga e superficial irritação. Fingimos uma igualdade racial, que é o cínico disfarce de um desprezo militante, profundo. Pouco antes da batalha, Waldemar foi ainda uma vez humilhado e ofendido. Ele cresceu, então, irresistivelmente.

Carnaval, macumba, futebol e gafieira: eis o resumo da área consentida ao protagonismo do negro. A fome e a enfermidade do negro, seu analfabetismo e seu barraco, sua criminalidade ou seu desamparo, tudo isso é levado a débito na conta geral do povo brasileiro. Tudo passa a constituir um bloco dos que não têm, contra o bloco dos que têm. Raça aí não entra. Não passa pela cabeça dos argumentadores desse tipo que os pobres, os demais necessitados, o são por contingência da situação do país ou por incapacidade individual na competição e não pelo fato de ter a pele mais escura. Pelo fato de ter sido desumanamente explorado durante quatro séculos. E depois ter sido atirado no meio da rua, como bicho. Sem sequer ingressar na sociedade competitiva.

Existe uma patologia social do branco: preservação de certos privilégios baseados na herança da raça supostamente dominadora. Sob os efeitos da violenta compulsão social que o atingiu, também o negro sofreu abalos orgânicos e emocionais. Isso era inevitável. Esse estado de traumatismo ainda perdura. Por isso, a maioria negra ainda se contenta com o desfrute dessa área lúdica e recreativa em que a confinaram. Nessas atividades o preto evade-se, sublima o penoso sentimento de frustração e emparedamento tão tragicamente expresso por Cruz e Sousa. Mas há uma parcela significativa de negros esclarecidos tentando sempre retomar a militância no sentido de elevar o padrão de vida de seus irmãos de cor, afirmar e desenvolver a cultura ancestral trazida da África, não no sentido de um retrocesso histórico, porém valorizando a contribuição original da cultura negra no enriquecimento espiritual da nova pátria. Enquanto nosso movimento atuava no centro-sul do país, um grupo de estudiosos realizava no Recife (1934) e na Bahia (1937), respectivamente, o I e II Congresso Afro-Brasileiro. Foram congressos acadêmicos. Descreveram o negro sob aspectos históricos, antropológicos, folclóricos, etnográficos, usaram o negro como matéria-prima de pesquisas. Mas não se confundiram com as reivindicações práticas e objetivas da gente negra. O negro, como mais tarde diria um membro da corrente, entrou naqueles certames como o micróbio sob o olho do microscópio. Tiveram assim prioridade o lado mais vistoso e ornamental da vida negra — os candomblés, a roda de samba, a capoeira —, particularmente o enfoque do negro "coisificado", estático, imóvel, e estranho à dinâmica da sociedade brasileira.

Tem toda a razão Guerreiro Ramos na sua denúncia de sociólogo autêntico, isto é, não acadêmico e não "aculturado" pela ciência alienígena:

Não hesito em dizer mesmo que, do ponto de vista do interesse nacional, a maioria de nossos estudos antropológicos e sociológicos sobre o negro contribuíram para travar o processo de evolução das massas de cor (*A Manhã*, 10 de dezembro de 1950). Eis a causa por que o TEN nunca foi compreendido pelos prógonos da ciência oficial que, embora não o hostilizassem francamente, sempre se conduziram em face do empreendimento com desconfiança. No fundo, percebiam que o TEN representava uma mudança de 180 graus na orientação dos estudos sobre o negro. Todavia, nunca os dirigentes do TEN hostilizaram os "antropólogos" e "sociólogos" oficiais. Foram, na verdade, pacientes com eles. Atraíram-nos para as suas reuniões, certos de que, na medida em que fossem sinceros, poderiam ser recuperados. Vale a pena insistir neste ponto. O TEN foi, no Brasil, o primeiro a denunciar a alienação da antropologia e da sociologia nacional, focalizando a gente de cor à luz do pitoresco ou do histórico puramente, como se se tratasse de elemento estático ou mumificado. Esta denúncia é um leitmotiv de todas as demonstrações do TEN, entre as quais o seu jornal *Quilombo*, a Convenção Nacional do Negro (São Paulo, 1945), a Conferência Nacional do Negro (1949) e o I Congresso do Negro Brasileiro (Rio, 1950). Os dirigentes do TEN sabiam e sabem que, de modo geral, a camada letrada e os "antropólogos" e "sociólogos" oficiais não estavam, como ainda não estão, preparados mentalmente para alcançar o significado da iniciativa (*Cadernos do Nosso Tempo*, n. 2).

A Convenção Nacional do Negro Brasileiro

Fundando o Teatro Experimental do Negro (TEN) em 1944, pretendi organizar um tipo de ação que a um tempo tivesse significação cultural, valor artístico e função social. De início havia a necessidade urgente do resgate da cultura negra e seus valores, violentados, negados, oprimidos e desfigurados.

Depois de liquidada legalmente a escravidão, a herança cultural é que ofereceria a contraprova do racismo, negador da identidade espiritual da raça negra, de sua cultura de milênios. O próprio negro havia perdido a noção de seu passado. Reencontrando-se com suas forças potenciais, o negro, parcela do povo brasileiro, estaria apto a uma contribuição criadora inédita em nosso teatro, tanto no que se refere a uma estética brasileira do espetáculo como no terreno de uma dramaturgia autêntica. Num país que, segundo Joaquim Nabuco, é um país de negros, não se concebia que o elemento de cor não participasse do teatro nem como ator nem como personagem, só aparecendo em cena em papéis ridículos e secundários. Muita importância também dedicou o TEN na criação de uma pedagogia para educar o branco de seus complexos, sentimentos disfarçados de superioridade. Mostrar ao branco — ao brasileiro de pele mais clara — a impossibilidade de o país progredir socialmente enquanto ele insistir no monopólio de privilégios coloniais, mantiver comportamento retrógrado, mascarando-se de democrata e praticando à socapa a discriminação racial. E discriminando logo o negro que realmente sangrou, suou, morreu, chorou para construir economicamente este país. Ensinar ao branco que o negro não deseja a ajuda isolada e paternalista, como um favor especial. Ele deseja e reclama um status elevado na sociedade, na forma de oportunidade coletiva, para todos, a um povo com irrevogáveis direitos históricos.

Tendo em vista o sentido pragmático de sua ação, o TEN organizou e promoveu em São Paulo, em 1945, a Convenção Nacional do Negro, que se reuniu sob a minha presidência. Ao finalizar seus trabalhos a assembleia votou um "Manifesto à nação brasileira".

Repercussão do manifesto da convenção

O documento final da Convenção foi apresentado aos partidos políticos, líderes e candidatos às eleições presidenciais daquele ano. Em carta que me dirigiu (27 de dezembro de 1945), assim se manifestou o brigadeiro Eduardo Gomes (candidato da União Democrática Nacional): "A raça negra prestou avultada contribuição para a formação do nosso povo, dos nossos costumes e para o progresso do nosso país. Suas reivindicações merecem ser olhadas com toda simpatia".

O general Eurico Gaspar Dutra, candidato do Partido Social Democrático, em telegrama datado de 2 de outubro de 1945, dizia: "Desejo possam encaminhar-se pleno êxito seus trabalhos".

O secretário-geral do Partido Comunista Brasileiro, sr. Luís Carlos Prestes, em carta de 19 de dezembro de 1945: "O 'Manifesto' foi lido cuidadosamente, merecendo inteiro apoio do nosso partido as reivindicações expostas".

Essas respostas testemunham o interesse puramente formal dos dirigentes políticos pela sorte do negro. Nenhum deles fez nada de prático e objetivo. Tudo não passou das solidariedades de protocolo, de pura cortesia.

Na Assembleia Nacional Constituinte, o senador Hamilton Nogueira, em longo, fundamentado e lúcido discurso (*Diário Trabalhista*, Rio, 15 de março de 1946), enfrentou a questão corajosamente:

Perguntarão, talvez: existe no Brasil uma questão racista? É possível que não exista nas leis, mas existe de fato, não somente em relação a nossos irmãos pretos como em relação aos nossos irmãos israelitas. Há uma questão de fato: restrição à entrada de pretos na Escola Militar, na Escola Naval, na Aeronáutica, e, principalmente, na carreira diplomática. [...] Assim, faço essa proposta à Assembleia Constituinte, no sentido de que fique estabelecida em lei a igualdade de todas as raças e considerando crime de lesa-humanidade a contravenção a essa lei.

Historicamente o senador Hamilton Nogueira foi quem, pela primeira vez, apresentou, por sugestão do nosso "Manifesto", ao Poder Legislativo, o problema da discriminação como contravenção penal. Seu projeto de lei foi recusado. Um grupo de parlamentares sublinhou seu apoio numa declaração de voto, nos termos seguintes:

Declaro que votei pela aprovação da emenda n. 1089 ao art. 159 do antigo projeto e ao art. 141 do projeto revisto, cujo destaque foi concedido, emenda esta defendida na tribuna pelo nobre senador Hamilton Nogueira, de que sou o primeiro signatário, e está subscrita pelos nobres Constituintes, srs. senador Hamilton Nogueira, deputados José Borba, Aureliano Leite, Plínio Barreto, Antenor Bogéa, Ataliba Nogueira, Gilberto Freyre, Otávio Mangabeira, Jaci Figueiredo, José Alkmim, Amando Fontes, Domingos Velasco, Nestor Duarte, Dolor Andrade, Paulo Sarasate e Hermes Lima — por estar convencido de que ela tem um fundo profundamente democrático. Tendo ela sido rejeitada com fundamento de que nos referidos artigos, isto é, no parágrafo primeiro dos mesmos, não existe distinção de qualquer espécie ou natureza, e sim existe a afirmação de que todos são iguais perante a lei, conforme acentuaram os nobres constituintes, srs. senador Nereu Ramos, líder da maioria, deputado Costa Neto, relator-geral, Prado Kelly, vice-líder da maioria e outros, certo está de que não poderá haver mais nenhuma restrição por motivo de raça e cor, para o ingresso de brasileiros nas carreiras diplomática, militar (Escolas Naval, de Guerra e Aeronáutica) e civil, nem poderá haver mais nenhuma restrição, seja em que sentido for, aos brasileiros de cor ou de raça israelita. Assim, reservo-me o direito de protestar por todos os meios e formas, no futuro, se houver qualquer restrição a algum brasileiro pelos motivos expostos. Sala das sessões, 26 de agosto de 1946. Benício Fontenele, Segadas Viana, Ezequiel Mendes, Romeu Fiori, Euzébio Rocha, Baeta Neves, Antônio Silva. (*Diário da Assembleia*, 28 ago. 1946, p. 4404)

Naturalmente as discriminações contra brasileiros de cor continuaram e continuam. E foi preciso que uma negra de fama mundial, Katherine Dunham, fosse barrada no Hotel Esplanada, em São Paulo, para que tivéssemos uma lei antirracista: a Lei Afonso Arinos, votada em 1951.

Convém mostrar a atitude de certos jornalistas em relação à população de cor. Leiamos Fernando Sabino, sobre meu jornal *Quilombo*, no *Diário Carioca* (Rio, 16 de julho de 1949):

Não creio que, no nosso país, o negro tenha vida própria, problemas específicos e aspirações determinadas. Para começar, não sei bem quem é o negro brasileiro. Nos países onde as raças se segregam — e graças a Deus ainda não é, em termos positivos, o nosso caso —, negro é todo aquele que tem sangue africano nas veias. Se fôssemos aplicar tal critério de discriminação no Brasil, os brancos seriam minoria. E seria discriminação racial, arbitrária, como todas elas, o que é muito mal. É o que *Quilombo* está fazendo.

Afirma em seguida que a discriminação existente é de origem "mais econômica do que propriamente racial", sendo a luta em termos de riqueza versus miséria. [...] Sinto-me à vontade para tocar nesse assunto porque fui dos que sempre escreveram violentamente contra a humilhante condição dos negros americanos, sujeitos a toda a sorte de injustiças e perseguições.

"Semente de Ódio" é como Fernando Sabino chama o nosso esforço em criar um instrumento de autodefesa, defesa pessoal ou legítima defesa do negro, agredido e violentado de tantas maneiras. Eu pergunto: que nome, que qualificação merece do jornalista, essa *minoria branca*, que espolia e marginaliza a *maioria negra*? Não haveria aqui a repetição, em termos brasileiros, obviamente, do que está acontecendo em Angola, Moçambique, na Rodésia, ou África do Sul, onde uns poucos brancos mantêm na opressão os muitos africanos? Que nome teria essa semente?

Entretanto, há jornalistas e jornalistas. Dir-se-ia que por antecipação R. Magalhães Júnior contestou os argumentos de Fernando Sabino. Em *A Noite* de 7 de janeiro de 1946, afirma R. Magalhães Júnior:

o negro, além da miséria em que vive, tem ainda a sobrecarga do preconceito de cor, que mais difícil lhe torna o acesso a camadas mais altas, a um melhor nível de vida. [...] Não se diga que os negros estão querendo criar por conta própria um "problema do negro" no Brasil. Não. Este problema já está criado. Só através de uma organização integrada pelos elementos da própria raça negra — e até mesmo com finalidade eleitoral — poderão os negros combater a série de restrições que pesam contra eles. Essa acusação de que os negros estão querendo criar o "problema do negro" é, ainda no fundo, uma demonstração de preconceito, por parte daqueles que tudo recusam ao negro e que desejam vê-lo reduzido à ignorância, à miséria e à servidão. [...] Esse movimento (Convenção), que se iniciou há dias em São Paulo — onde comerciantes estrangeiros chegaram a pedir à polícia que impedisse o trânsito de negros por certas ruas grã-finas —, parece-me útil e digno de ser encorajado. Porque mostra que as massas brasileiras estão começando a se preocupar com o destino coletivo e que o nosso negro está querendo deixar de ser apenas o pária que só encontra felicidade na cachaça, na macumba e nos sambas de carnaval.

Conferência Nacional do Negro

*A revolta é a recusa do homem a
ser tratado como coisa e a ficar
reduzido à simples história.*

Albert Camus, *L'Homme révolté*

A 9 de maio de 1949, no salão de reuniões do conselho da ABI, instalou-se a Conferência Nacional do Negro, que, sob o patrocínio do TEN, foi organizada por Guerreiro Ramos, Edison Carneiro e Abdias Nascimento. Com representantes da Sociedade Recreativa Floresta Aurora (Porto Alegre, RS), Turma Alviverde e Grêmio Cruz e Sousa (Juiz de Fora, MG), União dos Homens de Cor dos Estados Unidos do Brasil (Rio), respectivamente srs. Heitor Nunes Fraga, Sebastião de Sousa e José Pompílio da Hora; srs. Osvaldo C. Oliveira (Ribeirão Preto, São Paulo), cap. Antônio Carlos (MG), Milton Nunes da Silva (Cabo Frio, RJ), o jornalista George S. Schuyler, enviado especial do *The Pittsburgh Courier*, importante órgão da imprensa negra norte-americana, o representante da ONU no Brasil, sr. Paul Vanorden Shaw, a Conferência foi aberta pelo sr. Castro Barreto. Nessa sessão foi aclamada a seguinte Saudação às Nações Unidas:

A Conferência Nacional do Negro saúda as Nações Unidas e manifesta a sua confiança em seus esforços pela confraternização universal.

A Conferência Nacional do Negro espera que as Nações Unidas, como organismo promotor dos direitos do homem e da amizade e da cooperação entre todos os povos, sem considerações de cor, de religião, de língua, de organização política, continuem a representar dignamente o seu papel de mais alta tribuna da opinião mundial.

Nos dias 10, 11 e 12 ocorreram as sessões ordinárias, com apresentações de vários trabalhos, entre os quais: 1) Roger Bastide, "Ilhas culturais, consciência de cor e enquistamento étnico"; 2) Castro Barreto, "Contribuição do estoque negro à formação da população brasileira"; 3) Abdias Nascimento, "Espírito e fisionomia do Teatro Experimental do Negro"; 4) Outras intervenções: Sebastião Rodrigues Alves sobre a "Questão negra face à assistência social"; Haroldo Costa sobre o preconceito nos colégios secundários; José Cláudio Nascimento, fundador da Escola José do Patrocínio, tratou da alfabetização nos morros cariocas; Francisco de Assis Barbosa estudou as personalidades humanas e literárias de Machado de Assis e Lima Barreto; Ironides Rodrigues abordou o tema da alfabetização de Machado de Assis e Lima Barreto; Elza Soares Ribeiro, chefe da seção de emprego do Sesi, investigou o preconceito de cor nos contratos de trabalho; Guiomar Ferreira de Matos tratou dos problemas da mulher negra; Nilza Conceição depôs a respeito da situação do secundarista de cor em relação aos demais alunos; Arinda Serafim referiu-se aos problemas de organização do trabalho doméstico; Valdemar Sizenando, presidente da Federação dos Morros, pregou a união dos pretos e brancos para a conquista da educação e progresso social; José da Silva falou do preconceito do negro contra o negro; José Pompílio da Hora, Isaltino Veiga dos Santos (antigo dirigente da Frente Negra Brasileira, São Paulo), Lígia Oliveira, Milton Nunes da Silva, Dante Laytano, Marieta Campos, Ruth de Souza, Maria Manhães, foram outros que apresentaram interessantes contribuições. Maria de Lourdes Vale estudou aspectos da educação da jovem negra em face da prostituição e, por fim, o deputado Segadas Viana contribuiu com a tese "O problema do trabalho para o negro".

A 13 de maio de 1949 encerrou-se a Conferência em sessão presidida pelo representante da ONU, sr. Paul Vanorden Shaw, que entre outras afirmações disse:

> Entre as homenagens prestadas à Organização das Nações Unidas, neste grande país, uma das mais simpáticas e relevantes é esta da Conferência Nacional do Negro. Revela que os delegados a esta reunião compreendem um ponto básico da Organização Mundial e indispensável esteio de uma paz permanente — a declaração de que todo ser humano tem direitos, sem distinção de cor, credo ou condição social. Ao lado desses estão os outros que constituem os alicerces sólidos sobre os quais repousará a paz que todos nós almejamos — pão, justiça e liberdade para todos em todas as partes do mundo. [...] Todos nós, de cor ou não, viemos presenciar um fato de profunda significação. Primeiro, não hesitou a ONU por um instante — pondo, assim, em boa prática o que prega — de nomear como mediador substituto do grande sueco, conde Folke Bernadotte, o dr. Ralph Bunche, distinto negro norte-americano. [...] No desempenho dessa função, Ralph Bunche conquistou a admiração e respeito de todo o mundo; teve sob suas ordens civis e militares brancos que lhe serviram dedicadamente, pois que lhe reconheciam os grandes dotes de homem e de estadista.

Ainda nessa mesma sessão de encerramento, pronunciaria, talvez, uma de suas últimas palestras públicas, o professor Arthur Ramos, antes de seguir para assumir em Paris o cargo de diretor do Departamento de Ciências [Sociais] da Unesco, onde faleceu. Foi uma aula notável seu discurso de encerramento. Ao finalizar-se, a Conferência convocou o I Congresso do Negro Brasileiro e aprovou seu respectivo temário [p. 57 desta edição].

Sobre o I Congresso do Negro Brasileiro

No número de janeiro de 1950, em artigo de *Quilombo*, eu assim definia as linhas do futuro congresso que se reuniria no Rio em maio daquele ano:

O I Congresso do Negro pretende dar uma ênfase toda especial aos problemas práticos e atuais da vida da nossa gente de cor. Sempre que se estudou o negro foi com o propósito evidente ou a intenção maldisfarçada de considerá-lo um ser distante, quase morto, ou já mesmo empalhado como peça de museu. Por isso mesmo o Congresso dará uma importância secundária, por exemplo, às questões etnológicas, e menos palpitantes, interessando menos saber qual seja o índice cefálico do negro, ou se Zumbi suicidou-se realmente ou não, do que indagar quais os meios de que poderemos lançar mão para organizar associações e instituições que possam oferecer oportunidades para a gente de cor se elevar na sociedade. Deseja o Congresso medidas eficientes para aumentar o poder aquisitivo do negro, tornando-o assim um membro efetivo e ativo da comunidade nacional.

Guerreiro Ramos vai mais longe afirmando que esta tomada de posição de elementos de nossa raça de cor nada mais é do que uma resposta do Brasil ao apelo do mundo, que reclama a participação das minorias no grande jogo democrático das culturas.

Conforme já ficou dito, esse certame não teria ligações — senão muito remotas — com os Congressos Afro-Brasileiros do Recife (1934) e da Bahia (1937). Esses foram congressos acadêmicos, repetimos — mais ou menos distantes da cooperação e da participação popular. O congresso de 1950 reconhecia a existência de uma população de cor no país, consciente de sua importância como fator de progresso nacional, e tentaria modos e maneiras de promover o acesso ao bem-estar social dos milhões de negros e mulatos do Brasil. Assim o Congresso do Negro preencheu dois objetivos: um passivo e outro ativo, um acadêmico e outro popular, um técnico e outro prático. Essa dualidade de objetivos está, aliás, bem clara no temário.

O que até mais ou menos 1940 era considerado uma espécie de escola afro-brasileira de estudos sobre o negro, mais propriamente se poderia denominar de escola nordestina — predominantemente baiana — do que mesmo uma expressão nacional nesse ramo de estudo. A própria condição socioeconômica do escravo, diferenciada conforme o contexto histórico das várias regiões do país, ofereceria reações múltiplas que dificilmente se sujeitariam a generalizações. Sem colocar em causa a boa vontade, a generosidade dos organizadores e participantes dos congressos nordestinos afro-brasileiros, podemos afirmar, sem cometer injustiça, que, de nossa perspectiva prática, esses certames pouco adiantaram ao negro. Sua marca fundamental assentava-se na fruição estético-epicurista do estudo descritivo. Postura quietista e alienada — ainda que humanitária e plena de filantropismo. A repercussão nacional de tais estudos, já disse Guerreiro Ramos, responde, aliás, a um não formulado propósito de desviar a atenção do país e do próprio negro dos problemas emergentes de sua nova condição de cidadão.

Ao nosso esforço pela sobrevivência pela vida, pela elevação de status econômico, cultural, social, carecia significação certo tipo de disputa entre os organizadores dos congressos da Bahia e Recife. Por ocasião do II Congresso Afro-Brasileiro da Bahia, Gilberto Freyre escreveu:

Receio muito que vá ter todos os defeitos das coisas improvisadas. [...] que só estejam preocupados com o lado mais pitoresco e mais artístico do assunto: as rodas de capoeira e de samba, os toques de candomblé etc.

Incriminado, responde Edison Carneiro:

O congresso do Recife, levando os babalorixás, com sua música, para o palco do Santa Isabel, pôs em xeque a pureza dos ritos africanos. O Congresso da Bahia não caiu nesse erro. Todas as ocasiões em que os congressistas tomaram contato com as coisas do negro, foi no seu próprio meio de origem, nos candomblés, nas rodas de samba e de capoeira.

Somente muito mais tarde, em 1953, Edison Carneiro reconheceria que "estas duas atitudes — a de considerar o negro um estrangeiro e a preferência pelas suas religiões — desgraçaram os estudos do negro". Ao que eu acrescento: muito mais que aos estudos do negro ajudaram a desgraçar o próprio negro. O TEN é um prolongamento, a continuidade de outra linha de orientação que Guerreiro Ramos chamou de pragmática. Um de seus primeiros serviços prestados ao negro e à cultura brasileira foi a denúncia daqueles estudos. A corrente pragmática repugnava o uso do negro como objeto, material etnográfico. Personagem relevante dessa corrente, Fernando Góes disse certa ocasião à *Folha da Noite* (São Paulo, 6 de junho de 1949):

Penso que é tempo de todos olharem o negro como um ser humano, e não como simples curiosidade ou assunto para eruditas divagações científicas. Que se cuide da ciência não é só louvável como imprescindível. Mas que se assista ao desmoronamento e à degradação de uma raça de braços cruzados, me parece um crime, e um crime tanto maior quando se sabe o que representou para a formação e desenvolvimento econômico do nosso país.

A *revolta* não é o sentimento autointoxicador estudado por Max Scheler, definido por Camus como "a secreção nefasta em vaso fechado, de uma impotência prolongada". Muito pelo contrário, ela é o fruto de uma consciência lúcida e bem informada que não transige nem transaciona com sua identidade e seus direitos. Por isso, ainda segundo Camus, "todo movimento de revolta invoca tacitamente um valor".

Que valor invoca a *revolta* do negro? Seu valor de Homem, seu valor de Negro, seu valor de cidadão brasileiro. Quando a abolição da escravatura em 1888 e a Constituição da República em 1889 asseguram teoricamente que o ex-escravo é um cidadão brasileiro com todos os direitos, um cidadão igual ao cidadão branco, mas, na prática, fabrica um cidadão de segunda classe, já que não forneceu ao negro os instrumentos e meios de usar as franquias legais — atingem profundamente sua condição de homem e plantam nele o germe da *revolta*. As oligarquias republicanas, responsáveis por essa abolição de fachada, atiraram os quase 50% da população do país — os escravos e seus descendentes — à morte lenta da miséria, dos guetos, do mocambo, da favela, do analfabetismo, da doença, do crime, da prostituição. O crime perfeito do *linchamento branco*, isto é, incruento, sem sangue. O linchamento que não deixa rastro nem prova. Com Antonio Callado podemos, sem eufemismo, chamar a Lei Áurea de Lei de Magia Branca, pois nenhuma imposição jurídica ou legal, por si só, tem força para mudar trezentos anos da cultura de privilégios do branco e de espoliação e submissão do negro.

Diante dessa situação objetiva, compreende-se melhor frases como a de Joaquim Nabuco: "A escravidão moderna repousa sobre uma base diversa da antiga: a cor preta". Ou de Edison Carneiro: "[...] um brasileiro de pele preta, que por sinal vai rapidamente perdendo essa característica de cor".

Vemos na frase de Edison Carneiro o ideal da brancura inserido nos refolhos das aspirações brasileiras. Certa vez, em artigo no *Diário de Notícias* (10 de dezembro de 1950), Tristão de Athayde afirmou que a substituição do índio pelo negro e depois a do negro e do mestiço pelo europeu "era, no fundo, a ideia racista que dominava, com a convicção de que a imigração exclusivamente europeia chegasse à arianização do estoque racial mestiço". Ataliba Viana ridiculariza nossa propalada miscigenação. Pois não passa de outro capítulo de uma espoliação que se eterniza pelos séculos afora, uma forma de preconceito, de racismo, que vai, segundo as circunstâncias, ressurgindo das cinzas — como a fênix mitológica — travestida em outras formas e outros nomes.

Miscigenação nunca foi sinônimo de ausência de preconceito. Daniel Guérin, um francês que estudou a situação do negro norte-americano, anota que "quase todos os negros americanos — 80%, calcula-se — são, na realidade, mulatos". Está aí destruído o mito de que mistura de raças é a contraprova do racismo. O imperativo fisiológico, as condições socioeconômicas levaram o português ao comércio sexual com a negra. Nada prova a favor de sua proclamada índole isenta de preconceitos. Os resultados desse processo biológico aí estão à face de quem quiser ver: um simulacro de democracia racial elevado à categoria de tabu, de fetiche. Certo e verdadeiro é: a condição de *escravo*, isto é, de *coisa* (o ser humano coisificado), facilitou a miscigenação, para a desgraça do negro. Em sua origem, a miscigenação é a violência, o abuso do poder — e não sentimentos humanos e apreconceituosos dos colonizadores. Única e exclusivamente às custas da raça negra se erige esse monumento de impostura, de trágica mentira e cruel hipocrisia, denominado democracia racial brasileira. Diante da miscigenação eu sou neutro: nem contra, nem a favor. Mas não posso morrer calado, como aquele personagem de Koestler (*O zero e o infinito*), tendo diante dos olhos uma teoria de miscigenação que mais é a teoria predatória da raiz negra, teoria de mistificação, mascaramento e autoabsolvição. Como refere José Honório Rodrigues (*O Jornal*, 11 de maio de 1961):

Se examinarmos a ação portuguesa na África veremos que a proclamada falta de preconceito não conduziu à miscigenação. Porque, como já acentuamos, faltou ali, quando realmente se iniciou a colonização, no fim do século passado, a *escravidão* [o grifo é meu] que permitia, com ou sem preconceito, usar e abusar dos escravos num plano meramente material e sexual.

Ainda contemporaneamente se identifica a não existência de agressões violentas contra o negro, tipo Estados Unidos, África do Sul, Angola e Moçambique, com ausência de discriminação racial. É como se se raciocinasse: enquanto negro não é caçado a paulada no meio da rua, não está sofrendo nenhuma injustiça ou agressão. Não percebem, os que assim pensam, a sutil teoria sociopsicocultural, que vem se complexando ao longo de nossa história, atirando os que dela participam num labirinto surrealista. Isso tem retardado, mas não erradicado, a eclosão espetacular do preconceito e a consequente contrapartida, também espetacular, reação do negro. O desenvolvimento do país, a industrialização de amplas áreas de nosso território, o predomínio cada vez maior da civilização urbana, não só devido ao crescimento das cidades, como à velocidade dos meios de comunicação, levando informação e hábitos novos aos mais distantes rincões da pátria, estão despertando o negro para sua realidade imediata. O negro brasileiro está à espera. Está impaciente. Mas, "de espera em espera", diz Epicuro, "consumimos nossa vida e morremos todos sobre o trabalho"...

Outro fundamento da *revolta* é algo que ultrapassa o desprezo da pele preta: trata-se do esmagamento da cultura trazida pelo africano, cujos valores foram sumariamente proscritos do nosso complexo espiritual-cultural. Numa conferência na ABI, patrocinada pelo TEN, Katherine Dunham teve oportunidade de afirmar judiciosamente que a mais sensível das formas de privação e de esbulho é essa que provoca a inanição espiritual resultante do seccionamento dos liames da origem e da tradição. Entretanto, para os "cientistas" das pesquisas afro-brasileiras, afirmar os valores da cultura negra no jogo democrático das culturas de todos os povos e nacionalidades é "saudosismo", ou solução "norte-americana", segundo Edison Carneiro, um dos autorizados porta-vozes dessa tendência. Tal grupo chega, na sua autoestima e supervalorização, a nem perceber a distância que medeia os que *vivem* um problema daqueles que, nos gabinetes, antolhados por critérios "científicos" mal digeridos, se julgam os maiores donos da certeza e da verdade.

Aliás, a ênfase cientificista que Edison Carneiro empresta a seus trabalhos chega mesmo a limites pitorescos. Principalmente, revela seu supremo desdém pelo negro-povo, que não ostenta títulos científicos. Por isso, sua linguagem vinca a *consistência científica*, a *ciência como forma superior de conhecimento da realidade*, contra as colocações de molde popular da questão, do que ele chama *sentimentos acientíficos e anticientíficos*. O que

185

foi, em que constituiu a tal "ciência" afro-brasileira? O povo negro a conhece de sobra: uma literatura descritiva, ornamental, que em nada o ajudou a caminhar na senda da liberdade e do progresso. Exibidos e explorados como material pitoresco, sua cozinha, seus cultos, sua criminalidade, sua amatória; mas desprezaram, negligenciaram seu direito de ascensão social como negro. Sem a necessidade de transformar-se na pele e no espírito num ser étnica e culturalmente ambíguo, como se fosse vergonha ou crime sua afirmação como negro. Em nome da "ciência" pregam uns o lusotropicalismo, outros, a miscigenação, como formas tradicionais de solução do problema. Em verdade o que pleiteiam é a branquificação. Quando abandonam ponderações desse teor deslocam o fundamental da questão no sentido de encaminhá-la para a luta de classes. Outro equívoco, para não dizer uma nova impostura.

A luta do negro pode coincidir com a luta operária, mas de forma alguma com ela se identifica pura e simplesmente. Não está provado que o caminho da libertação racial seja o mesmo da libertação social. O que aprendemos com os exemplos históricos é que, na União Soviética, negros e judeus sofrem ou já sofreram discriminação. Nos Estados Unidos existem operários e sindicatos antinegros, constituindo uma verdadeira aristocracia branca de trabalhadores em detrimento do negro. Daniel Guérin descreve em seu livro *Descolonização do negro americano* o pavor de um líder comunista branco ao ter de receber em sua casa, em New Orleans, um grupo de negros do seu próprio partido. Estes só puderam entrar pela porta da cozinha... Não constitui assim uma lei sociológica a subordinação da emancipação racial à emancipação social, ou que ambas coincidam necessariamente. A recusa dos sindicatos brancos norte-americanos obrigou o negro à criação de seus próprios sindicatos de trabalhadores. Os trabalhadores em geral desconhecem os problemas específicos do negro. Há relações de caráter espoliativo entre os próprios trabalhadores. Tal verificação invalida esta conclusão de Arthur Ramos:

> O preconceito de cor é um fenômeno de racionalização histórica, ou melhor, um pretexto, uma estereotopia, que oculta os verdadeiros fatores econômicos. [...] Desaparecidos os fatores econômicos, a "linha de cor" se atenuará mais e mais até o seu desaparecimento. A competição ainda existente se fará, então, nas linhas de classe.

A romancista branca norte-americana Lilian Smith também testemunha esse fenômeno que ultrapassa o problema da linha de classes. Menciona a "droga" do preconceito que embriaga os "brancos pobres", e entre nós pode ser facilmente constatada a mesma "droga", embriagando os brasileiros da região mais pobre do país — o Nordeste. Entre muitos testemunhos, leia-se, por exemplo, o romance de Romeu Crusoé, *A maldição de Canaã*.

Ainda está por ser escrita a história das lutas do negro brasileiro para garantir a sobrevivência, liberdade e dignidade de ser humano. Cioso da importância de seu papel histórico no Brasil, mas, nem por isso, abrindo mão de uma história de milênios, um passado cultural próprio que nenhuma assimilação ou aculturação deve coagir até ao desaparecimento. O jogo das interinfluências culturais deve constituir-se de uma reciprocidade digna entre todas as diferentes expressões culturais, sem supremacias nem inferioridades. A raça negra, segundo Joaquim Nabuco, "fundou, para outros, uma pátria que ela pode, com muito mais direito, chamar sua", pois "o que existe até hoje sobre o vasto território chamado Brasil foi levantado ou cultivado por aquela raça; ela construiu o nosso país". Naquela época, antes da abolição, brasileiros dignos e preocupados com o futuro do país assumiram o Mandato da Raça Negra.

Hoje é o próprio negro que se investe no dever intransferível de sua promoção humana, social, econômica e cultural. Ele se recusa a permanecer como matéria-prima, vegetativo, pitoresco, segundo o retratou um repórter de *L'Europeo*, Gian Gaspare Napolitano (M. Fonseca, *O Jornal*, 3 de setembro de 1950):

> Eram belos tipos, altos, desempenados, vestidos impecavelmente de branco, com chapéu, guarda-chuva, sapatos lustrosos, camisa aberta, de cor. Tinha tudo quanto um negro pode desejar no mundo: relógio de pulso, caneta-tinteiro, lencinho no bolso, uma correntezinha de ouro no pescoço. [...] Cresce como pode, é de boa índole, doce, sensual, mentiroso, afetuoso, devoto, visionário. [...] É-lhes vedado frequentar academias militares, se chega a oficial, depois de ter sido suboficial, não passará nunca do posto de capitão, jamais será deputado, senador, ministro, juiz ou diplomata. [...] Dentro de cinquenta, setenta anos, *este problema não existirá mais, os brancos terão absorvido os negros e os índios* por meio dos cruzamentos [o grifo é meu].

Em um dos seus últimos livros, Edison Carneiro diz que "um avultado grupo de pequenos-burgueses e burgueses intelectualizados de cor tentou dar voz a manifestações racistas, de supremacia emocional do negro, a fim de adornar o problema de acordo com a inspiração, a fórmula e a solução norte-americanas". Mais adiante refere-se novamente a "esta americanização forçada do problema", como a querer transferir para o negro, que viveu intensamente sua situação vital, o seu mimetismo cientificista, já que conclui pela necessidade de o cientista "reorientar os estudos do negro". Sua "ciência" de periferia não lhe permitiu penetrar até à intimidade do negro. Recriou nos livros os candomblés, o folclore, com a marca do superficial, do esquemático, ou inaceitável simplificação. Edison Carneiro jamais poderia emitir os conceitos transcritos, emitidos à raiz da discussão, que, no I Congresso do Negro Brasileiro, se fez da tese de Ironides Rodrigues, "A estética da Negritude". Tanto Edison Carneiro como L. A. Costa Pinto se insurgiram, negaram a Negritude e tentaram mesmo levá-la ao ridículo. Com a publicação do volume em preparo, *Negritude polêmica*, a sair brevemente, se constatará, através das notas taquigrafadas, a consagração pelo Congresso em peso — o povo negro, o povo-massa-de-cor — do conceito da Negritude, numa lúcida antecipação do fenômeno histórico que conduziu as nações africanas à afirmação de sua independência. Curioso e significativo que por ocasião da realização do I Festival Mundial das Artes Negras — promovido para enfatizar a Negritude no mundo (Dacar, abril de 1966) — nenhum dos defensores da Negritude, tão atacados por Edison Carneiro e L. A. Costa Pinto, esteve presente ao mesmo. No entanto, Edison Carneiro não só participou da comissão organizadora (Itamaraty), como viajou à África...

A Negritude, em sua fase moderna mais conhecida, é liderada por Aimé Césaire e Léopold Sédar Senghor, mas tem seus antecedentes seculares, como Chico Rei, Toussaint Louverture, Luiz Gama, José do Patrocínio, Cruz e Sousa, Lima Barreto, Jomo Kenyatta, Lumumba, Sékou Touré, Nkrumah e muitos outros. Trata-se da assunção do negro ao seu protagonismo histórico, uma ótica e uma sensibilidade conforme uma situação existencial, e cujas raízes mergulham no chão histórico-cultural. Raízes emergentes da própria condição de raça espoliada. Os valores da Negritude serão assim eternos, perenes, ou permanentes, na medida em que for eterna, perene ou permanente a raça humana e seus subprodutos histórico-culturais.

Sempre penetrante e autorizado, diz Guerreiro Ramos:

Não é um comportamento romântico que levaria esses povos (africanos) ao enclausuramento (Negritude), a se apegarem aos seus costumes sob a alegação, realmente suicida, de preservá-los em sua pureza; é antes uma atitude que não exclui o diálogo, pois contém a consciência de que, para ser historicamente válida, a autoafirmação dos povos deve confluir para o estuário de todas as altas culturas da humanidade.

Integração social assim compreendida não deve, pois, ser confundida com o embranquecimento compulsório, o desaparecimento do negro e da negritude nos quadros étnicos de uma maioria predisposta a tragá-los. Extinguem o negro manipulando o regime imigratório, na imposição de um estado permanente de miséria, na hipertrofia da miscigenação, como o valor mais alto de nossa civilização. Não resta a menor dúvida: é o fim da raça negra no Brasil. A integração não racista que pregamos é outra. Corresponde à abertura de oportunidades reais de ascensão econômica, política, cultural, social, para o negro, respeitando-se sua origem africana. Por que essa pregação acintosa e coativa de clarificação da pele e da cultura do povo brasileiro? Justifica-se, a não ser para os racistas, a pressão a favor dos estilos culturais e espirituais do ocidente em detrimento de outras influências e contribuições? O que se pratica aqui é a negação dos princípios da verdadeira democracia racial, de cor e cultural, é a vigência do racismo antinegro. Racismo sem apelo ou defesa das vítimas, e para isso funcionam os mecanismos de segurança, criando o inconsciente coletivo, que Guerreiro Ramos chama de "lista de preços dos valores que cada sociedade fornece a todos os seus membros, por força de uma espécie de pedagogia imanente".

Não é segredo a pedagogia imanente do nosso subconsciente coletivo: um dos seus sustentáculos é a glorificação da

Mãe Preta. Quase não há, em nosso país, quem não exiba uma negra que lhe contou histórias em criança ou lhe deu de mamar. É, em geral, o passaporte à condição de amigo do negro. Também a exaltação dos craques negros de futebol — vencida a etapa da resistência a seu ingresso tão bem estudada por Mário Filho — é outro instrumento de segurança, ocorrendo o mesmo com o aplauso frenético aos cantores e músicos negros, às escolas de samba, aos cômicos, passistas e cabrochas. Tais válvulas de segurança social destinam-se ainda a anestesiar a má consciência dos usufrutuários de privilégios sociais, monopolistas do bem-estar herdados ainda do regime escravocrata. A própria Lei Afonso Arinos, votada para outros fins, presta sua involuntária colaboração à manutenção do status quo. Possuindo uma lei antidiscriminativa e antipreconceituosa, os dirigentes, os responsáveis pelo progresso social e político consideram-se quites com quaisquer ônus ou obrigações referentes à situação interétnica.

Oprimido e espoliado permanece o negro. Os sofrimentos que ele padece têm origem na cor de sua pele. Não basta um negro — excepcional ou sob proteção paternalista — galgar um lugar de projeção, elevar-se do nível geral médio de seu povo. Importa, sim, é lutarem todos e conquistar oportunidades de elevação para todos. Pois enquanto um negro for tolhido em sua liberdade por ser negro, enquanto um negro tiver obstaculizada sua realização pelo fato de sua cor epidérmica, todos nós — os negros — estaremos implicitamente sendo atingidos em nossa dignidade de homens e de brasileiros.

Assim, o primeiro passo é o negro assumir sua negritude. Ele sofre, é discriminado, por causa da cor de sua pele que os outros veem. Não adianta a reiteração teórica de que cientificamente não existe raça inferior ou raça superior. O que vale é o conceito popular e social de raça, cuja pedra de toque, no Brasil, se fundamenta — pior do que na declarada luta de raças — num envergonhado preconceito ornamental, em camuflada perversão estética. E tão forte é tal perversão em nosso meio que instilou no próprio negro a má consciência de ser negro. A forma de passar a linha de cor nos dias de hoje é "melhorar a raça", casando-se com branco (fato raro) ou se entregando de qualquer forma a ele (fato corrente). Aos "cientistas" tem cabido a tarefa gloriosa de endossar e estimular esse verdadeiro genocídio aqui apresentado como modelo e exemplo de cruzamento de raças e harmônica convivência social. Mas, com Albert Schweitzer, também acho a "boa consciência" uma invenção do diabo, e o racismo tem seu limite na índole pacífica do negro. Desde que esta cessa, isto é, no momento em que o negro quer ser um aquisitivo, assumir hábitos de consumo não vegetativo, e consequentemente aumentar sua consciência e participação políticas, quando deseja assegurar níveis superiores de existência, tocar as raízes de sua subjetividade, o racismo, sob mil disfarces, irrompe minando os passos do negro, quando não o agride frontalmente. E então somos os criadores de problemas inexistentes, os copistas da solução americana... Eu me pergunto: que quero afinal? O que fiz me documenta, me testemunha e me responde: tenho defendido a existência do negro e seus valores como ser humano e cidadão brasileiro, tento preservar e enriquecer a personalidade cultural do negro, diferenciada ao nível da universalidade. Isso não é retrocesso histórico, mas ao contrário, consciência histórica, presença histórica. Pois sabemos que a erradicação da alienação patológica do grupo negro — vítima da alienação patológica do branco — depende em grande parte da evolução qualitativa generalizada do povo brasileiro. Seus estilos culturais no Brasil degradaram sua cultura original africana, substituindo-a pela culturologia da miséria e do analfabetismo. Os quilombolas são os precursores de nossa luta de hoje, quando, arriscando a vida, recusavam a imposição do trabalho forçado, dos novos valores culturais, novos deuses, nova língua, novo estilo de vida. São eles — os quilombolas — os primeiros elos dessa corrente de *revolta* que atravessa quatro séculos de história brasileira.

A posição de certos negros lembra o personagem do romancista norte-americano Ralph Ellison: o homem invisível (*Invisible Man*). Trata-se da história de certo negro que tentou não ser visto pelos outros, já que sua cor negra lhe trazia coação, perseguição, discriminação, enfim, todos os sofrimentos. Tornando-se invisível estaria resolvido o problema. Perdendo sua identidade deixava de ser realidade para os olhos dos outros, não sofreria mais. Ele seria o não ser, o não existente. Para os outros. Não previra, porém, que ninguém — nem o negro — consegue não existir existindo. Agora ele quer ser percebido, quer tornar-se realidade para os outros. Ilumina sua habitação de negro pobre, mas nada consegue, nada ocorre, nada se modifica. A luz só o ilumina para ele próprio, já que resolveu o problema para si mesmo, sem procurar resolvê-lo para sua gente de forma coletiva. O problema continua: ninguém existe só e isolado de sua comunidade. Somos seres em relação. Transitivos. E isso é válido para os membros de uma família, de um povo, das nacionalidades, da comunidade humana. Esse o sentido de nossa *revolta*. Ainda segundo Camus, mesmo a revolta "mais elementar expressa, paradoxalmente, a aspiração a uma ordem", no caso, uma ordem onde não seja mais possível "que uma igualdade teórica encubra grandes desigualdades de fato". Os nossos "negros invisíveis" constituem uma pequena classe média e pequena burguesia negra e mulata, dependentes das classes dirigentes, e têm uma atitude cautelosa de domesticados. Não se envolvem na promoção humana e valorização social do povo de cor, ao contrário, funcionam na faixa da segurança social e manutenção do status quo. Se por acaso abrem a boca, refletem o ponto de vista dos racistas de todos os matizes: "no Brasil não há problema de cor nem de raça". Quando se aproximam do negro é na qualidade de "cientistas"... Os "negros invisíveis" aspiram à paz a qualquer preço e encontram a morte. Nem sempre por covardia. Mas, por preguiça ou carreirismo, se demitem da liberdade "para discernir o bem e o mal". Certamente as pequenas conquistas do negro no campo social não se devem aos negros desse tipo. Muito mais devemos aos negros norte-americanos, cuja brava luta é uma advertência seríssima não só lá, como também aqui, em nosso país. Nesta última década passamos a dever também aos países africanos livres. A só presença de seus representantes diplomáticos funciona como uma implícita fiscalização e crítica das relações de pretos e brancos, de nossa democracia racial.

Semana de Estudos sobre o Negro

O número 4 da revista *Cadernos do Nosso Tempo* (abril-agosto de 1955) publicou a seguinte nota:

O Teatro Experimental do Negro, desde 1944, vem promovendo certames periódicos sobre relações de raça no Brasil. Assim é que patrocinou as duas Convenções Nacionais do Negro, a primeira em São Paulo (1945) e a segunda no Rio (1946); a Conferência Nacional do Negro (Rio, 1949); e o I Congresso do Negro Brasileiro (Rio, 1950).

No presente ano o Teatro Experimental do Negro organizou uma semana de estudos, a qual foi levada a termo, de 9 a 13 de maio, na ABI, tendo consistido numa série de conferências cujos autores procederam a uma revisão dos estudos sociológicos e antropológicos sobre o negro em nosso país.

O sr. Nelson Werneck Sodré discorreu sobre "O negro como tema na literatura brasileira", analisando a obra de José de Alencar, Castro Alves, Machado de Assis e de outros escritores; o ator Abdias Nascimento, fundador do Teatro Experimental do Negro, falou sobre o desenvolvimento das associações dos homens de cor em nosso país; a sra. Guiomar Ferreira de Matos tratou o tema "Formas sutis de preconceito no Brasil"; e finalizando o ciclo no dia 13 de maio, nosso companheiro Guerreiro Ramos pronunciou uma conferência sobre o problema étnico brasileiro na qual formulou novas diretrizes metodológicas para o estudo do assunto.

Houve, também, no dia 10 de maio, uma homenagem ao escritor Álvaro Bomílcar, precursor dos nossos estudos brasileiros sobre relações de raça. Nesta homenagem usaram da palavra os professores Hamilton Nogueira e Guerreiro Ramos e o ator Abdias Nascimento.

Ao encerrar-se a Semana de Estudos, o Teatro Experimental do Negro fez uma declaração de princípios que, a seguir, é transcrita, com a data de 13 de maio de 1955:

DECLARAÇÃO DE PRINCÍPIOS

Ao encerrar a Semana de Estudos sobre Relações de Raça, o Teatro Experimental do Negro

a) considerando as tendências gerais que se exprimiram nas conferências realizadas durante as sessões da referida semana;

b) considerando as mudanças recentes do quadro das relações internacionais impostas pelo desenvolvimento econômico, social e cultural dos povos de cor, o qual se constitui no suporte da autodeterminação e da autoafirmação desses povos;

c) considerando os perigos sociais que poderiam advir do equívoco de definir em termos raciais as tensões decorrentes das relações metrópole-colônia e capital-trabalho;

d) considerando que é anti-histórico retornarem as minorias e os povos de cor às formas arcaicas de sociabilidade
e cultura, ou preservarem-se marginalizados nas condições ecumênicas contemporâneas;

e) considerando as novas perspectivas abertas pela nova
teoria social científica acerca das questões coloniais;

f) considerando que, sob o disfarce de "etnologia", "antropologia", "antropologia aplicada", e a despeito de
contribuições científicas de profissionais dedicados a
essas disciplinas, têm-se corroborado, direta ou indiretamente, situações e medidas retardativas da autodeterminação e do desenvolvimento material e moral de minorias e povos de cor;

g) considerando que o Brasil, pelas suas particularidades
históricas, é uma nação ocidental em que é preponderante o contingente populacional de origem negra;

h) considerando que o Brasil é uma comunidade nacional
onde têm vigência os mais avançados padrões de democracia racial, apesar da sobrevivência, entre nós, de alguns restos de discriminação;

DECLARA:

1) É desejável que os organismos internacionais, que têm por
objetivo nominal estimular a integração dos povos, sejam
cada vez mais encorajados a discutir medidas concretas
tendentes à liquidação do colonialismo, em todas as suas
formas e matizes, uma vez que a mera proclamação de direitos e de princípios, sob forma acadêmica e em abstrato,
pode prestar-se (e frequentes vezes se tem efetivamente
prestado) para a coonestação da injustiça e da espoliação.

2) É legítimo reconhecer que o recente incremento da importância dos povos de cor, politicamente independentes,

como fatores ponderáveis na configuração das relações internacionais, tem contribuído, de modo benéfico, para restaurar a segurança psicológica das minorias e dos povos de cor; todavia este fato auspicioso não deve transmutar-se em estímulo a considerar como luta e ódio entre raças o que é, fundamentalmente, uma tensão e um conflito entre sistemas econômicos.

3) Sem prejuízo do direito de as nações escolherem o seu próprio destino, é condenável toda medida ou toda política, ainda que justificada no direito de autodeterminação, que tenha por objetivo, direto ou indireto, fazer retornar as minorias e os povos de cor às formas arcaicas de sociabilidade e de cultura, ou conservá-los marginalizados nas condições ecumênicas contemporâneas.

4) É necessário desenvolver a capacidade crítica dos quadros científicos, intelectuais e dirigentes dos povos e grupos de cor a fim de que os mesmos se tornem aptos a discernir nas chamadas ciências sociais o que é mera camuflagem e sublimação de propósitos espoliativos e domesticadores e o que é objetivamente positivo na perspectiva das sociedades ditas subdesenvolvidas.

5) É desejável que o governo brasileiro apoie os grupos e as instituições nacionais que, pelos seus requisitos de idoneidade científica, intelectual e moral possam contribuir para a preservação das sadias tradições de democracia racial no Brasil, bem como para levar o nosso país a poder participar da liderança das forças internacionais interessadas na liquidação do colonialismo.

Conclusão

E agora para terminar. Na data em que redijo estas linhas, está ocorrendo nos Estados Unidos o mais trágico levante de negros de quantos protestos contra a discriminação racial se tem memória naquele país. Entretanto, como diz Benjamin Muse, no seu *A luta do negro americano*, "a população negra vive na América há tanto tempo quanto a branca". Isso reconhecendo, o falecido presidente Kennedy certa vez expressou sua compreensão da luta do negro norte-americano citando particularmente que:

> A criança negra tem metade, a despeito de seus talentos, tem estatisticamente a metade das oportunidades de concluir os estudos secundários de que dispõe uma criança branca, um terço das oportunidades de concluir os estudos superiores, um quarto das oportunidades de tornar-se um profissional liberal, quatro vezes mais possibilidades de ficar desempregado. (*Jornal do Brasil*, 1 ago. [19]67)

O que dizer da criança negra brasileira em face das estatísticas mencionadas páginas atrás? A nossa estatística acusa apenas 34% de oportunidades para negros e mulatos no grau secundário, enquanto há nos Estados Unidos 50% dessas mesmas oportunidades; 8% de oportunidades no grau superior para negros e mulatos brasileiros em contraposição a cerca de 33,3% nos Estados Unidos. Ficou exaustivamente registrado também o preconceito de cor como a forma primeira de discriminação no mercado brasileiro de trabalho. Isso, obviamente, é a origem da evidente ausência de mobilidade vertical do negro brasileiro nos trabalhos especializados da nossa indústria, nos negócios de crédito e finanças, no funcionalismo público, na diplomacia, no oficialato das Forças Armadas.

Tal verificação invalida de plano o argumento negador da conotação racial sob a alegação da existência também de brancos pobres de várias origens étnicas e procedências nacionais. A experiência histórica do negro difere fundamentalmente da experiência de outros grupos geralmente citados como exemplo de que o baixo nível socioeconômico não é privilégio do afro-brasileiro. Entretanto, não há nenhum outro grupo étnico que tenha sido trazido para as terras brasileiras sob violência, sob grilhões. Nenhum outro grupo permaneceu explorado durante tanto tempo — quase quatrocentos anos. Nenhum outro grupo, como o negro liberto da escravidão, ficou impedido, através da manipulação de inúmeros expedientes sub-reptícios, de ingressar na sociedade competitiva. O afro-brasileiro foi marginalizado, após o 13 de maio de 1888. Outros grupos sofreram e talvez possam continuar sofrendo os efeitos da pobreza e da miséria, mas isso por defeitos do regime de distribuição de riquezas, de rendas, ou por incapacidade individual, jamais por ter na sua origem étnica — na cor de sua pele — a senha social para a anulação apriorística de suas oportunidades de concorrer com os demais brasileiros em igualdade de condições.

*A revolta é profundamente
positiva, pois revela o que há que
defender sempre no homem.*

Albert Camus, *L'Homme révolté*

Rio de Janeiro, agosto de 1967

Uma entrevista com Abdias Nascimento*

Black Images: Estima-se que a população no Brasil seja de 90 milhões de pessoas, das quais 30 milhões são afrodescendentes.

Abdias Nascimento: A população brasileira tem mais de 90 milhões de pessoas, e o percentual de pessoas brasileiras negras é considerado 40%, mas o total de 40% dá uma estimativa aquém dos números efetivos, pois temos que levar em conta o conceito de pessoa negra no Brasil, país em que se alguém tem ancestrais brancos é considerado branco. Além disso, quando se estão computando os dados estatísticos, é a própria pessoa entrevistada quem declara sua cor, e a tendência é declarar-se branco.

BI: Em termos simples, nos Estados Unidos, se tem qualquer traço físico visível de ascendência africana, a pessoa é considerada negra. Já no Brasil, se alguém tem qualquer traço físico visível de ascendência europeia, é tomado como pessoa branca.

AN: Exatamente. Se você aplicar o critério de negritude norte-americano para o Brasil, mais de 50% da população seria negra.

BI: Voltemo-nos para algumas figuras históricas importantes. Foi constatado que o primeiro escultor e arquiteto negro foi Antônio Francisco Lisboa, o Aleijadinho, que viveu em Minas Gerais no século XVIII.

---

* Texto publicado originalmente em inglês e traduzido por tatiana nascimento.

AN: Esse é o outro lado da moeda. Você tem que distinguir entre traços negros e envolvimento cultural. Ele estava sintonizado com o barroco brasileiro, e dessa forma foi o gênio de tal período, em termos técnicos. No entanto, ele também tinha consciência social e sempre incluía em sua obra, por exemplo, anjos negros. Mas não tinha envolvimento cultural [negro]. Então, na perspectiva da luta de hoje, seria considerado um negro alienado.

BI: E quanto a Caldas Barbosa (c. 1738-1800), cujo cancioneiro foi influenciado pela modinha?

AN: A modinha era a música popular naquela época, um tipo de música muito sentimental, de origem europeia. Assim, Caldas Barbosa não manifestou africanidade em seu trabalho. No entanto, socialmente, ele tentou dignificar a vida de pessoas negras.

BI: Machado de Assis (1839-1908) é, no Brasil, o que Aleksandr Púchkin era para a Rússia. Ele é o pai da literatura brasileira e até hoje é considerado o escritor mais importante e reverenciado.

AN: Verdade. Mas Machado não mostrou sinais de África em seus trabalhos, socialmente evitou a africanidade e dizia-se que tinha vergonha de sua mãe por ela ser negra. E, como ele se esquiva de si mesmo, eu me recuso a incluir seu trabalho. Nas torres de marfim da criação descomprometida, não tenho nada contra Machado de Assis ou Aleksandr Púchkin; mas quando o tema é a arte negra, eles não têm nada a dizer, são negros acidentalmente. Isso é muito sério. Houve uma anestesia das pessoas negras no Brasil desde a abolição da escravatura. Dizia-se que elas eram iguais às outras, mas ainda hoje vivem marginalizadas e sem recursos, depois da abolição da escravatura: elas não puderam estudar, nem competir com os privilégios que migrantes europeus receberam. A estrutura de poder permaneceu a mesma depois da abolição da

202

escravatura. De fato, a abolição atendeu aos interesses de senhores de escravizados. Os donos do poder manipularam a lei com tanta destreza que as pessoas negras passaram de uma condição de escravizadas a uma de dependentes — de uma condição em que eram alimentadas a uma condição sob a qual não tinham sequer o direito a comida ou guarida nas ex-senzalas. Nos Estados Unidos, hoje até mesmo no colegial há cursos sobre história africana. Isso seria absurdo no Brasil. No Brasil, o passado africano é negado pela alegação de que não existem pessoas negras, amarelas, indígenas ou brancas, apenas brasileiros. Mas, na realidade, o poder e a educação são europeus. Este é o problema: as pessoas não conseguem acessar meios de se conscientizar sobre seu problema. Sempre que a consciência irrompe, o establishment logra sufocá-la, por isso pessoas negras nunca tomam consciência de seu valor ou de seus rumos. Não é que as pessoas afro-brasileiras aceitem isso, muito pelo contrário, elas não têm como reagir contra isso. Machado de Assis é engrandecido segundo padrões europeus. Mas Lima Barreto (1881-1922) é o romancista brasileiro mais autêntico. Ele também criticou Machado de Assis por se esquivar de si mesmo. É importante destacar duas outras figuras. Luiz Gama (1830-82) foi o precursor da negritude, um grande escritor e advogado, um grande guerreiro pela abolição da escravatura. A outra figura é José do Patrocínio (1853-1905), um grande orador e jornalista. Ele também lutou pela abolição da escravatura. Luiz Gama é o pai da abolição, não em sentido abstrato, mas num sentido real.

BI: Mário de Andrade (1893-1945), poeta e romancista líder do movimento modernista. Como o romance *Macunaíma*, dele, se relaciona a seu conceito do mundo afro-brasileiro?

AN: O movimento modernista surgiu da Semana de Arte Moderna, ocorrida em São Paulo em 1922. Mário de Andrade foi sua força propulsora. A Semana foi uma tentativa de voltar às origens nacionais. Todos os artistas se voltaram a tradições populares, e *Macunaíma* se encaixa nessa categoria. O protagonista de *Macunaíma* é muito africano e me lembra Exu, mas essa é minha interpretação, pois para críticos brasileiros o protagonista é de origem amazônida ou qualquer outra, e não necessariamente africano. Exu, na religião iorubá, é o deus que rege a encruzilhada, o orixá do humor. Ele é a própria ideia de magia. Mário de Andrade pesquisou bastante, era um pesquisador de música folclórica e popular, e tinha grande sensibilidade. Mas era diferente de Luiz Gama ou de Lima Barreto, que se relacionavam com o mundo afro-brasileiro como experiência da própria vida. Isso não significa dizer que ele não mantinha diálogo com a cultura negra.

BI: Jorge de Lima (1893-1953). Aqui, mais uma vez, há controvérsia.

AN: Ele não se considerava negro, mas seguia a moda do africanismo, que estava em voga naquele tempo. Seu poema "Essa negra Fulô" não é uma obra de arte com relação à cultura negra. Mesmo em seu poema *Invenção de Orfeu* ele mal arranha a superfície do mundo afro-brasileiro.

BI: Aladir Custódio.

AN: Eu o conheci no começo de sua carreira de poeta. Na abertura do meu Teatro Experimental do Negro, em 1944, lemos poemas de Custódio, e outros. Ele é um poeta de grande potencialidade, mas parece ter desaparecido. Solano Trindade é um que devemos ter em mente. É o mais importante poeta afro-brasileiro contemporâneo, e é muito interessante porque dá grande ênfase às barreiras raciais, sociais e culturais. Todas as opressões o atingem. Ele é um folclorista, e sua poesia reflete o valor do povo, mas não é poesia folclórica. Usa o valor do povo para criar afirmações humanas profundas. Se falo dele com tanta emoção é porque está agora no fim da vida (morrendo naturalmente, de velhice). Ele é um amigo muito amado. Mas não podemos seguir sem mencionar Didi (Deoscóredes dos Santos). Ele é um babalorixá de candomblé no terreiro do Axé Opô Afonjá.[1] Além de sua função sacerdotal, é também escultor, faz objetos rituais, e expôs em Londres, Paris etc. Ele também é escritor de contos africanos, um pesquisador de literatura oral. Sua mãe era uma yalorixá renomada, memorável por causa de sua serenidade, dignidade e sabedoria.[2] A ela corresponde meu ideal de Rainha Africana. O establishment brasileiro considera seu estilo grosseiro, pois para ele as formas, a terminologia, a construção de sentenças de Didi são absurdas. Mas Didi é essencial para o povo afro-brasileiro porque está restituindo ou prevenindo a perda de uma cultura e de uma tradição inteiras. Ele é como um griot, e fala iorubá fluentemente. Eu gostaria de chamar a atenção para alguns contemporâneos. José Correia Leite, que causou bastante impacto nos anos 1920. Também vivendo em São Paulo está Fernando Góes, membro da Academia de Letras, o poeta Oswaldo de Camargo e o sociólogo Eduardo de Oliveira e Oliveira. No Rio, os dramaturgos e satiristas Ironides Rodrigues e Romeu Crusoé, e o poeta-romancista e crítico literário Rosário Fusco. Eu não estava tentando ser negativo quanto a várias das figuras que você mencionou anteriormente. Mas é importante perceber que existe uma distinção feita entre a cultura folclórica e a cultura oficial. Os adeptos da cultura oficial alegam que estão acima de raça e religião, alegam que são brasileiros; mas essa cultura oficial não é brasileira, é uma imitação da cultura europeia. Qualquer frenesi cultural na Europa é sentido algum tempo depois no Brasil. E, além disso, essa cultura oficial se aparta do Brasil real, do mundo do povo. Isso, obviamente, não é nenhuma surpresa, pois a cultura popular é majoritariamente afro-brasileira — também há, certamente, outros aspectos, por exemplo, indígenas. No entanto, as culturas ameríndias e africanas são orais no Brasil. A clivagem não é tanto entre campo e cidade, ou plantation e lote, mas sim entre a experiência vivida que seja diferente do que é descrito. Há uma cultura afro-brasileira vasta, corporificando teorias religiosas e metafísicas, categorias estéticas, mas ela está afastada dos museus e dos livros dos caçadores de curiosidades — os folcloristas. Uma nação separada do povo é uma farsa, uma imitação de algum mundo externo. Uma nação fica mais forte culturalmente quanto mais afinidades tenha com seu povo, com a cultura popular. Mas o Brasil se recusa a abraçar seu povo devido ao medo da negritude. Com uma proporção de pessoas negras tão grande, e com uma cultura (popular) afro-brasileira vibrante, se a atenção se voltasse ao povo, toda a compleição do Brasil se transformaria. A população negra iria repentinamente progredir e os padrões estéticos mudariam para abraçar essa maioria populacional. Isso poderia, inclusive, afetar a distribuição de renda e de poder. Isso sim seria a democracia. De qualquer forma, essa paixão que artistas negros têm por imitar a Europa e pelo artificial os aliena e os torna ainda menos criativos do que poderiam ser. É verdade que Machado de Assis ultrapassou, parcialmente, essas barreiras, mas ele e muitos outros estariam entre os grandes artistas de todos os tempos se tivessem sondado as profundezas do povo.

BI: Eu gostaria de saber sua opinião sobre alguns europeus-brasileiros que, de alguma forma, se relacionam com o mundo afro-brasileiro. Por exemplo, Jorge Amado.

AN: Sim. *Jubiabá* é um livro muito interessante. Seu título leva o nome de uma personagem da história, que é um pai de santo. Amado usou muitos mitos e temas africanos em seu trabalho. Em *Mar morto* aborda Yemanjá, deusa do mar. É o contato de Amado com o mundo africano que traz ao livro religião e elementos místicos. Não há uma exploração do sexo como em *Gabriela, cravo e canela*, mas ele simula uma reconciliação de raça e cor na Bahia, o que não é verdadeiro nem na Bahia nem no Brasil. Isso é uma ideologia, a ideologia oficial que Amado reforça.

BI: Os estudos de Gilberto Freyre auxiliam a mitigar a situação?

AN: O que ele auxilia é o colonialismo, de todas as formas que pode. Freyre não tem relação alguma com quaisquer esforços para mitigar a condição dos oprimidos. Ele está totalmente alheio a isso.

BI: Tal alheamento é parte do que é considerado a atitude científica?

AN: Esse é um problema dele.

BI: E José Lins do Rego?

AN: Ele nunca ajudou. Você precisa entender que, no Brasil, ser escritor é fazer parte de uma tradição aristocrática. A cultura afro-brasileira era algo a ser meramente usado.

BI: Vinicius de Moraes escreveu a peça *Orfeu da Conceição*, que se tornou a base para o filme *Orfeu negro*, de Camus.

AN: Moraes usa pessoas negras como tema, mas a forma da peça é grega. É fato que houve oportunidade para a atuação de artistas negros, e música negra foi usada, mas isso não faz da peça uma peça negra culturalmente válida. E Camus foi, tangencialmente, ainda mais longe que Moraes, pois criou unicamente um espetáculo para o mercado estrangeiro, e decerto seus objetivos foram alcançados, pois o filme ainda está lucrando.

BI: O filme foi rodado durante o carnaval?

AN: Muitas cenas foram rodadas durante o carnaval. Mas o carnaval está, atualmente, sob controle da indústria do turismo. Antigamente, o carnaval era espontâneo, hoje é uma commodity controlada, uma atração turística. Cada escola tem que apresentar seu tema para os dirigentes, para que seja aprovado. O carnaval atual tem sido uma forma de manter os oprimidos inconscientes de seus problemas reais, pois assim que ele termina o foco torna-se planejar o carnaval do ano seguinte. O Brasil não tem democracia racial. É por isso que deixei de ser economista e virei dramaturgo, diretor de teatro.

Numa visita a Lima, no Peru, assisti a uma encenação de *The Emperor Jones*, de O'Neill, estrelada por um ator branco usando *blackface*. É importante notar que, no século XVIII, quando atores e atrizes eram considerados inferiores a ladrões e prostitutas, o teatro no Brasil era encenado por três mestiços que se pintavam de branco; e o fundador da Casa de Ópera, no Rio de Janeiro, foi o padre Ventura, que não apenas era mulato, mas, ainda, corcunda. Havia também Francisca (Chica) da Silva, cujo teatro foi o mais importante de Minas Gerais. Em todo caso, eu me voltei para o teatro porque queria estabelecer que, no século XX no Brasil, atores negros deveriam interpretar o imperador Jones. Lembro-me nitidamente do escândalo em 1950 quando um cantor negro foi escolhido para interpretar o protagonista no *Otelo* de Verdi, na Opera House, e as autoridades proibiram-no.

BI: O que você buscava focar no teatro?

AN: O teatro afro-brasileiro deve ser uma continuação da cultura popular iorubá no Brasil. Cultura popular que fica evidenciada na religião, na mitologia das pessoas. A ritualística negra é perfeitamente teatral. Há diálogo entre humanos e humanos, humanos e deuses, deuses e deuses, há música, dança e linguagem. Mas isso não pode ser apresentado apenas como uma encenação litúrgica. Liturgia é ritual, e ritual obedece a certas normas repetidas. O teatro grego nasceu perto do mundo árabe, que fica ao norte do continente africano. A morte do deus Hórus é a primeira peça escrita de que se tem registro. Mas no Egito o ritual foi preponderante, ao contrário da Grécia, que foi gradualmente se dedicando ao teatro. Então, o teatro se desenvolve e se afasta do ritual, mas não pode existir sem ritual. Ele deve transcender o ritual, mas ainda permanecer sendo um ritual.

BI: Quais eram as outras questões referentes à encenação de peças com temas negros?

AN: Por exemplo, a censura proibiu a encenação de *Anjo negro* por um longo tempo, e quando finalmente a peça foi produzida, estipulou-se que o papel do protagonista deveria ser representado por um ator branco. Isso foi em meados dos anos 1948-9. Com relação a *Pedro Mico*, as objeções eram de que poderia levar a ideias equivocadas. É interessante notar que, quando *Pedro Mico* foi montada, o papel de protagonista estava sendo representado por um ator branco, e a justificativa do diretor é que ele não tinha achado bons atores negros. Isso no ano de 1957.

BI: Você enfrentou problemas para produzir *Sortilégio*?

AN: Os censores proibiram sua produção de 1951 a 1956. A peça foi finalmente produzida em 1957.

BI: Você afirmou que afro-brasileiros eram psicologicamente marginalizados.

AN: Não apenas psicologicamente, mas totalmente marginalizados — economicamente, politicamente etc.

BI: Como o teatro poderia ajudar na resolução desse problema?

AN: O teatro não resolve efetivamente o problema. Através do teatro, trago os problemas básicos, essenciais mas escamoteados, à conscientização, para, assim, despertar os oprimidos.

BI: O teatro é um tipo de psicodrama?

AN: É sociodrama, uma tentativa de confrontar a audiência com seu ser social. Pessoas negras foram marginalizadas porque a cultura afro-brasileira foi considerada marginal, foi retratada de forma pitoresca, algo diferente da cultura oficial. A dança do povo, ou a dança popular, é ignorada no palco e, em vez dela, há a dança oficial — o balé, que ninguém dança fora dos palcos —, um tipo de dança que não tem participação na vida cotidiana, na religião, em qualquer aspecto da vida brasileira — africano ou europeu, a não ser naqueles momentos artificiais no palco. Um produto estrangeiro sintético, que custa uma fortuna.

BI: O idioma reflete influências africanas fortes?

AN: A África influenciou o português falado tanto em Portugal quanto no Brasil. Portugal foi a primeira potência europeia a fazer contato com a África negra. São quinhentos anos de contato, mas é difícil a identificação das áreas de influência, porque se é obrigado a diferenciar a cultura portuguesa dela mesma. O que acontece é que, em vez de admitir a influência africana, o colonizador, explorador ou opressor estipulou que ele foi o influenciador, não que foi influenciado. A cultura africana é assim diminuída, porque toda sobreposição e as possíveis áreas de influência são reivindicadas como originalmente europeias. Assim, quanto maior a influência africana, mais minorizada é a cultura africana, mais despida, enquanto o opressor alega possuí-la, em vez de admitir a influência ou o roubo. Além disso, não esqueçamos a ocupação da Espanha pelos mouros. O próprio Gilberto Freyre menciona a lusotropicologia como símbolo da glorificação da exploração portuguesa dos povos africanos e afro-brasileiros.

BI: Vamos reproduzir imagens de alguns de seus quadros, e os títulos são bastante específicos. Você poderia comentar as pinturas para o público leitor?

AN: *A Santíssima Trindade*. Relacionada a Exu, orixá dos caminhos, das encruzilhadas, a contradição dialética entre bem e mal. O mensageiro entre deuses e humanos, intérprete das palavras divinas para os mortais, elo entre todos os elementos do cosmo iorubano.

Xangô e suas Três Mulheres. Xangô é um dos Orixás mais cultuados no Brasil (a mais cultuada é Yemanjá). Orixá das mulheres, do trovão e da tempestade, da justiça. Na pintura, ele está retratado com suas três esposas. A da esquerda é Obá, a mais velha, orixá da guerra. À direita está Oxum, orixá dos rios, da volúpia, da fortuna. No centro, sua esposa mais nova, Yansã, símbolo das mulheres emancipadas, orixá do relâmpago e da tempestade.

Síntese em volta do Olho de Ifá. Ifá é o orixá da premonição, nos rituais ele tem um colar através do qual o futuro é lido. Na pintura ele tem um colar através do qual o futuro é lido. Na pintura ele é o orixá das folhas. Na base esquerda da imagem estão Obatalá e Ogum. Obatalá é o orixá da procriação; Ogum, orixá da guerra e do ferro. Há também o emblema do órgão masculino, e o arco com símbolos do ferro. Na base direita, está Oxóssi, orixá da caça, daí o arco.

Oxumaré, orixá que conecta terra, mar e céu. E é, simultaneamente, a serpente e o arco-íris; está sempre junto a pássaros, martins-pescadores, que são os mensageiros dos deuses. Na base esquerda há uma arraia-manta, à direita, o cavalo-marinho. Por seis meses do ano, Oxumaré vive como homem na mata, e nos outros seis meses, vive como mulher, no mar.

A explanação é sucinta porque estamos lidando aqui não com símbolos, mas com meios transparentes de encontrar-se com o transcendental. A função da arte não é apenas a de transformar, mas a de criar uma nova dimensão para a vida humana. No teatro há uma transformação através do sociodrama, e as pinturas também trazem a consciência essencial que está velada; e provoca-se a ação, não no sentido de exaurir o espectador numa catarse, assim como no teatro grego, mas provocando-o rumo à autorrealização.

BI: Seus quadros são muito brilhantemente coloridos, e infelizmente haverá perda dessa dimensão nas reproduções em preto e branco da revista. Mas as cores têm significados específicos?

AN: Ritualisticamente sim, as cores têm, mas nas pinturas eu não sigo as definições ritualísticas estritas. No caso de uma obra para um terreiro, eu certamente me ateria às definições ritualísticas.

Bem, abordamos consideravelmente o assunto e ainda assim apenas tateamos a superfície do mundo afro-brasileiro; se for útil, vocês podem reproduzir a monografia "Cultura afro-brasileira" [pp. 213-33 deste volume], na qual defino de forma concisa o Teatro Experimental do Negro e os orixás.

Cultura afro-brasileira*

Duas razões primordiais me instaram a fundar o Teatro Experimental do Negro e o Museu de Arte Negra no Rio de Janeiro, respectivamente em 1944 e em 1968. A primeira foi a missão de restituir os valores da cultura africana em meu país. Associado a essa missão estava o desafio de uma criação artística que significasse uma estética afro-brasileira única.

Na década de 1940, pedi ajuda ao antropólogo Arthur Ramos e ao sociólogo Guerreiro Ramos para promover um concurso de beleza para mulheres negras e mulatas, que haviam sido sistematicamente excluídas de concursos desse tipo. O estilo de beleza que elas representavam não correspondia aos "padrões" considerados representativos das mulheres brasileiras. A recusa em aceitar os padrões estéticos afro-brasileiros provou o funcionamento da premissa "NÃO HÁ BELEZA NEGRA". Tais concursos de beleza negra eram, efetivamente, usados como tática e instrumento pedagógico. Assim, concursos de beleza que não passavam, em geral, de entretenimento e pura exibição de prestígio social acabavam tendo, para mulheres negras e mulatas, uma importância genuína.

No Brasil está em curso um império da branquitude, ideologia corruptora e perversa para pessoas negras. Seu objetivo final é a extinção delas no contexto brasileiro; genocídio sutil e hipócrita que não deixa as marcas de seu crime.

---

* Texto publicado originalmente em inglês e traduzido por tatiana nascimento.

Qual tem sido a estratégia desse genocídio ao longo dos séculos? Basta retomar alguns números. Em 1822, havia 3,8 milhões de pessoas no Brasil — dessas, 1,43 milhão eram brancas e 2,456 milhões eram negras e mulatas. Com o passar dos anos, pessoas negras têm desaparecido através do processo de "embranquecimento", principalmente pelo mulato. Em 1872, havia 3,8 milhões de pessoas brancas, 1,9 milhão de negras e 4,1 milhões de mulatas. Em 1890, havia 6,3 milhões de brancas, 2 milhões de negras e 5,9 milhões de mulatas. Em 1940, 26,2 milhões de brancas, 6 milhões de negras e 8,7 milhões de mulatas. E em 1950, 32 milhões de brancas, 5,6 milhões de negras e 13,8 milhões de mulatas.

Estrategicamente, a situação é a seguinte: o mulato, ao perder algumas características somáticas — pelo clareamento da pele, o afilamento de lábios e nariz, a "melhora" do cabelo —, torna-se membro da *raça* dominante. No Brasil, dá-se o oposto do que acontece nos Estados Unidos: aqui, uma gota de *sangue negro* integra quem a possui à raça negra; no Brasil, uma gota de sangue branco dá ao afortunado que a possui a pretensão de incluir-se como membro da raça branca.

Nem mesmo a abolição da escravatura no Brasil, em 13 de maio de 1888, nem a proclamação da República em 1889 foram o bastante para alterar a dominação branca sobre as pessoas negras. Oitenta anos de vida legalmente livre passaram para pessoas que são ex-escravizadas[1] e suas descendentes, e a situação, que as trata com escárnio, é simplesmente cruel. Mesmo na Bahia, onde 70% da população é negra, as oportunidades são escassas. Num estudo sobre a Bahia, o professor Florestan Fernandes afirma: "A predominância demográfica do negro e do mulato não afeta profundamente a estrutura socioeconômica nem a persistência dos privilégios sociais associados à desigualdade racial".[2]

Após a abolição da escravatura, as pessoas negras encontraram-se sem trabalho, sem abrigo, sem comida, sem roupas, sem nada. Era-lhes impossível competir com migrantes europeus que desembarcaram preparados para o novo tipo de relação de trabalho inaugurado pela Revolução Industrial. Os povos migrantes desembarcaram com o prestígio de serem trabalhadores livres, e obtiveram a proteção do governo do país para o qual vieram. Rapidamente, ascenderam de trabalho rural ou de empregos modestos nas cidades a cargos de privilégio econômico e social. Enquanto isso, as pessoas negras continuaram sendo marginalizadas, como párias nos campos, como habitantes das favelas urbanas, ou em trabalhos desclassificados, como zeladoras, cozinheiras, lavadeiras etc. Ocupações que eram alcançadas quando algo pior não acontecia. Infelizmente, é frequente que homens negros estejam no cárcere, mulheres negras sejam forçadas à prostituição, crianças negras sejam abandonadas à própria sorte e quase sempre à delinquência. Até mesmo órgãos oficiais do governo culpam a discriminação racial (ou de cor) como o fator mais importante de desemprego, com base em pesquisa feita em Porto Alegre e no Rio de Janeiro.

Teoricamente, o Brasil é uma democracia racial e uma cultura racialmente mista, mas, na prática, o padrão cultural branco-europeu é considerado o único válido e dominante. Nunca se perguntou às pessoas negras, por exemplo, o que elas pensam de seus irmãos africanos. Consequentemente, o Brasil tem vários acordos e tratados com Portugal, que até hoje é colonizador de países na África, lidando com política internacional e atividades culturais. Posto de forma mais evidente, o Brasil se envergonha das pessoas negras que o construíram. Devido a isso, a elas só é permitido ocupar o mercado de trabalho em postos que são irrelevantes à luta por suas próprias causas. Naturalmente, as atividades que realizam em seus contextos não representam ameaça à solidariedade e à exclusividade do poder branco que controla todas as oportunidades, que tem todas as oportunidades no país. Os empregos oferecidos às pessoas negras, além daqueles já mencionados, são, obviamente, no entretenimento e no esporte: o samba e o futebol.

Quando, em 1955, Guerreiro Ramos e eu organizamos um concurso para artistas em torno do tema do Cristo Negro, até mesmo a ideia do concurso foi considerada por determinados setores uma provocação, um sacrilégio. Perguntaram-nos: quando foi vista tamanha monstruosidade — um Cristo que não mostra o modelo ariano clássico, com cabelos louros e olhos azuis? Na população nominalmente católica do país, só um bispo — d. Hélder Câmara — não esqueceu as palavras de um contemporâneo à escravatura — o famoso padre Antônio Vieira, quando este disse que nenhum outro ser humano se parecia mais com Cristo, e que nenhum outro vivera martírio mais parecido ao de Cristo quanto as pessoas escravizadas.

O culto à *branquitude* sempre tentou negar, durante toda a história do meu país, os valores da cultura africana; daí a negação da beleza negra na estética brasileira, ainda vigente. Em que termos a contribuição cultural africana é aceita? Na categoria do exótico (ex-ótico: fora da visão), ou seja, como algo realmente estrangeiro à autêntica natureza daquela cultura. A africana é aceita enquanto pitoresca e de valor folclórico. Isso aconteceu até mesmo na mais profunda manifestação da alma africana — sua religião. Os *candomblés* sempre foram perseguidos pela estrutura política. Os deuses africanos foram tratados como bruxas e duendes, e suas e seus sacerdotes, como feiticeiros. Mesmo hoje o *candomblé* da Bahia, assim como a *macumba* (o nome que adquiriu no Rio de Janeiro e em São Paulo), é apenas tolerado, considerado culto inferior ou simples manifestação da cultura popular local.

As poucas pessoas negras e as raras brancas que estudaram o problema e tentaram informar e formar uma consciência lúcida no que tange às relações raciais brasileiras são vistas com descrédito, isso quando não são simplesmente tachadas de subversivas. Há leis, ditas atos de segurança nacional, recentemente decretadas pelo governo, que classificam como crime a denúncia de que a democracia racial no Brasil é um mito. Da mesma forma que a abolição da escravatura, essa última peça jurídica é parte do véu do *ilusionismo branco* erguido para mascarar os problemas sérios e para silenciar as vozes de quem efetivamente se sublevaria para denunciá-los. Essas leis objetivam manter pessoas negras brasileiras eternamente inferiorizadas em termos econômicos, educacionais, políticos e culturais: em síntese, querem usurpar o povo negro brasileiro de todas as formas imagináveis e inimagináveis.

Certamente, a raça negra no Brasil perdeu sua pureza biológica. Mas tanto a palavra "negro" quanto as próprias pessoas negras estão implicadas numa situação cultural, numa contingência histórica. Elas existem enquanto pessoas negras, e como negras, sofrem discriminação. Devido à sua origem racial, ou à cor de sua epiderme, enfrentam limitações e injúrias ininterruptas, tanto individual quanto, de forma muito mais grave, espiritualmente. Nada mais revelaria a agressão que as vitimiza na forma de inferiorização, pois a ideia de uma inferioridade biológica foi totalmente descredibilizada. Eufemisticamente, demanda-se que pessoas negras sejam brasileiras. Mas o que isso significa mesmo? Que as pessoas negras têm de se aculturar: têm de ser assimiladas — em suma, têm de ter, no mínimo, "a alma branca". Nessa nova condição, como "pretas de alma branca", terão sua chance no mundo da branquitude, menosprezando suas origens e, indo ainda mais longe, aplaudindo as empreitadas civilizatórias dos portugueses na África.

Tomei a decisão de organizar o Museu de Arte Negra durante o I Congresso do Negro Brasileiro, que o TEN promoveu no Rio de Janeiro. Houve um grande debate sobre a tese do professor Mário Barata quanto à "Escultura de origem africana no Brasil". O autor da obra aponta que "pessoas negras em África e em algumas partes da Oceania criaram algumas das mais belas obras de artes plásticas do mundo". Ele descreve em detalhes as áreas geográficas e culturais da África das quais vieram as pessoas escravizadas que construíram o Brasil. E observa as diferenças entre as concepções sobre as belas-artes que são características de cada parte do continente negro. Segundo sua pesquisa, são notadas três tendências predominantes: uma realista, outra geométrica e, mais recentemente, uma de forma expressionista. Barata segue sua análise afirmando que, talvez, a última seja secundária, e um resultado das duas primeiras. Em conclusão, o autor lastima a falta de um museu para o estudo e a pesquisa da "função que esculturas de origem negra exercem na vida de um grupo racial, ou na vida da sociedade como um todo".

Nos tristes fins do século XIX, ninguém poderia prever que a ação predatória dos colonizadores europeus contra o ser físico e cultural africano produziria um universo artístico novo que expandisse a cultura branca europeia. Aqueles mistérios e fetiches fundamentais — obras de povos chamados de selvagens e primitivos — provocaram grande sensação quando foram expostos em Bruxelas, em 1897. Imediatamente, muitas máscaras, estátuas e esculturas passaram a habitar os salões culturais mais importantes, como o celebrado Trocadéro de Paris, o Museu Britânico e os museus de Berlim, que se tornaram rapidamente um polo atrativo aos artistas mais promissores da época: Vlaminck, Derain, Braque, Picasso, Matisse, Modigliani. Quase todos compraram e mantiveram obras de arte africanas. Matisse, por exemplo, tinha quase vinte peças. Esses são fatos registrados na história da arte, mas é também apropriado que citemos *Les Demoiselles d'Avignon*, de Picasso, como o mais notável exemplo de que o cubismo nasceu das mamas afetuosas e abundantes da escultura africana. Fauvistas e cubistas mergulharam naquele "esperma vivificador" (Paul Guillaume) que artistas negros africanos expressaram em sua liberdade criativa plena e inédita. O primeiro estudo significativo sobre máscaras africanas apareceu em 1898, publicado por Leo Frobenius, e em 1910 o mesmo autor publicou o *Decameron negro*, que revelou ao mundo a complexidade e profunda riqueza da cultura africana. Haverá o tempo, de alguma forma, esgotado a vitalidade dos estilos africanos? Mesmo uma investigação superficial responde que não. O que aconteceu é exatamente o contrário disso. Sentido estético, estilos formais, conteúdos transcendentais e todos os outros atributos da cultura negra africana — e, por extensão, da cultura negra ao redor do mundo — vigoram ainda hoje, assim como no passado. A cada novo dia, as pessoas negras contemporâneas retomam algo de seu passado; na tarefa desgastante de restabelecer os laços vitais de suas vidas, famílias, histórias e culturas, elas reincorporam o passado ao momento presente, e é dessa forma que esboçam seus planos para o futuro. Há muitos movimentos que marcaram essa trajetória histórica, como o Quilombo dos Palmares, a grande república negra que resistiu por quase um século (1604-94), localizada entre os estados brasileiros de Pernambuco e Alagoas. Outros movimentos incluem a revolução no Haiti por independência e contra a escravatura em toda a América; os movimentos pan-africanistas e o retorno de Marcus Garvey à África; o movimento da Negritude, liderado por Aimé Césaire e Léopold Senghor — todas forças que se somam na afirmação das pessoas negras e suas culturas. O espaço cultural para pessoas negras tem sido dilatado e fortalecido a cada dia — a elas pertence a cultura da espiritualidade. E isso num mundo em que a mecanização da vida e o caráter tecnológico da existência são vistos como propósitos básicos a se alcançar.

Conscientizar-se sobre o processo histórico em que a cultura negra está enraizada convoca artistas e intelectuais negros, e qualquer pessoa que se dedique à autenticidade cultural, a uma responsabilidade inescapável. A responsabilidade é desenvolver uma cultura livre de distorções ideológicas, longe de pressões domesticadoras e a salvo das perversões racistas expressas no privilégio de uma única raça, a qual se considera melhor que outras e, nessa base, tem se aproveitado de uma exclusividade imoral por séculos.

No absurdo contexto da realidade brasileira, não deveria ser considerada estranha a quase completa ausência de artistas negros produzindo obras com importância cultural. Uns poucos artistas podem distinguir-se, ver-se tachados de "primitivos"; ou seja, adeptos da suposta arte primitiva — caracterizada em termos de docilidade e conforto poético (Clarival Valladares); é isso, ou ser classificado como alguém que está comprometido com os valores brancos e que se submete aos critérios estabelecidos. Artistas negros que sejam autenticamente criativos e que ainda estejam enraizados nos padrões artísticos de suas origens africanas são de fato muito raros.

Pesquisadores e estudiosos da arte brasileira atestam a existência de artistas negros ou mulatos, sobretudo no século XVIII — no meio do período escravocrata —, que conseguiam alçar fama e ascender socialmente graças a suas habilidades artísticas e à qualidade de suas obras. Um deles foi Manuel da Cunha, ex-escravizado que estudou em Lisboa depois de obter sua alforria. No entanto, mesmo antes do século XVIII, os artistas negros, especialmente na Bahia, produziram arte africana; objetos religiosos, símbolos ritualísticos e estatuetas sagradas (*Xangô*, *Exu* etc.). Os objetos de arte, via de regra, foram confiscados pela polícia, como prova de delinquência num país oficialmente católico, e em outros tempos eram recolhidos por instituições psiquiátricas como exemplo do estado patológico da população negra.

Recentemente, quando estive em New Haven como professor visitante, na Yale School of Drama, tive a oportunidade de visitar a mostra de arte afro-americana dessa universidade. As obras afro-brasileiras em exibição lá eram, segundo a descrição, do Museu da Polícia do Rio de Janeiro, ou do Instituto Nina Rodrigues na Bahia. Isso não é um mero acidente, mas sim um exemplo perfeito da estima que o Brasil oficial devota às pessoas negras e, especialmente, às religiões de origem negra.

Simultaneamente, o país muito se orgulha do artista mulato Mestre Valentim e tem uma dedicação beata a outro gênio mulato: Antônio Francisco Lisboa — o Aleijadinho —, criador das esculturas mais impressionantes no Brasil, no período barroco da Minas Gerais no século XVIII.

É óbvio que a situação econômica tem que ser levada em conta na análise dos problemas que concernem à aceitação de artistas e à criação artística nos dias de hoje. No Brasil, como revelei, a situação de pessoas negras é de extrema miséria. Consequentemente, elas não têm oportunidade de atuar em atividades artísticas, pois estas estão em geral restritas às "camadas sofisticadas" da sociedade. E as galerias, refletindo seus objetivos comerciais, não se interessam por peças de arte negra direcionadas à expressividade da herança cultural.

Entre os poucos artistas em atividade dotados de um real senso de responsabilidade com a cultura afro-brasileira, José Heitor, um ferroviário, se destaca. Autodidata, e profundamente criativo, suas esculturas manifestam força, movimento, compreensão e poesia. É como se ele fosse, na verdade, um artista de alguma aldeia africana que se descobre brasileiro na cidade de Além Paraíba. Cada escultura sua tem a solenidade de um ato litúrgico e uma função comunitária. Suas peças representam *trabalhos que se comunicam*, uma qualidade básica e específica da escultura africana tradicional. Para José Heitor, a vida cotidiana dos povos africanos é substituída pelos carnavais e clubes de futebol de Além Paraíba. Para começar, seus trabalhos são exibidos nesses espaços gregários. Geralmente, as peças monumentais que esculpe são apresentadas nas ruas de sua pequena cidade antes de serem vistas por audiências de arte sofisticadas. Elas são exibidas como acervo integrante das "escolas de samba" e das festas de carnaval. Por exemplo, nos concursos de Rei Momo, o suor e o lirismo do artista estão lado a lado com a poeira, a luz, o calor, os olores, ritmos, dores e alegrias da terra em que vive seu grupo étnico e humano.

Os sonhos de José Heitor (a forma como outros artistas classificam suas esculturas), fundados numa forte noção de coletividade, e por vezes em evidente desproporção e desequilíbrio, sempre têm um *ritmo atravessado*, polimétrico e polirrítmico — aquele de que falam estudiosos de arte africana. Suas esculturas são talhadas na madeira do cedro, da videira, ou de outras árvores que os amigos de José Heitor — sua aldeia — encontram nas matas próximas à cidade. Ele nunca cursou uma escola de arte e nunca frequentou círculos artísticos. É um artista instintivo. Um herdeiro privilegiado dos milênios de conhecimentos artísticos de sua raça. José Heitor é a confirmação do que se tem dito sobre o Brasil: "De todo o continente americano, apenas nosso país conserva, de maneira evidente, os conceitos e as técnicas das belas-artes de África" (Mário Barata).

Mas há outros nomes a que também podemos fazer menção especial, como Sebastião Januário, pintor de Minas Gerais ainda fortemente influenciado pela cultura católica, mas trilhando cada vez mais uma forma autêntica de expressão. Rubem Valentim, que tem formação educacional superior, integra em suas obras símbolos, signos, formas e outros atributos do candomblé — ele próprio, um devoto de omulu (e, portanto, membro do candomblé!). José de Dome, Juarez Paraíso, Yeda Maria, Estêvão [Silva], Nilza Benes, Roberto, Gildemberg, o falecido Heitor dos Prazeres, a excelente tecelã e pintora Iara Rosa, os gravuristas Emanoel Araujo e Manuel Messias; o falecido Agnaldo Manoel dos Santos, considerado por muitos críticos contemporâneos o mais importante escultor brasileiro; o escultor Agenor Francisco dos Santos, Manoel do Bonfim, Lito Cavalcanti (que trabalha com metal — ele, também, com formação educacional superior), Caetano Deolindo e Deoscóredes dos Santos (Didi), o santo homem do Axé Opô Afonjá — um dos candomblés tradicionais da Bahia —, escultor em madeira: Zu [Campos], José Barbosa e Assis.

Minha obra é fruto de minhas tentativas de lidar com a questão da retomada dos valores da cultura africana no Brasil — como um resultado natural de minhas próprias reflexões sobre o tema. Não estou preocupado apenas com as formas estéticas, mas para mim os eventos espirituais dos povos afro-brasileiros são da maior importância. Os mitos, a história religiosa, as fábulas, os signos ritualísticos, a dança, as canções, a poesia, as cores, o ritmo, a devoção. A vitalidade espiritual da raça negra no meu país, apesar das condições adversas, a despeito da perseguição política, sempre se manifestou de forma deslumbrante. Da floresta amazônica no Norte do Brasil à fronteira brasileira com o Uruguai no Sul, o candomblé persiste. É chamado *casa de minas* no Maranhão, e os ritos têm influência principalmente do Daomé; é chamado Xangô em Pernambuco; Candomblé na Bahia (principalmente de origem iorubá, ou nagô); é *macumba* no Rio de Janeiro, em São Paulo e Minas Gerais (uma mistura de influências iorubás ao espiritismo, ao catolicismo e ao sagrado ameríndio); ou se diz *batuque* no Rio Grande do Sul. Ainda hoje existe a religião que os povos escravizados trouxeram com eles.

Pesquisadores brancos do candomblé brasileiro, com poucas exceções, veem-no apenas como pitoresco. Nina Rodrigues, por exemplo, que em 1896 escreveu os primeiros artigos sobre o tema, era um médico clínico e psiquiatra que acreditava na inferioridade racial das pessoas negras. Ele via no êxtase espiritual negro nada mais que uma manifestação de histeria. Sua ciência nunca alcançou o significado do transe das filhas de santo[3] possuídas pelos deuses, ou orixás. Outro médico, Arthur Ramos, iniciou investigações mais adequadas entre 1933 e 1940 da perspectiva da teoria psicanalítica; já Herskovits se valeu da visão do africanista de modo produtivo. Manuel Querino, um negro baiano, contribuiu, entre 1916 e 1922, para a produção de conhecimento sobre pessoas negras e suas religiões, apesar de ter sido acusado de não possuir conhecimento etnológico. No entanto, a contribuição mais importante foi feita pelo professor Roger Bastide, da Sorbonne (*O candomblé da Bahia*), e ele foi seguido por Pierre Verger e José Medeiros.

Na minha pintura, importam o mundo mental e a diferença cultural da pessoa negra que se sente africana, mas está nas Américas. Abordo os problemas sociais e humanos que a pessoa negra teve por ter construído [um país] para usufruto alheio, no qual ela mesma segue sendo estrangeira, por causa das condições de marginalização às quais foi relegada.

Mas nesse retorno às fontes originais da arte africana, não é nosso intento cometer o suicídio da regressão histórica. Não demandamos a reprodução de uma forma existencial do que agora é passado. Por causa disso, meus orixás não estão imobilizados no tempo e espaço. Eles são dinâmicos; habitam a África tanto quanto o Brasil e os Estados Unidos. Os orixás, a vida espiritual e criativa das pessoas negras não ficaram emparedados nos séculos mortos. Eles são forças do presente. Que ressurgem na vida cotidiana e em assuntos seculares e nos foram legados pela história e pela ancestralidade. Os orixás recebem os nomes de pessoas vivas; eles se dedicam à defesa de heróis e mártires, que são ainda hoje oferendados em sacrifício pela raça negra, no holocausto de sua busca por liberdade.

No início era Olorum, e Olorum, que era uno, criou o cosmos. O cosmos constituía-se da essência mesma da unidade. Depois, a unidade se partiu. Então Obatalá e Oxalá receberam de seu pai, Olorum, a incumbência de habitar e povoar o cosmos. Ainda que tenha sido ceifado daquela unidade original, Oxalá continha em si mesmo a dualidade de ser masculino e feminino, simultaneamente. Seu dorso masculino formava os céus, seu ventre feminino deu feitura à terra, que também era chamada de Oduduá. Da cópula entre céus e terra nasceram os deuses africanos, os orixás.

O culto aos orixás constitui a base fundamental do candomblé, a religião que pessoas africanas escravizadas trouxeram para o Brasil. Algumas análises rasas enfrentadas por essa religião defendem que o candomblé não é outra coisa além de um culto inocente e superficial, carente de profundidade. A religião tem sido tomada apenas como superstição, magia negra e feitiçaria. Seguindo tal linha, o candomblé seria destituído de qualquer complexidade ou transcendência. A ele não se atribui nenhuma grandiosidade no destino de seres humanos ou na conquista de dignidade e vida. A que isso se deve?

Entre as possíveis explicações, não é difícil provar que as razões mais profundas se baseiam na predominância da cultura branca. Tal cultura, pretensiosamente superior e escravocrata, quis que os povos africanos fossem seus escravos não apenas de corpo, mas de alma. Assim, o branco tentou inferiorizar a negritude enquanto raça e enquanto cultura, no espírito e na carne. Os "pesquisadores" do candomblé falseiam sua natureza autêntica. Ocorrências raras, isoladas e fatos únicos foram tratados nesses estudos com a importância de verdades absolutas. A incompreensão total de certas "pesquisas" obrigou-lhes a transformar o candomblé num objeto de estudo puramente sensacionalista. Note-se o exemplo do transe místico. O momento mais dramático da religião afro-brasileira é representado como autossugestão, histeria ou hipnotismo — uma curiosidade psiquiátrica. O transe pode, efetivamente, ser aquilo que Roger Bastide define como a "realização, no presente, daquilo que os Deuses forjaram no início dos tempos".

O candomblé se baseia numa certa concepção de vida e numa filosofia do universo. Tem uma cosmologia, uma teologia e uma psicologia próprias. Para ordenar o caos e impedi-lo de reinar, depois da ruptura daquela unidade original, o cosmos foi dividido em compartimentos. Nessa hierarquização do cosmos, os orixás ocupam a posição mais eminente e ilustre.

Dessa forma crua e sistemática como estamos discutindo o candomblé, podemos mapear quatro divisões do cosmos: o mundo dos orixás, ou deuses; o mundo de ossaim, ou a natureza; o mundo dos ancestrais, ou eguns; e o mundo dos humanos.

Apenas na Bahia existem mais de setecentos terreiros totalmente autônomos e independentes. O babalorixá, pai de santo (quando o sacerdote do terreiro é um homem), ou a yalorixá, mãe de santo (quando a liderança do terreiro é uma sacerdotisa), são a autoridade absoluta no terreiro para os membros da fé. Mas há também uma hierarquia completa de pessoas de santo dentro dessa estrutura, a qual preside o sistema de participação, incluindo pessoas vivas, objetos, os mortos e os orixás, e nisso se constitui a vida secular e misteriosa do candomblé. O candomblé tem um lado resguardado e oculto, e outro que é visível e público. Assim, a religião tem partes abertas a todas as pessoas, sejam elas adeptas dessa fé ou não, mas a vida no terreiro é exclusiva para pessoas iniciadas na religião.

O candomblé é um espaço sagrado, vasto e misterioso, e difícil de apreender. No entanto, descrições da cerimônia de iniciação dão uma ideia de sua complexidade. A iniciação é mandatória para que a pessoa aspirante possa participar da vida do candomblé e tem implicações em sua existência física, bem como na forja de consequências e responsabilidades espirituais.

Primeiramente, é necessário consultar o babalaô, sacerdote do ifá, para descobrir quem é "o dono da cabeça", ou, em outras palavras, para descobrir qual orixá escolheu tal aspirante. O babalaô vai consultar o colar de ifá (opelé), ou ler os búzios de Exu (diogun). Depois, o babalorixá ou a yalorixá, altos cargos sacerdotais do terreiro, começa a cerimônia de iniciação, que parte da lavagem cerimonial de contas. Elas correspondem às cores da divindade que vai reivindicar a pessoa aspirante. Depois, vem a limpeza de ervas e folhas, que correspondem às flores místicas dos orixás, uma vez que cada orixá tem as suas específicas. O momento do borí, cerimônia de "dar comida à cabeça", acontece então, com o corte do cabelo e a completa raspagem da cabeça. Nesse momento, as roupas da pessoa em iniciação serão trocadas por vestes rituais. Ela deverá viver por certo tempo no candomblé, e não pode sair do terreiro nem de suas áreas sagradas. O período de iniciação — o ritual de criação — está sob regência de Oxalá. Quando a cabeça é raspada, são feitas, no topo da cabeça, incisões com uma lâmina. A pessoa aspirante, agora com o batismo do sangue do animal de seu orixá, torna-se yaô — algo como noiva, ou esposa de sua divindade. Um episódio importante na cerimônia de iniciação é a consagração da pedra do orixá, que se torna também a pedra pessoal daquela yaô, que deve protegê-la pelo resto de sua vida.

Por determinado período, a pessoa yaô deve ficar completamente resguardada num quarto especial chamado camarinha, onde vai aprender sobre os rituais, histórias míticas etc. Essa é a escola de pessoas devotas e constitui o rito de passagem. Quando a iniciação termina, yaô torna-se ebômin — ou seja, a pessoa foi ungida e é proclamada sacerdote ou sacerdotisa —, ela é uma filha de santo.

Anteriormente mencionamos o babalaô, sacerdote do ifá, que é orixá da premonição e da revelação do futuro. Os desígnios desse sacerdote estão além do campo de autoridade do babalorixá ou da yalorixá. O babalaô preside o domínio das pessoas humanas. De forma análoga, sacerdotes de ossaim (o domínio da natureza), ou babalossaim, bem como o babalogês, sacerdotes de egum (domínio dos ancestrais e dos mortos) não estão sujeitos à autoridade do "pai de santo" ou da "mãe de santo". No Brasil, assim como na África, a evocação dos mortos é um culto secreto.

Sob comando da liderança do terreiro (o babalorixá ou a yalorixá), há toda uma hierarquia de cargos. Por exemplo, o axogum é quem pratica a imolação de animais de duas ou de quatro patas; o pegi-gã preside o conselho administrativo do candomblé; o alabê é tocador do rum e chefe da música (os tambores sagrados se chamam rum, rumpi e lê); o ogan (figura masculina); a ekedi (figura feminina) auxilia as pessoas "filhas de santo" (mas não recebe o santo diretamente); o obá é ministro de Xangô; e a iyabassé, cozinheira dos deuses.

Geralmente, o sacrifício de animais só é acompanhado por um grupo pequeno de fiéis, talvez pelo impacto forte causado pela visão do sangue. Essa parte do ritual em geral acontece cedo. O primeiro sacrifício é para exu, seguido dos sacrifícios às outras divindades. A oferenda de comida às divindades ocorre no fim da tarde. Quando o sol se põe tem lugar a cerimônia pública, que dura toda a madrugada.

Tanto as cerimônias fechadas quanto as públicas sempre começam no padê de Exu ou no despacho para Exu. Ele é o orixá mensageiro, o intermediário entre os mundos humano e sobrenatural. Exu sabe tanto os idiomas da terra quanto a língua dos deuses. É por isso que ele leva os pedidos de pessoas negras brasileiras aos orixás ancestrais nas terras da África. Além dessa atuação como mensageiro, tem um propósito superior:

Exu é a força organizadora do cosmos. É o único orixá que passa de um domínio cósmico a outro. Portanto, é a base do intercâmbio dialético. Exu ocupa lugar no mundo dos orixás, no reino de ossaim e direciona pedidos aos eguns, assim como atua nos domínios do ifá e do babalaô. Muitas vezes, a representação de Exu são chifres, símbolo de poder e fertilidade. Seu pegi (altar) fica na entrada do terreiro, mas em área externa às partes principais da estrutura. Os outros orixás cujos pegis ficam de fora são: ossaim, orixá das ervas e folhas; omulu, orixá da varíola; ogum, orixá da guerra; oxóssi, orixá caçador. Os altares de outros orixás ficam dentro da estrutura principal do candomblé.

Os atabaques sagrados, rum, rumpi e lé (em ordem decrescente de tamanho), também atuam como intermediários, pois, devido aos toques especiais, eles é que se encarregam de levar os clamores de fiéis até os orixás. Eles são igualmente entidades místicas, "comendo", assim, os ingredientes sagrados: óleo de dendê, mel, água benzida e sangue de galinha.

Depois do padê de exu (um toque específico, sem canção nem dança), que é como um prólogo, a cerimônia pode começar. Como sempre, inicia-se com Exu e deve terminar com Oxalá, pai do céu, o maior dos orixás. Com o objetivo de invocação do passado da raça e da história dos orixás através do mito performado e entoado, a primeira parte da cerimônia se dá com cânticos, toques de atabaque e dança. Daí a importância da mimese — dos gestos, da postura — para o encantamento que se inicia. Tudo é profundamente simbólico, tendo como objetivo desnudar da brasilidade a pessoa negra. Quero dizer que um objetivo é extirpar a branquitude das pessoas negras brasileiras e deixá-las com sua natureza africana básica. A cerimônia chega a um patamar de intensidade quando as filhas de santo começam a incorporar seus respectivos orixás. Num estado de crise, a pessoa possuída pela divindade começa a perder o equilíbrio e fica transformada; ela se inclina, feito um cavalo, e torna-se o cavalo da divindade.

Nesse ponto, a intensidade da cerimônia arrefece. Auxiliados pela ekedi, os cavalos (ou seja, as filhas de santo possuídas pelos orixás) são levados para a camarinha. Lá, são vestidos com os trajes litúrgicos de suas divindades.

Depois de pouco tempo, voltam para o barracão devidamente vestidas. Estão mudadas, completamente transformadas. Não são pessoas, mas deusas. O fenômeno da possessão é tão profundo que produz uma total metamorfose. A cozinheira torna-se Yemanjá. Ela leva em sua mão o abebê (espécie de leque) e apresenta uma dança que é a um só tempo maternal, acolhedora e simula o movimento das ondas do mar. A trabalhadora humilde agora leva consigo um rei — ele é Xangô. E leva em suas mãos um machado alado, de gume duplo — seu símbolo. A lavadeira agora é a deusa do amor, Oxum, e sua dança ostentosa mostra uma volúpia carnal. Outro alguém é Ogum, o orixá da guerra que empunha sua espada afiada. Vem de lá alguém com arco e flecha — é Oxóssi, o deus da caça. E chega alguém cuja longa veste de palha cobre todo seu corpo, e vem carregando um xaxará — que é como uma vassoura curta: Omolu está em terra. Oxalá segura seu opaxorô, um cajado fálico. Os símbolos desfilam e o mistério paira no ar, concentrados nas máscaras. Os gestos obedientes, os passos cheios de sentidos, a dança extasiada de cada orixá — todos, em comunhão com o mistério transcendente, conjuram uma inconsútil poesia intensamente inusitada.

Mencionamos as flores místicas, mas há ainda a culinária mística. Falamos sobre a iabassê, a cozinheira dos deuses. Os orixás têm, cada qual, seus pratos favoritos. A comida dos santos, nessa cozinha dos deuses, é tão convidativa e deliciosa que é adotada fora dos terreiros. A comida sagrada foi secularizada. Especialmente na Bahia, mas também em outras cidades brasileiras, como Rio de Janeiro (em Nova York me serviram comida de santo num restaurante brasileiro), é muito comum ter no menu caseiro ou no de um restaurante xinxim de galinha, prato de Oxum; amalá (caruru) de Xangô; o arroz de Oxalá; o abará, o vatapá e outros.

O tempo sagrado tem início na segunda-feira, que é o dia de Exu, a única divindade que participa de todos os domínios do cosmos. É em Exu que está contida a polaridade entre o bem e o mal. Ele tem uma personalidade astuta e gosta de pregar peças tanto em humanos quanto em deuses. Suas cores são o vermelho e o preto; seus animais são o galo, o bode e o cachorro. É dono das ruas, dos caminhos e das encruzilhadas do mundo. Exu é o orixá fálico que reina sobre o ato sexual. Seu membro viril representa o início da restituição da unidade do cosmos.

A segunda-feira é também dedicada a Omolu ou Obaluaê, o orixá da doença e da saúde e, portanto, da vida e da morte. Sua pele é coberta de chagas, e é por isso que tem a face e o corpo sempre cobertos por um manto de palha. Suas cores são o preto e o branco. Seus animais são bodes, galos, porcos. Ele simboliza a terra e o sol, e é considerado o médico dos pobres.

Terça-feira é dia de Oxumaré, orixá que tem a forma de uma serpente com as sete cores do arco-íris. É sua tarefa coletar água dos lagos, rios e oceanos e com elas alimentar as nuvens, nas quais está o palácio de Xangô, cujo reino também é alimentado pelas águas trazidas por Oxumaré. Seus animais são o galo e o bode. No mesmo dia, anamburucú ou nanã buruku é comemorada. Ela é conhecida como a esposa Oxalá e, assim como seu marido, uma orixá relacionada à procriação e à perpetuação das espécies de deuses e humanos.

Quarta-feira é dedicada a Xangô, orixá dos raios de sol, do trovão, das tempestades e do fogo. Ele é o deus da justiça. Suas cores são o vermelho e o branco — por vezes, vermelho apenas. Seus animais são o galo, a ovelha e o caranguejo. Ele vive numa pedreira e seu símbolo é o machado em forma de asas, com duas lâminas, feito de pedra de meteorito. O mesmo dia é consagrado a Yansã, sua esposa, e também orixá dos raios de sol, dos ventos e das tempestades. Suas cores são o vermelho e o branco, ou por vezes só vermelho. Seus animais são a cabra e a galinha. A não ser por Exu, é a única orixá que não teme a morte nem os eguns. Ela é a rainha dos cemitérios. Conquistou a morte. Por causa disso, Yansã é uma das duas sacerdotisas que dançam na cerimônia sagrada dos eguns. A outra é Eruossaim, que tem duas máscaras, uma em frente ao rosto e outra atrás da cabeça.

Quinta-feira é dia de Oxóssi, o orixá da caça, que vive nas matas e florestas. Suas cores são o verde e o amarelo. Seus animais são as ovelhas e os galos. Quinta é também dedicada a Ogum, o orixá do ferro e da guerra. Sua cor é o azul e seu animal é a galinha-d'angola.

Sexta-feira pertence a Oxalá, pai da criação, o orixá intersexo.[4] Sua cor é o branco e seus animais são a cabra e os pombos. Ele vive numa abóbada celeste. É o orixá mais velho — pai de todos os outros.

Sábado é dedicado às orixás das águas: Yemanjá e Oxum. Yemanjá é a orixá do mar e da pesca. Suas cores são o rosa e o azul-claro, e seus animais são os pombos e as ovelhas. Alguns mitos a consideram mãe das águas e de todos os orixás. Oxum, a orixá das águas doces, simboliza o amor. Sua cor é o dourado e seus animais são a cabra e a galinha. Oxum também é esposa de Xangô. Além de Exu, ela é a única orixá que tem o dom da premonição, pois sabe usar o poder do colar de ifá.

Domingo é dedicado a todos os orixás. Mencionamos apenas aqueles que recebem maior devoção nos terreiros afro-brasileiros. Mas há muitos outros. Obá, a mais velha das esposas de Xangô, uma orixá da guerra. Os Ibejis, as crianças-orixá. Ifá, orixá da premonição, da clarividência e do futuro, cujas cores são o verde, o amarelo e a cor da palha. Egun não é um orixá, mas a alma dos mortos e dos ancestrais. Seu culto ocorre numa sociedade secreta e acontece apenas na ilha de Itaparica na Bahia, e aqueles que revelam sua participação nessa sociedade pagam com a própria vida.

Tal como os domínios do cosmos complementam-se uns aos outros, os deuses são também complementares entre si. E com Exu tomando conta do ordenamento do cosmos em todos os seus domínios, e com Oxalá reinando sobre a fertilização, geração e perpetuação das espécies, a raça negra, rebento da África, vai sobreviver e prosseguir através dos séculos adorando seus deuses ancestrais — na dança, na música, no mistério, nas ervas, em êxtase, vivendo com os orixás.

Influências da cultura africana no desenvolvimento da arte brasileira*

Introdução: Contexto socio-histórico

Não seria possível entender as relações entre a cultura africana e o desenvolvimento das artes no Brasil, nem mesmo estabelecer as influências que desse encontro resultam, sem mencionar inicialmente, ainda que de forma breve, os necessários dados históricos. Uma mostra do ambiente socio-econômico-cultural onde os processos aqui abordados ocorreram, então, torna-se uma premissa.

Certa feita, disse um etnólogo que o caminho para o progresso "é cheio de aventuras, de rupturas e de escândalos".[1] Portanto, deveríamos começar examinando o maior escândalo, aquele nunca superado na história da humanidade: a escravização de pessoas negras africanas.

No Brasil, foi a escravidão que definiu a qualidade, a extensão e a intensidade das relações físicas e espirituais entre as proles dos três continentes que aqui se encontraram; confrontando-se mutuamente na épica construção de um país novo, com características próprias, tanto na formação do povo quanto na especificidade de seu espírito — o que significa dizer uma cultura e uma civilização propriamente ditas.

O ponto de partida foi a "descoberta" do Brasil pelos portugueses em 1500. A exploração imediata do novo território

---

* Texto publicado originalmente em inglês e traduzido por tatiana nascimento.

desenvolveu-se com, simultaneamente, a aparição da Raça Negra e sua fertilização do solo brasileiro com lágrimas, sangue e o martírio da escravização. Por volta de 1530, pessoas africanas, que haviam chegado acorrentadas, já tinham começado a cumprir seu novo papel de "força de trabalho"; em 1535, a rota da escravidão para o Brasil já era uma operação comercial regular e organizada, que muito rapidamente alcançaria proporções enormes. Como primeira atividade produtiva da colônia portuguesa, o açúcar e as plantações de cana se espalharam ao longo da costa nordestina; mais especificamente, por onde seriam os estados da Bahia e de Pernambuco. Em 1587, havia 47 fazendas de cana-de-açúcar na Bahia, fato que nitidamente aponta a velocidade com que a indústria da cana se desenvolveu.

Entre as intrincadas conexões e consequências desse rapidamente elaborado esquema, fatores de caráter social e histórico entrecruzaram-se com as dimensões religiosas, culturais, psicológicas, literárias, folclóricas, linguísticas e outras, tornando-se as ferramentas necessárias à compreensão das dinâmicas artísticas envolvidas.

Em 1600, a população estimada do recém-nascido país era assim composta:

Indígenas..35 mil
Pessoas brancas....................................10 mil
Pessoas africanas e descendentes.......20 mil[2]

Por séculos, a escravização no Brasil foi toda como uma instituição benevolente e de caráter humanitário, e era considerada filantropia. Mas o colonialismo português sempre recorreu a modos de comportamento muito específicos de forma a escamotear a violência e a crueldade intrínsecas a seus fundamentos. Para consciência coletiva do mundo, ainda é necessário manter uma memória vívida das mistificações pelas quais o colonialismo português tentou esconder sua natureza racista, mascarando-a sob a legislação, para que Angola, Moçambique e Guiné fossem nomeadas Indigenato, Províncias de Além-Mar, e outros artifícios demagógicos.

No Brasil, desde seus primórdios, as pessoas africanas escravizadas negaram a versão oficial de submissão dócil ao regime a que foram compulsoriamente sujeitadas, bem como as alegações relacionadas à natural aptidão ao trabalho escravo que pessoas negras supostamente teriam. As pessoas escravizadas recorriam a uma miríade de formas de reagir contra a condição imposta, incluindo suicídios, crimes, fugas, insurreições e revoltas. A forma mais trágica que a rejeição de uma vida escravizada assumia era o banzo. As pessoas africanas padeciam de algo similar a uma pesarosa paralisia da vontade e da energia de viver, com uma tristeza progressiva, e morriam lentamente.

Punição física, deformação corporal, torturas que por vezes levavam a pessoa escravizada à morte, também testemunham contrariamente a qualquer invocação de brandura que tentasse ser favorável à escravização no Brasil. Ainda nessa parte do mundo a escravização foi forjada com a mesma iniquidade suprema presente em qualquer tempo e espaço em que a escravização possa ter existido.

Joaquim Nabuco, um congressista branco que viveu no tempo da escravização e lutou contra ela, expressou enfaticamente sua crítica ao país nos seguintes termos: "a mentira no exterior habilita o Governo a não fazer nada no país e deixar os escravos entregues à sua própria sorte".[3]

Mas o que quer dizer Nabuco com "sua própria sorte"?

As pessoas africanas eram sujeitadas a uma condição de "peça da costa", tinham o status de objeto, eram tomadas como uma força puramente muscular sem qualquer humanidade;

tidas, portanto, como um ser não existente desprovido de história, cultura e religião.

Mas, na realidade, a despeito das negações do sistema, as culturas africanas chegaram ao território brasileiro. Eram culturas muito diversificadas; algumas mais fortes que outras, ou mais flexíveis, adaptaram-se melhor para sobreviver, permanecer e se desenvolver. Segundo classificação proposta por Arthur Ramos, os grupos cujas estruturas culturais sobreviveram são:

a) Culturas sudanesas: representadas majoritariamente pelos povos iorubanos da Nigéria, os jejes do Daomé, os fanti e ashanti da Costa do Ouro, e alguns outros grupos minoritários;
b) Culturas guineense-sudanesas, islamizadas, originárias principalmente de povos peuhl, mandingas e hauçás, do norte da Nigéria;
c) Culturas bantu, representadas pelos grupos étnicos de Angola-Congo, e por aqueles oriundos da área chamada Contra-Costa.[4]

É óbvio que as pessoas africanas e descendentes, imbuídas nessas culturas, não tinham a menor condição de contribuir para a cultura do país em formação como poderiam se estivessem ali em condições diferentes. Vítimas permanentes da violência, suas instituições foram desintegradas como resultado do estupro a que estavam submetidas. Ainda assim, apesar de tantos impedimentos e das tantas formas de violação e distorção que enfrentavam, pessoas africanas e suas culturas seguiram desenvolvendo sua trajetória.

Nina Rodrigues, legista e psiquiatra que viveu na Bahia e morreu em 1906, é tido como um pioneiro nos estudos de pessoas negras brasileiras. Em seu livro *Os africanos no Brasil*, faz uso de teorias europeias para caracterizar pessoas africanas como selvagens. Em termos da psicologia de povos africanos, Rodrigues diz: "[...] têm consciência obscura; de uma perspectiva social, e mantêm concepções totêmicas".[5]

Tais concepções, cuja fachada científica mal consegue encobrir uma ideologia imperialista, não caracterizam somente tempos idos. Até o momento, é comum encontrar considerações de efeito equivalente ou similar. Dante de Laytano, por exemplo, autor de uma publicação oficial do governo brasileiro, afirma que: "A chegada de povos Negros no Brasil deu-se simultaneamente à descoberta do país. Eles conheciam a escravização, praticavam-na, estabeleceram-na como um sistema político. A escravização já era praticada em território africano. *Foram os próprios povos africanos que a transplantaram para a América*" (grifo meu).[6]

Agressão, desrespeito humano, falsificação da história tornaram-se normais, em larga medida; são tão rotineiros quanto eventos desimportantes, dificultando a compreensão e a percepção de algumas pessoas. Clarival do Prado Valladares, ex-membro do Conselho Federal de Cultura, e participante do I e do II Festival das Artes Negras em posições de tomada de decisão, também alega que: "Os brancos não caçavam os negros na África, mas os compravam, *tranquilamente*, dos tiranos negros" (grifo meu),[7] além de dizer que "nada há que se estranhar diante do fato de não serem *africanos* os que mais entendem e analisam a África", porque "parece haver um certo sentimento de inferioridade *africano* em relação à dimensão histórica. Não sendo possível discorrer um texto de *história* paralelamente ao dos países ocidentais" etc.[8]

Antes de mais nada, no que concerne ao tema de sentimentos de inferioridade, tais pessoas revelam seus próprios sentimentos de superioridade; e, tendo isso em vista, continuam em silêncio sobre as verdadeiras condições sob as quais cerca de 50 milhões de pessoas africanas foram criminosamente escravizadas por armas europeias, utilizadas também para violar e roubar a terra, corromper e subornar lideranças étnicas, apropriar-se da riqueza mineral do território, promover a dilapidação de tesouros artísticos; elas ergueram fortes ao longo da costa e dentro do território africano; e também ergueram um muro de silêncio em torno da história africana, para que posteriormente pudessem oferecer uma visão conveniente desse "continente misterioso e desconhecido".

As concepções metafísicas, as ideias filosóficas, a estrutura das religiões, dos rituais e das liturgias nunca foram tratadas com consideração e respeito como valores constitutivos da identidade de um espírito nacional. E simultaneamente ao desprezo pela cultura africana, reforçaram a rejeição étnica. Todos os objetivos de pensamento, ciência, instituições públicas e privadas fincaram-se como provas de tal conclusão. Novamente citamos Nina Rodrigues, devido a seu grande prestígio e a despeito da oposição de pensadores como Guerreiro Ramos,[9] que refutou o teor científico da pesquisa de Rodrigues sobre pessoas negras. Rodrigues pontua: "Para a ciência não é esta inferioridade [da raça Negra] mais do que um fenômeno de ordem perfeitamente natural",[10] e segue, "[...] que ainda hoje explica a razão pela qual os negros não foram capazes de se estabelecer enquanto um povo civilizado". E, como consequência, "a Raça Negra no Brasil [...] há de constituir sempre um dos fatores da nossa inferioridade como povo".[11]

No entanto, tais agentes de "nossa inferioridade" foram aqueles que carregaram, solitariamente, a responsabilidade de construir nosso país; foram aqueles que mantiveram uma luta sem trégua para reconquistar a própria liberdade. Em muitas instâncias, foram eles que tentaram conquistar a independência do país, como aconteceu na Conjuração dos Alfaiates, debelada em Salvador, Bahia, em 1798: os quatro descendentes de africanos envolvidos na rebelião, Luiz Gonzaga das Virgens, Lucas Dantas de Amorim Torres, João de Deus Nascimento e Manuel Faustino Santos Lira, foram presos, condenados, e em 8 de novembro de 1799, publicamente enforcados. Depois, tiveram seus corpos decepados em quatro partes, que foram então expostas nas ruas, e seus descendentes foram declarados permanentemente banidos.[12] Como eles, muitos negros e mulatos sacrificaram-se lutando contra a escravidão e a tirania dos portugueses.

Um século antes desse ocorrido, a história brasileira registrava outro evento importante: a autointitulada República dos Palmares, um verdadeiro Estado africano organizado nas florestas de Alagoas por escravizados fugitivos. De 1630 a 1697, essa "Troia Negra" resistiu aos 27 ataques promovidos por portugueses e holandeses, que dominaram por algum tempo o estado de Pernambuco. Palmares chegou a comportar 30 mil pessoas, incluindo homens, mulheres e crianças; que mantiveram em funcionamento uma perfeita organização política e social, bem como um sistema de produção, uma vida religiosa, e um vigoroso sistema de defesa militar. Palmares representa o primeiro clamor heroico e desesperado dos povos africanos contra a desintegração de sua cultura nas terras do Novo Mundo.

Por quase dois séculos, as plantações canavieiras e o processamento do açúcar demandaram uma concentração de pessoas escravizadas na região do Nordeste, ainda que houvesse pessoas africanas em todo o território nacional. A descoberta de ouro e diamantes em Minas Gerais deslocou o ponto focal africano mais para o sul do país. Com a queda da produtividade das minas e o começo do ciclo do café, localizado principalmente nos estados do Rio de Janeiro e de São Paulo, a necessidade da força de trabalho mais uma vez mudou o curso principal do mercado escravagista.

O censo demográfico de 1798 revelou que a população brasileira era formada por:

Brancos.. 1,10 milhão
Pessoas indígenas colonizadas......... 250 mil
Pessoas negras escravizadas............. 1,582 milhão
Pessoas negras livres .... 406 mil[13]

É praticamente impossível estimar o número exato de pessoas escravizadas que foram trazidas ao Brasil. Não apenas por causa da ausência de estatísticas corretas, mas principalmente devido à lamentável Circular n. 29, de 13 de maio de 1891, decretada pelo então ministro da Fazenda Rui Barbosa, que determinou a destruição, pelo fogo, de todos os documentos e arquivos históricos relacionados ao tráfico escravagista e à escravidão. Tais estimativas, portanto, carecem de confiabilidade. Há uma estimativa que a mim parece ser pouco razoável, pela qual se calcula que 4 milhões de pessoas africanas foram importadas e distribuídas segundo a proporção aproximada que se segue: 38% para o Rio de Janeiro, 25% para a Bahia, 13% destinaram-se para Pernambuco, 12% para São Paulo; 7% para o Maranhão e 5% para o Pará.

Baseando-se nos fatos, Florestan Fernandes escreveu que:

Todos os que leram Gilberto Freyre sabem qual foi a dupla interação, que se estabeleceu nas duas direções. Todavia, em nenhum momento essas influências recíprocas [entre escravizados e senhores, inclusão minha] mudaram o sentido do processo social. O negro permaneceu sempre condenado a um mundo que não se organizou para tratá--lo como ser humano e como "igual".[14]

Nessa nova fase dos estudos negros a ênfase saiu da classificação de *selvagem*, *inferior*, para um louvor às virtudes de pessoas mestiças (tendo no estupro de mulheres negras pelos senhores brancos a geração de quem é chamado de *mulato*, *pardo*, *mestiço* etc.) e uma simultânea operação de transculturação. Assim foi formada a base científica da ideologia racial no Brasil, o que ficou conhecido como *democracia racial*. Uma estranha democracia, efetivamente, que às pessoas negras permitiu apenas o direito de se tornarem brancas, por dentro e por fora. As palavras-chave desse "imperialismo da branquitude" tornaram-se *assimilação*, *aculturação*; mas no cerne da teoria a crença na inferioridade das pessoas negras persistiu, intocável. Outro sociólogo, Oliveira Viana, expôs com franqueza tal contexto: "o *quantum* do sangue ariano está aumentando rapidamente em nosso povo. Ora, esse aumento do *quantum* ariano há de fatalmente reagir sobre o tipo antropológico dos nossos mestiços, no sentido de modelá-los pelo tipo do homem branco".[15]

Antes disso, Sílvio Romero havia expressado opinião idêntica: "não [quero dizer que] constituiremos uma nação de mulatos; pois que a forma branca vai prevalecendo e prevalecerá".[16]

Não nos esqueçamos de que, com exceção de alguns poucos, em geral os cientistas que abordaram tal questão o fizeram seguindo a importação de critérios impostos, devido ao fato de o país ter uma independência formal, mas seguir colonizado em sua mentalidade e cultura.

Os centros de referência e gravitação espiritual ainda permaneciam na Metrópole, isto é, na Europa. E foram vindos de lá que juízos e ideários tais como este, de G. Vacher de Lapouge, aterrissaram no Brasil: "Em menos de um século o Brasil constituirá, sem dúvida, um imenso estado negro, a menos que retorne, o que é bem provável, à barbárie".[17]

Dessa forma, uma teorização sobre o preconceito existente em nosso país não erradica nem o preconceito subliminar, nem aquele manifesto na forma de discriminação aberta ou velada. Portanto, deveríamos compreender a *democracia racial* como uma metáfora do racismo, ao estilo brasileiro: um racismo que não é institucionalizado enquanto racismo como o é nos Estados Unidos ou na África do Sul — o que não tem tanta importância, uma vez que os efeitos são os mesmos. A política migratória no Brasil expôs essa realidade de forma bastante crua, e não resta dúvida de que foi fundada numa base racista. O decreto de 28 de junho de 1890, promulgado apenas dois anos após a abolição da escravatura no país, determinava "a livre entrada de pessoas saudáveis e aptas para o trabalho — menos as nativas dos continentes Ásia e África, as quais apenas podem ser admitidas por autorização do Congresso Nacional, e de acordo com as condições estipuladas".[18]

Como Angela Gilliam descobriu: "No Brasil, a solução 'oficial' para 'o problema' é a miscigenação e o incentivo de *pessoas brancas que estejam fugindo das nações africanas independentes* a escolher o Brasil" (ênfase minha).[19]

Expressões como "O Brasil passou por um longo processo de aculturação" ou "o denominador comum da aculturação" são frequentes, o que aparentemente levou a uma "perfeita assimilação da população de cor aos padrões de uma sociedade próspera". Podemos acessar uma mostra da integração de pessoas negras na prosperidade nacional analisando a cidade do Rio de Janeiro. É onde a segregação residencial atinge seu ponto mais agudo. Basta percorrer os guetos das favelas. *O Estado de S. Paulo*, suplemento especial de 13 de abril de 1960, publica os seguintes dados de 1950:

População do Rio: brancos — 1 660 834; negros e mulatos — 708 459. *População favelada*: brancos — 55 436; negros e mulatos — 113 218.

Isso quer dizer que para cada três habitantes do Rio, um é negro. Para cada branco favelado, há dois negros morando no morro. Se atentarmos para o fato, segundo a presente estatística, de que o negro é um terço da população carioca e figura em cifra 100% maior na população favelada, teremos diante dos olhos a odiosa segregação de moradia imposta à população de cor.[20]

Seja por má intenção ou ingenuidade, as pessoas dirão: "Mas as pessoas negras vivem nas 'favelas' porque essa foi a escolha delas, ou por falta de dinheiro, não, jamais, por questões de raça". E então chegamos ao labirinto classe/raça. Uma vez mais, vou recorrer a Florestan Fernandes: "Apesar da extrema concentração social da renda e do prestígio social, que torna a estrutura ocupacional do estado de São Paulo muito pouco 'democrática' (ou balanceada), o estoque racial *branco* participa das posições mais vantajosas significativamente acima das proporções com que concorre para a composição da população total".[21]

Essa situação segue como verdade para o restante do país... O estado da Bahia pode nos auxiliar a deixar a questão mais nítida. Lá, a população é formada por uma maioria de pessoas negras e mulatas, de acordo com o recenseamento de 1950. O total populacional de 4 822 024 se distribui da seguinte maneira: pessoas brancas são 1 428 685 (30%); negras e mulatas são 3 393 183 (70%); asiáticas, 156 (0,003%). Com relação à ocupação, entre as pessoas empregadas, as brancas são 23,01% e as negras e mulatas, 76,98%. Quanto aos empregadores, 51,87% são pessoas brancas, e 48,11%, negras e mulatas. Os dados educacionais mostram que no ensino primário brancas somam 54,46%, para 45,52% de negras e mulatas; no colegial, 82,56% de pessoas brancas, para 17,43% de negras e mulatas; e na universidade são 88,21% de brancas para 11,64% de negras e mulatas.[22]

Não é tarefa deste balanço breve apresentar uma análise detalhada dos aspectos anteriormente mencionados. Isso iria demandar mais espaço do que tenho então disponível. Os números, entretanto, são eloquentes e falam por si mesmos. A despeito dessas limitações, acredito ter alcançado meu intento, que era o de tocar, ainda que levemente, a superfície de um câncer social. Para reforçar esse aspecto, seguem alguns números e estatísticas que se referem ao país como um todo. Ainda segundo dados do censo de 1950, temos um contingente de população nacional que soma 51 944 397 pessoas, com a seguinte distribuição:

Pessoas brancas: 32 027 661 (61,6%)
Negras e mulatas: 19 479 399 (37,6%)
Asiáticas: 329 082 (0,6%)
Raça não declarada: 108 255 (0,2%)

Quanto aos dados de trabalho, são empregadores 82,66% de pessoas brancas; 15,58% de pessoas negras e mulatas; 0,7% asiáticas. Quanto à educação, no ensino primário são 90,2% de pessoas brancas para 6,1% de pessoas negras; no colegial eram 96,3% de pessoas brancas e 1,1% de pessoas negras e mulatas; e na universidade as pessoas brancas eram 97,8% para 0,6% de pessoas negras e mulatas.[23]

Os dados, no entanto, requerem alguma explicação.

1) Em um país onde a população é condicionada pela preocupação de ser branca, deixar a cargo de cada indivíduo entrevistado a declaração de cor ou grupo racial vai obviamente significar que uma grande parte da população negra e mulata vai se autodeclarar branca. Seria correto estimar que ao menos 50% da população do Brasil pertence à raça negra, ao menos fenotipicamente.

2) A decrescente percentagem de pessoas negras e mulatas dentro da categoria empregadores se refere apenas a negócios muito modestos ou empreendimentos que têm pouca relevância no contexto da economia do país.

Outra observação: o censo mais recente no Brasil não fornece informações sobre cor ou raça, supostamente seguindo o artigo 5º da Constituição Federal, o qual declara que todos os brasileiros são iguais perante a Lei. Efetivamente, a ausência de pessoas negras e mulatas do censo demográfico faz par àquela medida já mencionada anteriormente, que determinou que qualquer documento referente ao tráfico escravagista e à escravização em geral fosse queimado, para que a "mancha negra" fosse extirpada da história brasileira. Para tal fim, o recurso utilizado foi a "mágica branca", ou "mágica judicial"...

Candomblé: O berço das artes

Candomblé é o nome dado na Bahia ao culto dos orixás. O termo se refere basicamente à religião de pessoas falantes de iorubá, trazidas da Nigéria, mas também engloba variações de outros grupos culturais, tal como o Angola-Congo. O candomblé tem desempenhado um papel importante e revolucionário no Brasil, país em que a Igreja católica tem mantido, por séculos, uma posição de poder como a religião oficial do Estado.

Atacados pelos padres católicos, perseguidos pela polícia, os templos do candomblé — terreiros — tiveram que ser escondidos na mata, nas encostas e em todos os tipos de lugar de difícil acesso e visibilidade para os inimigos. A religião, no entanto, permaneceu sendo a mais profunda fonte da qual transbordam a inspiração e as linhas básicas da criatividade negra. Através do candomblé, predominantemente, pessoas africanas e suas descendências exerceram uma influência poderosa em todos os aspectos da arte brasileira: música, dança, artes visuais, literatura — incluindo a poesia, o romance e o teatro. Lugar de culto, ponto de convergência social e cidadania cultural, o candomblé ofereceu às pessoas negras formas de resistir e de "manter o coração a salvo do dilúvio e do gelo",[24] e, à luz do fogo de Xangô, alimentar aquela força vital, física e espiritual, com a qual Mãe África as marcou através de seu indelével selo de amor e identidade.

Anteriormente, mencionamos a "República dos Palmares", cuja organização, incluindo seu último chefe, Zumbi, era predominantemente formada por pessoas negras de origem bantu. No candomblé, as culturas sudanesas assumem o papel de liderança. Na estrutura do "pegi" (um tipo de capela dentro do terreiro) a arquitetura revela o modelo africano. Também é possível ver nas paredes desenhos e representações de objetos ritualísticos, pinturas de símbolos do culto. Essas foram as primeiras manifestações da continuidade das civilizações mitopoéticas: "A aventura mitopoética é concomitante a nossa existência, enquanto, ao mesmo tempo, é muito mais antiga do que ela. Parte do sujeito e parte do objeto. É capaz de induzir e de ser refletida. Nossa razão é poética, bem como é forjada — um instrumento para detectar nossas visões prospectivas".[25]

As primeiras esculturas também nasceram dentro dos terreiros; tinham inspiração religiosa, mas a intolerância branca e da religião oficial insistia em considerá-las "ídolos" ou "fetiches". No entanto, não eram mais que a pura representação do artista/sacerdote, dando sua perspectiva quanto a certas características das divindades. Elas eram pegas de surpresa em um gesto ou postura, um símbolo ou uma cor, uma forma ou um espaço...

Sob o jugo dos antecedentes científicos mencionados anteriormente, a produção artística negra era tomada como um índice de "mentes patológicas" e dessa feita seria usurpada pelas instituições psiquiátricas e mentais; em outros contextos, tais esculturas, símbolos e objetos ritualísticos testemunhariam a "natureza criminosa" de seus autores, e terminariam em museus da polícia. Isso fica patente no Instituto Nina Rodrigues, na Bahia, e no Museu da Polícia do Rio de Janeiro.

Nina Rodrigues, cujo trabalho já foi mencionado aqui, foi também o autor de algumas observações de natureza crítica sobre uma escultura representando o machado de dois gumes de Xangô. Rodrigues se apoia nas teorias de Richer e Charcot sobre *o diabo nas artes*[26] e estabelece conexões que nem a forma nem o significado de Xangô permitem. É importante pontuar tal atitude dentro da criminologia, uma vez que ela se repete no trabalho de Fernando Ortiz, de Cuba, que começou seu extensivo estudo sobre as culturas afro-cubanas seguindo a mesma direção.

A crítica à escultura de Xangô foi, de fato, incompetente. Nina Rodrigues, então, passou a denunciar a "imperícia do artista", qualificando a falta de proporção entre os braços e as pernas da figura como uma deformidade e uma piada. Ele escreveu essas observações antes de Modigliani, Picasso e outros artistas modernos se apropriarem daquelas distorções como qualidades fundamentais ao exercício da liberdade criativa.

Um decreto de 20 de outubro de 1621 proibiu a atividade de pessoas africanas e descendentes no ofício de ourives — mais uma forma de repressão às suas tendências artísticas. A Igreja católica, que documentadamente possuía fazendas lucrativas graças ao trabalho forçado de pessoas escravizadas que eram posse de algumas ordens e instituições religiosas, ao manter sua parte na estrutura social de controle, oferecia pouquíssimas oportunidades a pessoas negras e mulatas para que desenvolvessem suas aptidões artísticas. Como se pode imaginar, todas as pinturas e esculturas tinham que ser reduzidas à orientação e ao sentido católicos. O século XVIII foi marcado por atividade artística intensa nos principais centros do país. Na cidade do Rio de Janeiro, um escravizado de nome Sebastião revelaria qualidades dignas de respeito em várias igrejas que decorara com suas pinturas a óleo. Na mesma cidade, Valentim da Fonseca e Silva (*c.* 1750-1813), nascido em Minas Gerais, desenvolveu uma obra artística prolífica e diversificada, esculpindo em madeira, trabalhando com ferro fundido e ouro. Ele é conhecido como Mestre Valentim, pois reuniu em torno de si um grupo que trabalhou sob sua influência. O pintor negro Oséas dos Santos nasceu na Bahia em 1865, e, já na virada do século, Francisco das Chagas produzia esculturas. Posteriormente, Manuel Querino desenhou, pintou e antologizou em livros os costumes, as religiões e artes de seus irmãos. Manuel da Cunha nasceu escravizado, estudou arte em Lisboa; quando voltou ao Brasil, comprou sua alforria e tornou-se um pintor reconhecido antes de sua morte, em 1809. Ainda no Rio de Janeiro, outros nomes merecem ser mencionados: Martinho Pereira, que trabalhava com prata, e João Manso Pereira, que sabia grego e hebraico, trabalhava com ferro e aço, fabricava porcelana, verniz e laca, bem como fazia experimentos químicos.

Durante todo o período colonial, o artista mais notável foi o mulato Antônio Francisco Lisboa (*c.* 1730-1814); filho de pai português e mãe africana, nasceu em Sabará, em Minas Gerais, e quando fez quarenta anos contraiu hanseníase. A doença devorou seus dedos e mãos: daí seu apelido de Aleijadinho. Arquiteto da Igreja, foi o poderoso escultor dos doze profetas, obra executada em pedra-sabão, em Congonhas do Campo. Pintou anjos e santos mulatos nas abóbadas e paredes de igrejas de Minas Gerais, e foi o representante da genial explosão do barroco no Brasil. Mas, por baixo da forma europeia de suas xilogravuras, figuras e imagens, um embrião definitivamente africano se revela; ele criou formas de envolver magia, e incendiar a infecção.

Estêvão Silva, um pintor negro que morreu no Rio de Janeiro em 1891, tornou-se famoso através de uma pintura sobre a escravidão intitulada *A Caridade*. Nascido na Paraíba, o mulato Pedro Américo (1843-1905) pintou cenas históricas em grandiosas dimensões. Dos fins do século XIX até o presente, a temática negra de personagens negras foi retratada por muitos pintores, entre os quais podemos citar Candido Portinari, Lasar Segall, Cícero Dias, Di Cavalcanti, Noemia, Teruz, Djanira, Ivan Serpa (falecido), Carybé (pintor e escultor), Mário Cravo (escultor), E. Bianco e muitos outros artistas brancos. Entre os negros e mulatos de nossos tempos estão: Dias Júnior, Heitor dos Prazeres (falecido), Barros, O Mulato, Santa Rosa (falecido), que inovaram a cenografia no teatro brasileiro; Sebastião Januário, Iara Rosa (pintora e tapeceira), Celestino, José de Dome, Cleoo, José Heitor (escultor), Agenor (escultor), Octávio Araújo, Yeda Maria, Manoel do Bonfim, Rubem Valentim, Agnaldo Manoel dos Santos (1926-62), que morreu prematuramente e era um escultor de talento excepcional, um guardião e seguidor da escultura tradicional africana, à qual contribuiu com soluções plásticas significativas e originais. Agnaldo, vencedor do grande prêmio internacional de escultura no I Festival Mundial das Artes Negras em Dacar, em 1966, produziu um trabalho de compromisso cultural intenso e íntimo com a África. Essa autenticidade africana trouxe-lhe reconhecimento como um dos grandes artistas brasileiros contemporâneos.

Quando fundei o Museu de Arte Negra no Rio de Janeiro em 1968, propus o seguinte:

uma ação e reflexão pedagógica destinada a valorizar a arte Negra e os artistas Negros, como um processo de integração étnica e estética, reavaliando simultaneamente as fontes primitivas e seu poder fecundo na manifestação artística do povo brasileiro [...]. Uma característica relevante do Museu da Arte Negra é seu conteúdo sociológico-pragmático implícito, o qual faz dele um instrumento para a transformação das atitudes e para a harmonização social, objetivando uma humanização urgente no que diz respeito às pessoas negras, falsamente libertas e apoiadas em nossa sociedade, mas na realidade desarmadas e despreparadas para a competição. Pessoas Negras são não apenas aquelas empobrecidas, mas elas são as únicas que foram escravizadas nesse país.[27]

O propósito não foi somente a organização de uma herança estética,[28] apenas para colecionar e conservar, mas a criação de um órgão dinâmico para o estudo sistemático das artes afro-brasileiras. Além disso, fazia-se necessário tentar influenciar uma mudança qualitativa que permitisse a superação das tendências de "folclorização" da criação artística sempre que se referisse à cultura africana.

No final de 1968 a perspectiva dessa direção artística me levou a assumir minha própria experiência como pintor. Não tinha como objetivos, em minha pintura, uma transcrição folclórica, tampouco a espontaneidade comercial do primitivismo. Sobre isso, refleti, certa feita:

Meus quadros emergem desde tal contexto como uma projeção dos símbolos e mitos afro-brasileiros, primordialmente aqueles que expressam a emoção religiosa. No entanto, não busco neles uma arte ritualística ortodoxa. O artista, como pertencente a determinada cultura, é essencialmente o profeta de uma linguagem que é dele mesmo, e é através desse meio que ele mantém um diálogo com o mundo e com seus contemporâneos, mostrando os problemas de seu tempo. É, portanto, nesse contexto de liberdade que meu trabalho deve ser definido. Minha arte não se conforma a sistemas ou normas, e se ocupa o mundo dos símbolos e imagens é para usufruir deles, para os descobrir e para intensificar seu significado arquetípico ou imaculado. Assim se faz o uso do mito como um instrumento de conhecimento efetivo — a linguagem da arte —, paralelamente ao conhecimento racional — a linguagem da ciência. Para nós, a emoção causada pelo sagrado é ao mesmo tempo a emoção estética. Como resultado disso, a pintura alcança um nível além da mera percepção visual-estética. A habilidade técnica, como objetivo principal, quase sempre sobrepuja a emoção profunda, a pureza inicial. Tento fazer com que minha arte penetre profundamente a cultura e a experiência histórica do homem negro. E essa jornada retrospectiva rumo ao *fiat* cosmogônico[29] não deve ser interpretada como uma "contemplação incestuosa de resíduos ancestrais". Entender a arte como um processo de luta — luta espiritual e intelectual da humanidade — é entender que a criatividade artística deve ser liberta do ritual rotineiro, do dogma. A arte negra, com sua liberdade inerente, se insurge contra os métodos e as normas da arte ocidental nem tanto para refutá-los, mas para impedir que seus critérios prevaleçam em nossa produção. Depois de quatrocentos anos de Diáspora Negra, de violência e imposição da cultura ocidental, é chegado o momento da redenção do significado mitopoético das civilizações negras africanas ancestrais.

Na busca de tais objetivos, minha obra distingue os símbolos e mitos que existem apenas na tradição — os símbolos mortos — daqueles que significam forças dinâmicas. Mais do que visualizar um retorno, nosso foco é na defesa da integridade e da continuidade do fluxo vital negro; suas fontes elementares, vitais e cósmicas, tão diferentes da mecanização tecnológica do mundo ocidental branco.

Os símbolos que estão vivos estabelecem o fundamento de uma cultura e formam a base da emoção estética. [...] Minha pintura nasce da fantasia, no entanto, não é ilusória, nem tampouco um ato fortuito: o mito, aqui, é o instrumento usado para a revelação e a descoberta da experiência histórica das pessoas negras. No que buscamos pelas raízes das imagens e dos símbolos, estamos criando uma arte verdadeiramente significativa culturalmente, em oposição à produção de uma arte negra que se manifesta unicamente no nível do folclore, na qual a negritude está apenas na cor da epiderme.[30]

As danças dramáticas

Parte das nossas memórias, como descendentes de povos africanos, nos é devolvida através das danças dramáticas e da música folclórica, os contos anônimos, os folguedos, o ritmo, a poesia que as pessoas escravizadas trouxeram consigo. A dança religiosa, a dança de guerra, a dança apenas pelo prazer de dançar. Uma dança nupcial angolana — a *quizomba* — contribuiu sobremaneira com o batuque e com o samba brasileiro. Danças religiosas originaram os passos seculares do alujá, jarre e jeguedê. O batuque de Angola-Congo projetou uma influência básica na criação da dança brasileira; por exemplo, é dele que vem a embigada (semba), uma manifestação marcada pelo encontro dos umbigos, literalmente, que é considerada por muitas pessoas a origem do nome samba. A música e a coreografia do samba assumem formas e nomes diferentes de acordo com a região; no Rio de Janeiro, o samba apresenta uma marca característica — o "passo deslizante".[31] Havia também formas mais antigas, como o lundu e o baiano. As que se encontram hoje são fartas e inúmeras: tambor de crioulo, no Maranhão; tambor, no Piauí; bambelô, no Rio Grande do Norte; samba de roda, na Bahia; jongo, nos estados do Rio de Janeiro e de São Paulo; samba e partido alto, na cidade do Rio de Janeiro; samba-lenço, em São Paulo; caxambu, nos estados do Rio de Janeiro e de Minas Gerais.

Nas escolas de samba do Rio de Janeiro pode-se encontrar a força criativa desse tipo de música popular num estado permanente; é de tais centros que o samba se irradia, influenciando toda a nação.

A trajetória do samba é cheia de percalços. A dança enfrentou resistência, oposição, e até perseguição similar àquela imposta contra as expressões culturais trazidas da África. O dr. Melo Morais manifestou-se contra "negros e negras vestidos de penas, *rosnando* toadas africanas e fazendo *bárbaro* rumor com seus instrumentos rudes" (grifos meus)[32] nas ruas da Bahia na véspera da festa do Reisado (em 6 de janeiro). Enquanto isso, o *Jornal de Notícias*, periódico daquela mesma cidade, no dia 12 de fevereiro de 1901, lamentou a africanização do carnaval, demandando, ao mesmo tempo, intervenção da polícia para cessar aqueles batuques que se espalhavam pelas ruas, "entoando o tradicional samba, pois que tudo isso é incompatível com o nosso estado de civilização".[33]

Até mesmo do topo de seus púlpitos, padres condenavam os batuques como imorais. No entanto, por razões de segurança, os batuques encontraram um defensor na figura do conde dos Arcos; no começo do século XIX, esse representante da alta cúpula da administração governamental manifestou a seguinte opinião:

Batuques olhados pelo Governo são uma coisa, e olhados pelos Particulares da Bahia são outra diferentíssima. [...] O Governo, porém, olha para os batuques como para um ato que obriga os Negros, insensível e maquinalmente de oito em oito dias, a renovar as ideias de aversão recíproca que lhes eram naturais desde que nasceram, e que todavia se vão apagando pouco a pouco com a desgraça comum; ideias que podem considerar-se como o Garante mais poderoso da segurança das Grandes cidades do Brasil [...]. Ora, pois, proibir o único Ato de desunião entre os Negros vem a ser o mesmo que promover o Governo indiretamente a união entre eles, do que não posso ver senão terríveis consequências.[34]

Não seria equivocado interpretar que o aporte das danças congos e moçambiques, bem como de outros tipos de danças dramáticas realizadas anualmente e em datas fixas, não seriam algo além de elos de uma mesma corrente nas estratégias apresentadas pelo conde dos Arcos: a divisão, a estimulação de brigas étnicas entre pessoas negras como forma de segurança dos brancos. A Igreja apoiou e supervisionou a realização de muitas festividades. Fraternidades para os "negros selvagens", para "crioulos" e para "mulatos" foram criadas com tal propósito, e tais organizações tinham, mandatoriamente, tesourarias brancas.[35]

Nos povos congos, a encenação mostra o príncipe destinado a morrer em sacrifício por seu povo, dominado pelos exércitos da rainha Ginga.

A dança dramática do bumba meu boi, considerada muitas vezes a mais interessante e original criação de nosso folclore, parece ser de origem europeia. Mas apresenta características negro-africanas mágicas e influência negra na configuração do seu aspecto dramatúrgico (auto), bem como nos papéis mesmos da ação cênica. Tais papéis se tornaram tão fortes e dominantes a ponto de transformar a dança numa "sátira violenta".[36] A perpetuação da memória das façanhas heroicas da República dos Palmares pode ser encontrada no auto dramático *Quilombos*, de Alagoas. O inconsciente folclórico registrou o refrão "folga, nêgo/ branco não vem cá", que os palmarinos cantariam, inebriados em sua liberdade.

Muitas das danças dramáticas no Brasil apresentam o episódio de morte e ressurreição do protagonista. Para mim, essas são projeções ancestrais de crenças africanas, o mito egípcio de Osíris trazido até o Brasil numa longa jornada espiritual, feita através do tempo e do espaço, e incorporado aos fundamentos espirituais iorubanos.

As artes africanas eram integradas, numa conjunção de dança, músicas e cânticos aos episódios dramáticos, à poesia, à pintura (nas máscaras), às roupas e aos ornamentos... Numa apresentação de congos ocorrida na Bahia em meados de 1760, havia oitenta máscaras.[37] Xales, braceletes, brincos, de procedência nigeriana; turbantes ou rodilhas, de origem maometana; miçangas e balangandãs, vindos de Angola e Congo — todos esses elementos fundiram-se no Brasil para formar a estética das mulheres negras em seus trajes típicos de baianas. A produção das roupas e ornamentos típicos da Bahia, uma tradição que persiste desde tempos coloniais, é ainda hoje o cerne do mais ativo complexo artesanal naquele estado.

Nosso folclore aponta figuras conectadas à situação histórica de pessoas africanas escravizadas, como o Pai-João, que corresponde ao norte-americano "uncle Tom", o preto velho, derrotado e resignado, um símbolo dramático da domesticação imposta; nas histórias dessa figura sobre a África e a escravização, mal podemos perceber a revolta ou os protestos que brotam de pequenas ironias.

O Negrinho do Pastoreio é outro desses festejos centrados na martirização, mostrando, dessa vez, o sacrifício de crianças negras sob a brutalidade do sinhozinho branco. Por sua vez, a Mãe Preta, outra figura mártir, não pode esconder, sob a aura de sentimentalismo barato com que a tradição brasileira a envolve, a desumana violação sexual que vitimizou as mulheres africanas escravizadas. Ironicamente, essa ação criminosa contra a mulher negra é usada para mostrar que, uma vez que o homem português se deitou com ela, isso seria demonstração de que ele não é racista — o que está de perfeito acordo com as versões oficiais...

Em um congresso de mulheres ocorrido no Rio de Janeiro em 2 de julho de 1975, as mulheres negras produziram um importante documento, no qual diziam:

O destino da mulher negra no continente americano, assim como de todas as suas irmãs da mesma raça, tem sido, desde a sua chegada, ser uma coisa, um objeto de produção ou de reprodução sexual. Assim, a mulher negra brasileira recebeu uma herança cruel: ser não apenas o objeto de produção (assim como o homem negro também o era), mas, mais ainda, ser um objeto de prazer para os colonizadores. O fruto dessa covarde procriação é o que agora é aclamado como o único produto nacional que não pode ser exportado: a mulher mulata brasileira. Mas se a qualidade deste "produto" é tida como alta, o tratamento que ela recebe é extremamente degradante, sujo e desrespeitoso.[38]

Música

Os povos africanos também trouxeram uma variedade de instrumentos musicais, alguns dos quais até hoje se fazem presentes e em uso, como os tambores — atabaques, de diferentes estilos e tamanhos —, o ganzá, o adjá, agogô, urucungo, gonguê; esses instrumentos, somados às danças dramáticas e à música folclórica, produziram uma excitação que seduziu e fascinou os compositores de música clássica.

O padre negro José Maurício (1767-1830), no entanto, não se inspirou em tais fontes. Sua formação musical foi europeia. Ele cantava, tocava o cravo e a viola e além disso também escrevia música religiosa. Foi o Mestre da Capela Real na corte de d. João VI, e um musicista de talento raro dentro de seu círculo.

Em contraste, no século XVIII o poeta mulato Caldas Barbosa cantava modinhas e escrevia lundus. Joaquim Manoel, outro mulato, expressava seu talento como grande violonista e cavaquinista no Rio de Janeiro em 1822. Muitas outras pessoas iriam contribuir com várias tonalidades e graus ao caráter negro nos princípios da música brasileira: Marcelo Tupinambá, Chiquinha Gonzaga, Eduardo Souto, Paulinho Sacramento.

Mais recentemente podemos citar: o mulato Francisco Braga, maestro e compositor; o negro Paulo Silva, professor de fuga e contraponto no Instituto Nacional de Música; Lorenzo Fernandez, compositor de batuques e jongos; Luciano Gallet, Ernani Braga, Camargo Guarnieri, Frutuoso Viana, Francisco Mignone, Barroso Neto, Heckel Tavares, José Siqueira, todos produzindo trabalhos nos quais era demonstrada a influência negra em sua estrutura, nos temas, ou em outro elemento formal.

Outros nomes negros importantes também aparecem, tanto no presente quanto no passado recente da música brasileira: Ismael Silva, Heitor dos Prazeres (falecido), Ataulfo Alves (falecido), Dorival Caymmi, Zé Kéti, Gilberto Gil, Jorge Ben, Caetano Veloso, Paulinho da Viola, Milton Nascimento. Especial referência há que ser feita em honra de Mercedes Baptista, uma coreógrafa e dançarina de grande talento, por seus esforços rumo ao desenvolvimento de valores negros na dança brasileira, com padrões artísticos bem estabelecidos e a preservação de suas raízes mais genuínas. O mesmo se aplica a Abigail Moura, recentemente falecido, que foi maestro e compositor e criou a Orquestra Afro-Brasileira.

O sofrimento de pessoas negras destacou-se em seus fluxos líricos e aprofundou seus impulsos dramáticos com uma dimensão inenarrável. A marca de sua sensibilidade se manifesta na totalidade da criação folclórica, na coreografia, bem como no canto, no verso, nos contos, nas cores e nos ritmos. Pessoas negras estão presentes em todas as formas de criatividade. Ainda durante os tempos da escravização, algumas reuniram-se num tipo de organização laboral coletiva — o canto. Elas ficaram conhecidas como negros de ganho. No canto, faziam artesanato e outros tipos de atividades: carregavam cadeirinhas, cargas, barris de vinho, pianos e todos os tipos de fardos pesados; varriam as ruas, eram sapateiros, ferreiros, alfaiates. Cada canto tinha uma liderança eleita, o capitão. Esses grupos de pessoas trabalhadoras também criaram seus cantos de trabalho. Os significados de alguns deles extrapolaram os limites do simples conforto musical ao trabalho exaustivo: um exemplo pode ser visto nas canções de carregadores de pianos: a música não tinha como objetivo aliviar o peso da carga, mas manter o instrumento musical afinado.

De Angola veio a capoeira, originalmente um sistema de arte marcial, que, no Brasil, integrou formas de dança, que representam, atualmente, uma das mais belas expressões ao som do primoroso berimbau.

A casa-grande, habitação que o senhor branco ocupava com sua família, também passou pela "invasão" africana: costumes, superstições, orixás, medicina e farmácia herbais, alimentos e culinária, até mesmo a forma de andar, falar, e a polidez africana deixaram uma marca profunda. O contato com essas culturas transformou permanentemente as próprias famílias brancas e, competindo com a influência europeia, a presença da África é agora totalmente visível entre descendentes daqueles que foram, então, os senhores.

Essas forças sedutoras comoviam todas as pessoas, até mesmo religiosas, como as que eram presas, junto a babalaôs (sacerdotes das religiões africanas) e praticantes dos xangôs, nas frequentes batidas policiais do Recife.[39] A espiritualidade africana oferece uma perspectiva da vida e da natureza que fala direta e nitidamente ao mundo dos sentimentos que existe dentro de cada um de nós. Em Pernambuco, os cultos africanos eram conhecidos como xangôs, enquanto na Bahia eram chamados, como vimos anteriormente, pelo nome de candomblés. Mais ao sul, os rituais predominantemente bantus foram amalgamados à presença indígena e à influência branca vinda predominantemente do espiritismo kardecista, bem como de marcas religiosas cristãs — o que resultou na umbanda, que é, nos dias de hoje, uma potência religiosa. No Rio de Janeiro, o nome macumba é usado para os rituais afro-brasileiros, e no Rio Grande do Sul são conhecidos como batuques.

Literatura

Sob o impacto das dificuldades de comunicação, existentes entre as próprias pessoas negras e entre elas e os brancos, as negras criaram palavras, alteraram a fonética, a morfologia e a sintaxe, o que, como resultado, transformou a estrutura da língua portuguesa. Em um estudo sobre a presença ativa da língua iorubá na Bahia, o nigeriano Ebun Omowunmi Ogunsanya considerou que "a pesquisa científica tem que se aprofundar no estudo que demonstre a influência da língua iorubá na língua brasileira".[40]

Como é de costume, algumas pessoas negras revelaram-se simultaneamente agressivas e competentes quando do improviso em desafios poéticos. O Nordeste manteve os nomes de famosos improvisadores — repentistas — negros ou mulatos: Inácio da Catingueira, Azulão, Manoel Preto, Teodoro

Pereira, Chica Barrosa, e muitos outros. As relações entre negros e brancos eram tema frequente nesses torneios poéticos:

Cantor branco
Moleque de venta chata
De boca de cururu,
Antes de treze de maio
Eu não sei o que eras tu
O branco é da cor da prata
O negro é da cor do urubu

Cantor negro
Quando as casas de negócio
Fazem sua transação
O papel branco é lustroso
Não vale nem um tostão,
Escreve-se em tinta preta
Fica valendo um milhão

Gregório de Matos, no século XVII, introduziu motivos negros em sua poesia. A forte presença negra deixa marcas e traços, injeta vitalidade e cor, espraia poesia e drama na literatura brasileira. No entanto, a possibilidade de tornar-se produtor literário, num sentido formal, era interdita às pessoas negras. Nos dois primeiros séculos após a descoberta do Brasil, a participação negra só era possível na forma anônima do folclore, especialmente como narradores, retomando a tradição de *arokin* ou *akpalo*, da Nigéria. Era uma contribuição na perspectiva da tradição oral: contos, adivinhas, versos, provérbios, trocadilhos e sátiras.

José Basílio da Gama (*c.* 1741-95), um mulato de Minas Gerais, escreveu poesia épica e, de forma similar, algumas pessoas negras e mulatas, a despeito das restrições existentes, conseguiram ascender aos mais altos estandartes da criatividade poética de seu tempo: Caldas Barbosa, José da Natividade, Antônio Gonçalves Dias (nascido em 1823), um mulato do Maranhão que escrevia poesia lírica intensamente permeada de panteísmo; Castro Alves (1847-71), o Condor da Bahia, que alçou asas em defesa das pessoas negras escravizadas em seus poemas "Vozes d'África", "O navio negreiro", "Poema dos escravos", forjando peças de beleza trágica, ao descrever os horrores do tráfico negreiro e da escravidão; Luiz Gama, outra voz implacável que havia sido, ele mesmo, escravizado. Nascido na Bahia (1830-82), quando tinha dez anos, seu pai, um aristocrata português, o vendeu; Gama foi enviado para São Paulo, onde conquistou sua liberdade e alcançou a posição de jornalista, advogado e orador, dedicando-se totalmente à causa da libertação de sua raça. Escreveu a sátira "Bodarrada" para ridicularizar as presunções de certos "brancos-fingidos". Sua mãe, Luíza Mahin, uma escravizada que adquiriu sua alforria, tornou-se famosa como uma das líderes das rebeliões escravas ocorridas na Bahia durante o período de 1820 a 1835.

O escritor negro Cruz e Sousa (1861-98) foi uma personalidade bastante única, inigualável na literatura brasileira. Nascido em Florianópolis, ele viveu no Rio de Janeiro uma vida de dor excruciante. Sofreu humilhação e retaliações, mas deixou uma obra poética imortal: *Faróis*, *Evocações* e *Últimos sonetos*. Em prosa, deixou "O emparedado", testemunho comovente de sua aventura existencial. Poeta simbolista, é posto lado a lado, pelos críticos literários, com Baudelaire e Mallarmé. Segundo Bastide (1973), o "Cisne Negro" "metamorfoseou [...] seu protesto racial em uma revolta estética, seu isolamento étnico em isolamento de poeta, a barreira de cor na barreira dos filisteus contra os artistas puros".[41] Cruz e Sousa aspirou a penetrar na noite "até que uma nova e inédita interpretação visual da cor negra reluzisse adiante".

O mulato Machado de Assis, nome mais consagrado no romance e no conto brasileiros, dá mostras da influência negra em seu trabalho, e ela também está presente na escrita de outros autores como Coelho Neto, José de Alencar, Bernardo Guimarães, Afonso Schmidt, Aluísio Azevedo, Artur Azevedo etc.

Mais recentemente, outras vozes negras e mulatas emergiram na poesia: Lino Guedes (falecido), de São Paulo; Omar Barbosa, do Espírito Santo; Solano Trindade, de Pernambuco, que morreu no Rio de Janeiro (1974), onde viveu e dirigiu o Teatro Popular Brasileiro; Jorge de Lima (falecido), famoso autor do poema "Essa negra Fulô"; Raymundo Souza Dantas, de Sergipe, romancista; Fernando Góes, crítico e cronista em São Paulo; Deoscóredes M. dos Santos (Didi), sacerdote no terreiro [Ilê] Axé Opô Afonjá (em Salvador), que colecionou os contos nagô; Sebastião Rodrigues Alves, do Espírito Santo, militante incansável da cultura negra, que publicou um estudo sobre a ecologia do grupo afro-brasileiro; Romeu Crusoé, mulato do Nordeste, que escreveu *A maldição de Canaã*, romance que trata da questão racial em sua terra natal; Eduardo de Oliveira, de São Paulo, autor de *Gestas líricas da negritude*; Ironides Rodrigues, dramaturgo que escreveu *A estética da negritude*, ainda não publicado.

Guerreiro Ramos, mulato da Bahia, é um nome muito importante na formação da sociologia brasileira; sua obra focaliza a alienação estética do país, onde a cor negra sofre discriminação e é associada a ideias de "demônio" e "feiura". Dessa forma é que ele expressa um conceito vital: "A beleza negra não é, porventura, criação cerebrina dos que as circunstâncias vestiram de pele escura, espécie de racionalização ou autojustificação, mas um valor eterno, que vale ainda que não seja descoberto".[42]

Tomaria muito espaço enumerar a totalidade de escritores que foram influenciados pela cultura negra, mas não posso deixar de mencionar o nome de Antônio Olinto. Em seu romance

A casa da água, ele pinta um quadro vasto da vida e dos costumes de pessoas descendentes de escravizadas que retornaram para o continente africano; a narrativa segue três gerações, no Brasil, na Nigéria e no Daomé. Gerardo Mello Mourão, poeta "maldito" do Ceará; Carlos Drummond de Andrade, Manuel Bandeira (falecido), Cassiano Ricardo estão entre os que elogiaram a negritude através de sua obra poética.

Outro homem negro que, enfrentando inenarráveis dificuldades e entraves à sua sobrevivência, deixou alguns dos mais importantes romances de nossa literatura foi Lima Barreto, nascido no Rio de Janeiro. Mário de Andrade, um mulato de São Paulo, desempenhou um papel de destaque na intelligentsia brasileira, especialmente na famosa Semana de Arte Moderna, realizada em São Paulo em 1922. Ali foi que vieram à tona pioneiras e tímidas referências à importância das culturas africanas e negras no desenvolvimento das artes. Jorge Amado, da Bahia, é um escritor brasileiro cuja obra foi traduzida para um número expressivo de idiomas estrangeiros. Seus livros numerosos quase sempre retratam aspectos do cotidiano, bem como da religião, dos povos negros na Bahia. Uma exposição vasta de personagens pretas e mulatas são o tema de sua contação de histórias. É lamentável, no entanto, que a glorificação da mestiçagem, manifestada em seus livros, sirva ao propósito de reforçar a teoria do "branqueamento" de nosso povo.

Já tive oportunidade, em minha Carta Aberta,[43] de expressar minha rejeição ao propósito agressivo de assimilação e aculturação. Ela coincide com o pronunciamento de Amílcar Cabral, ao declarar: "o domínio colonial tentou criar teorias as quais, de fato, são apenas grosseiras formulações do racismo". Ele segue: "Esse, por exemplo, é o caso da assim chamada teoria de 'assimilação' progressiva das nações nativas, que volta a ser apenas uma tentativa mais ou menos violenta de se negar a cultura do povo em questão".[44]

Entre nós há variadas instâncias em que pessoas negras e mulatas estão de tal modo marcadas por essa assimilação que a manifestam em forma de auto-ódio, e tentam exorcizar sua negritude através da autoflagelação. É o que se passa, por exemplo, com o etnógrafo Edison Carneiro, um mulato da Bahia, quando afirma: "a obra do que chamamos 'civilização do Brasil' foi exatamente a destruição das culturas particulares do negro e do índio".[45]

E o autor segue, concluindo sua reflexão: a ruptura com os laços que nos ligam à África, "embora por processos muitas vezes brutais, me parece uma *aquisição válida* do povo brasileiro" (ênfase minha).[46]

Teatro e cinema

Os fundamentos de um teatro brasileiro autêntico podem ser reconhecidos nas danças dramáticas, nos "autos" populares, nos rituais afro-brasileiros e nos fatos e personagens históricos, como Palmares e seu último comandante, o heroico Zumbi; a Revolta dos Malês (hauçás) na Bahia, bem como a Revolta dos Alfaiates. A lenda de Chico Rei, que chegou ao Brasil como escravizado após ter sido rei na África, é bastante representativa dessa tradição. Ele foi capaz de libertar todo seu povo, comprou uma mina de ouro e construiu um Estado dentro do estado de Minas Gerais no século XVIII.

Na dramaturgia do período colonial, pessoas negras aparecem apenas incidentalmente em papéis cômicos, pitorescos ou decorativos. A regra dos nossos palcos era pintar de preto um ator branco, quando o papel demandava uma profundidade dramática. Mas, ainda assim, é possível citarmos algumas peças em que as pessoas negras são personagens significativas ou o tema da dramaturgia: de Joaquim Manuel de Macedo, *O cego* (1849); de Agrário de Menezes, *Calabar*; *O escravocrata* e *O Liberato*, de Artur Azevedo; e *O mulato*, de Aluísio Azevedo; *O demônio familiar* e *Mãe*, de José de Alencar. Martins Pena utilizou-se da presença negra nos palcos mais como um elemento pitoresco. No entanto, permanecemos num vácuo quase total no que se refere a pessoas negras nessa área, bem como em outros trabalhos desse período, em que nada relevante pode ser mencionado.

Foi por isso que me senti, então, compelido por tais circunstâncias, a iniciar o Teatro Experimental do Negro (TEN), que fundei em 1944 no Rio de Janeiro com um pequeno grupo de amigos. Posteriormente, eu teria oportunidade de escrever, sobre o TEN:

> Antes do ano de 1944, quando concretizei, no Rio de Janeiro, a fundação do Teatro Experimental do Negro — TEN — àquelas preocupações iniciais outras se juntaram, e na reflexão e na crítica o projeto primitivo se tornou mais profundo e complexo. Perguntava-me: o que poderia haver, para além da barreira ornamental da cor, justificando a ausência do negro na cena brasileira? Seria válida a hipótese de sua incapacidade para representar papéis sérios, de responsabilidade artística? Talvez fosse só considerado capaz de fazer o moleque pitoresco ou personagem folclórico? Existiriam implicações mais profundas, uma diferença básica de concepção artística e expressão teatral? Porventura condicionamentos exclusivistas e conflitantes de uma estética branca e de uma estética negra? Algo haveria nos fundamentos daquela anormalidade objetiva dos anos de 1944, pois dizer Teatro genuíno — fruto da imaginação e do poder criador do homem — é dizer mergulho nas raízes da vida. E vida brasileira excluindo o negro de seu centro vital só por cegueira ou deformação da realidade. Impunha-se assim um recuo histórico para

a decifração das contradições que tínhamos pela frente, e quem sabe o encontro da luz que iluminaria o roteiro que o Teatro Negro do Brasil haveria de percorrer.[47]

Depois de considerações subsequentes, prossegui:

Um teatro negro do Brasil teria de partir do conhecimento prévio desta realidade histórica, na qual exerceria sua influência e cumpriria sua missão revolucionária. Engajado a esses propósitos foi que surgiu o TEN, que fundamentalmente propunha-se a resgatar, no Brasil, os valores da cultura negro-africana degradados e negados pela violência da cultura branco-europeia; propunha-se a valorização social do negro através da educação, da cultura e da arte. Teríamos que agir urgentemente em duas frentes: promover, de um lado, a denúncia dos equívocos e da alienação dos estudos sobre o afro-brasileiro, e fazer com que o próprio negro tomasse consciência da situação objetiva em que se achava inserido. Tarefa difícil, quase sobre-humana, se não esquecermos a escravidão espiritual em que foi mantido não somente antes, como depois de 13 de maio de 1888, quando, teoricamente, ele se libertara da servidão. Porque de fato a mesma estrutura econômico-social permaneceu e o negro liberto não colheu nenhum dividendo econômico, social ou cultural. Após a abolição da escravatura, segundo o professor Florestan Fernandes, manteve-se inalterada uma situação de raça típica da ordem social desaparecida. A um só tempo o TEN alfabetizava seus primeiros elementos — recrutados entre operários, empregadas domésticas, favelados sem profissão definida, modestos funcionários públicos — e oferecia-lhes uma nova atitude, um critério próprio que os habilitava também a ver, enxergar o

268

espaço que ocupavam, inclusive o grupo afro-brasileiro, no contexto nacional.[48]

O TEN promoveu o I Congresso do Negro Brasileiro no Rio de Janeiro, em 1950, e realizou um concurso de pinturas do Cristo Negro em 1955.

De 1944 a 1968, quando o TEN deixou de existir enquanto instituição formal, foi exercida sua influência na forja da transformação da situação do teatro brasileiro, abrindo caminhos para a inclusão de atores e atrizes negras e negros, como Ruth de Souza, Claudiano Filho, Léa Garcia, José Maria Monteiro, Haroldo Costa e dezenas de outras pessoas. Algumas das quais estão hoje inseridas como profissionais na televisão, no cinema e no teatro. O TEN estimulou a emergência de peças com heróis negros, produziu algumas delas e publicou parte de sua dramaturgia em uma antologia chamada *Dramas para negros e prólogo para brancos*. Nesse livro estavam incluídas as peças: *O castigo de Oxalá*, de Romeu Crusoé; *Auto da noiva*, de Rosário Fusco; *O filho pródigo*, de Lúcio Cardoso; *Aruanda*, de Joaquim Ribeiro; *O emparedado*, de Tasso da Silveira; *Filhos de santo*, de José de Morais Pinho; *Sortilégio*, de Abdias Nascimento; *Anjo negro*, de Nelson Rodrigues; e *Além do rio*, de Agostinho Olavo.

Um grande ator revelado pelo TEN foi Aguinaldo Camargo, que perdeu a vida num acidente de carro. Sobre ele, Guerreiro Ramos escreveu: "Um homem fabuloso, com uma vocação incoercível para a grandeza, uma organização espiritual das mais complexas, aparecida no Brasil, uma criatura de eleição a quem as limitações e a mediocridade do meio negaram realização".[49]

O TEN declarou guerra de forma inflexível contra qualquer manifestação, explícita ou velada, que, sob a carapuça de folclore, paternalismo, ou mesmo de ciência antropológica ou etnológica, objetivasse a redução de valores negros ao nível do primitivo, naïf ou mágico. O processo do teatro negro no Brasil está apenas nos primórdios de uma jornada fecunda dentro das criações artísticas do país.

E qual seria o espaço para pessoas negras no cinema brasileiro? Essa talvez seja a área onde sejam menos visíveis, mesmo com a existência de um ator fabuloso como Grande Otelo, que tem uma carreira de mais de trinta anos. Em vários filmes interpretou a personagem negra típica, cômica, em comédias e musicais desimportantes. Apesar disso, há entre eles alguns dignos de menção: *Amei um bicheiro* (1952), de Jorge Ileli; *Moleque Tião* (1943), de José Carlos Burle, que dirigiu igualmente *Também somos irmãos* (1949), em que Otelo contracena com Aguinaldo Camargo; *Rio, 40 graus* (1955) e *Rio, Zona Norte* (1957), de Nelson Pereira dos Santos; e *Sinhá Moça* (1953), de Tom Payne.

O francês Marcel Camus dirigiu o mais famoso filme com um elenco negro, e quase totalmente rodado dentro de uma favela no Rio de Janeiro, o *Orfeu negro* (1958), premiado com o Grand Prix em Cannes. Mas, na realidade, esse filme nada mais é do que uma exploração comercial da miséria dos morros cariocas, transfigurados, pelo carnaval, em um lugar de alegria, música e amor, onde o ritmo, as cores, a batida dos tambores e os acordes do violão existem para trazer felicidade às pessoas. *Assalto ao trem pagador* (1962), de Roberto Farias, é um filme que mostra que o favelado rouba porque vive em extrema pobreza.

Dos pontos de vista artístico e cultural, a tentativa mais válida de filmar pessoas negras foi feita por Glauber Rocha em *Barravento* (1961). Cheio de imagens belas e fortes da vida negra, e sem recorrer a expedientes vulgares, esse filme toca no tema da luta de classes e das culturas negras tradicionais da Bahia. *Ganga Zumba* (1963), de Carlos Diegues, posiciona-se numa perspectiva de história negra — enquanto em qualquer outro filme as pessoas negras são vistas de fora, seguindo a perspectiva branca. O filme trata da vida de Zumbi enquanto adolescente escravizado, antes de assumir a posição de comandante em Palmares. *Macunaíma* (1969), de Joaquim Pedro de Andrade, significa, segundo João Carlos Rodrigues, "a grande alegoria sobre o destino das pessoas negras na sociedade brasileira, onde, em certo momento, o protagonista, negro e feio (Grande Otelo), através de um truque mágico, se torna branco e bonito (Paulo José)".

A intolerância da Igreja católica contra as religiões afro-brasileiras é retratada em *O pagador de promessas* (1962), de Anselmo Duarte. Alguns dos mais importantes atores e atrizes negros no cinema brasileiro são Léa Garcia, Ruth de Souza, [Antonio] Pitanga, Milton Gonçalves, Jorge Coutinho, Adalberto, Zeni Pereira, Luiza Maranhão e Zózimo Bulbul.

Não há um único diretor de cinema negro no Brasil.

FIM

Búfalo, Nova York, 5 de dezembro de 1975

Bibliografia

ALVES, Rodrigues. *A ecologia do grupo afro-brasileiro*. Rio de Janeiro: MEC; Serviço de Documentação, 1966.

ANDRADE, Mário de. *Danças dramáticas do Brasil*. 3 v. São Paulo: Martins, 1959.

BASTIDE, Roger. *Sociologia do folclore brasileiro*. São Paulo: Anhembi, 1959.

_____. *O candomblé da Bahia*. São Paulo: Companhia Editora Nacional, 1962.

_____. *Las Américas negras*. Madri: Alianza, 1969.

_____. *Estudos afro-brasileiros*. São Paulo: Perspectiva, 1973.

_____. "Sociologie du théâtre nègre brésilien". *Ciência e Cultura*, São Paulo, v. 26, n. 6, pp. 551-61, 1974.

CABRAL, Amílcar. "Return to the Source". *Monthly Review*, Nova York, 1973.

CAMARGO, Oswaldo de. *O carro do êxito*. São Paulo: Martins, 1972.

CARVALHO NETO, Paulo de. *El folklore de las luchas sociales*. Cidade do México: Siglo XXI, 1973.

CORBISIER, Roland. *Formação e problema da cultura brasileira*. Rio de Janeiro: Iseb, 1958.

CRUSOÉ, Romeu. *A maldição de Canaã*. Rio de Janeiro: Irmãos di Giorgio, 1951.

DIOP, Cheikh Anta. *The African Origin of Civilization*. Trad. de Mercer Cook. Nova York: Lawrence Hill, 1974.

EDWARDS, Flora Mancuso. *The Theater of the Black Diaspora: A Comparative Study of Black Drama in Brazil, Cuba and the United States*. Nova York: Universidade de Nova York, 1975. Tese (Doutorado em Filosofia). [Não publicada.]

FERNANDES, Florestan. *Integração do negro na sociedade de classes*. São Paulo: Universidade de São Paulo, 1964.

_____. *O negro no mundo dos brancos*. São Paulo: Difusão Europeia do Livro, 1972.

FREYRE, Gilberto. *Casa-grande & senzala*. 2 v. 13. ed. Rio de Janeiro: José Olympio, 1966.

GILLIAM, Angela. *Language Attitudes, Ethnicity and Class in São Paulo and Salvador da Bahia (Brazil)*. Union Graduate School, Nova York, 1975. Projeto de excelência. [Não publicado.]

LÉVI-STRAUSS, Claude. *Raça e história*. Trad. de Inácia Canelas. Lisboa: Presença, 1973. [*Race et histoire*. Paris: Unesco, 1952.]

MOREL, Edmar. *A Revolta da Chibata*. Rio de Janeiro: Irmãos Pongetti, 1959.

MOURA, Clóvis. *Rebeliões da senzala*. Rio de Janeiro: Conquista, 1972.

NABUCO, Joaquim. *O abolicionismo: Conferências e discursos abolicionistas*. São Paulo: Instituto Progresso Editorial, 1949.

NASCIMENTO, Abdias. *Sortilégio*. Rio de Janeiro: Teatro Experimental do Negro, 1959.

_____. *Dramas para negros e prólogo para brancos*. Rio de Janeiro: Teatro Experimental do Negro, 1961.

_____. *O negro revoltado*. Rio de Janeiro: Edições GRD, 1968.

OBENGA, Theophile. *L'Afrique dans l'Antiquité*. Paris: Présence Africaine, 1973.

OGUNSANYA, Ebun Omuwunmi. *Residual Yoruba-Portuguese Bilingualism*. Cambridge, Mass.: Universidade Harvard, 1971. Tese (Bacharelado em Artes, com honras). [Não publicada.]

OJO, G. J. Afolabi. *Yoruba Culture: A Geographical Analysis*. Londres: University of London Press, 1971.

OLINTO, Antonio. *The Water House*. Londres: Rex Collings, 1970. [Ed. bras.: *A casa da água*. v. I. Rio de Janeiro: Bertrand Brasil, 2007.]

OLIVEIRA, Eduardo de. *Gestas líricas da negritude*. São Paulo: Obelisco, 1967.

ORTIZ, Fernando. *Los negros brujos*. Miami: Ediciones Universal, 1973.

QUERINO, Manuel. *A raça africana e seus costumes*. Salvador: Progresso, 1956.

RAMOS, Arthur. *As culturas negras no novo mundo*. 2. ed. São Paulo: Companhia Editora Nacional, 1946.

_____. *O negro na civilização brasileira*. Rio de Janeiro: Casa do Estudante do Brasil, 1956.

RAMOS, Guerreiro. *Introdução crítica à sociologia brasileira*. São Paulo: Andes, 1957.

RIBEIRO, René. *Religião e relações raciais*. Rio de Janeiro: MEC, 1956.

RODRIGUES, Nina. *Os africanos no Brasil*. 3. ed. São Paulo: Companhia Editora Nacional, 1945.

SILVA, J. Romão da. *Luís Gama e suas poesias satíricas*. Rio de Janeiro: Casa do Estudante do Brasil, 1954.

THOMAS, Louis-Vincent. *Les Idéologies négro-africaines d'aujourd'hui*. Paris: A. G. Nizet, [s.d.].

TRAORÉ, Bakary. *The Black African Theatre and Its Social Functions*. Trad. de Dapo Adelugba. Ibadan: Ibadan University Press, 1972.

TRINDADE, Solano. *Seis tempos de poesia*. São Paulo: Isbra, 1958.

WILLIAMS, Chancellor. *The Destruction of Black Civilization*. Chicago: Third World, 1974.

Revistas e outras publicações

III Congresso de História Nacional, 1938, Rio de Janeiro. *Anais...* Rio de Janeiro: Instituto Histórico e Geográfico Brasileiro, v. 8, 1942.

80 ANOS de abolição. Rio de Janeiro: Cadernos Brasileiros, 1968.

80 ANOS de abolição (mesa-redonda). Rio de Janeiro: Cadernos Brasileiros, 1968.

AFRICAN FORUM. *American Society of African Culture*, Nova York, v. 2, n. 4, primavera 1967.

HISTÓRIA da cultura brasileira. Rio de Janeiro: Conselho Federal de Cultura, 1973.

POLÍTICA Externa Independente. Rio de Janeiro: Civilização Brasileira, v. 1, n. 3, 1966.

PRÉSENCE Africaine, Paris, v. 30, n. 58, segundo trimestre 1966.

TEATRO Experimental do Negro: Testemunhos. Rio de Janeiro: Edições GRD, 1966.

Arte afro-brasileira:
Um espírito libertador*

Sendo a Arte feitura do amor, ela implicitamente significa um ato de integração humana e cultural. Um ato levado rumo a uma civilização continuamente reavaliada, criada para a humanidade e, por toda ela, compartilhada.

O amor é muito mais que apenas simpatia, uma atmosfera subjetiva; é a solidariedade num comprometimento *ativo*. O amor é um valor dinâmico. Consequentemente, o artista tem o irrefutável dever, nesse ato de amor, de expressar sua relação concreta com a vida e a cultura de seu povo. Uma relação compreendida em todos os níveis, todas as formas, sentidos, implicações e conotações. O exercício de pura abstração, o jogo exclusivamente formal, se reduz ao nada — ao artifício da "arte pela arte".

O que a arte negra foi, no Brasil, e o que ela é? Logo de início devemos dizer que o desenvolvimento da arte negra brasileira se deu essencialmente da mesma forma como se deu em outros países do Novo Mundo onde pessoas africanas foram escravizadas. Há pequenas diferenças nos detalhes que se originam na história de cada país, variações dos níveis de opressão; mas a violência intrínseca do sistema escravagista equiparou a experiência histórica de todas as pessoas negras. Nas Américas, os poderes coloniais intentaram terminantemente aniquilar o poder criativo de pessoas africanas através

---

* Texto publicado originalmente em inglês e traduzido por tatiana nascimento.

da mesma desumanização de que se valeram no próprio continente africano. Depois da invasão do chão africano, da pilhagem, do estupro, da escravização e do genocídio de cerca de 100 milhões de pessoas africanas; do roubo das riquezas naturais, bem como dos tesouros artísticos da África, vieram a dominação cultural, a negação do espírito africano, a degradação de homens e mulheres africanos à condição de animais. A *ideologia da branquitude* soergueu-se como o valor absoluto.

Recursos vários foram utilizados para que se institucionalizasse uma branca "superioridade" e a "inata" inferioridade negra. A ciência não foi negligenciada em tal empenho; antropologia, etnologia, história, medicina, todas fizeram suas contribuições. O ano de 1843 anunciaria o debute da proposição de P. F. von Siebold:[1] fundar museus etnográficos nos países europeus colonizadores por ser, entre outros motivos, "um negócio lucrativo". Desde então, instituições dessa natureza proliferaram, sendo os mais ilustres modelos os museus de Berlim, Roma, Londres, Dresden, Paris, Leipzig, todos operando como agências de estudos africanos a serviço do opressor. Os museus se uniram aos cientistas, teóricos e estudiosos na forja de teorias elaboradas acerca do exotismo, da inferioridade, da frivolidade, da selvageria africana.

A produção do continente, rotulada de material etnográfico ou folclórico, na opinião dos estudiosos e críticos, não chegava ao nível artístico. O conjunto de ignorância, má-fé e etnocentrismo branco-europeu demonstrava sua incapacidade de alcançar uma compreensão acerca da real natureza das obras africanas como um fenômeno artístico. Eles não eram capazes de compreender seu sistema de valores intrínseco, suas normas, suas raízes, suas formas e significados; ou, se pudessem, os brancos apologistas sentiam-se compelidos a escamotear isso. A arte branca ocidental construiu a si mesma como o ápice da criatividade humana de todos os tempos.

Em Paris, entre 1905 e 1907, Vlaminck, Derain, Picasso e outros pintores "descobriram" a qualidade artística das máscaras e esculturas africanas. Apenas pouco tempo antes dessa reviravolta na história da arte, um psiquiatra na Bahia — Nina Rodrigues — havia iniciado o que ficaria conhecido como os estudos científicos sobre os povos africanos no Brasil. Sendo ele mulato, Nina Rodrigues tomou para si, beatificamente, os postulados da ciência europeia. Em seu livro *Os africanos no Brasil* (1932), ele analisa "cientificamente" uma escultura representando Xangô, a divindade do trovão na cultura iorubana. Usando teorizações prévias do europeu Lang, que caracterizavam a pessoa negra como selvagem, possuidora de uma "consciência obscura", Rodrigues afirma: "Para a ciência não é esta inferioridade [da raça Negra] mais do que um fenômeno de ordem perfeitamente natural".[2]

Seguindo essa lógica "científica", Rodrigues nega ao escultor da obra de Xangô qualquer habilidade técnica primária, por razão de este não usar as proporções normativas[3] entre braços e pernas. Uma peça tão lamentavelmente deformada não poderia atender a nenhum dos requisitos fundamentais de uma obra de arte. Nina Rodrigues morreu em 1906 e nunca viu as pinturas de Modigliani, ou *Les Demoiselles d'Avignon*, de Picasso. Se as tivesse visto sem assinatura, elas seriam tomadas, de acordo com seu "rigor crítico", apenas por mais uma monstruosidade do barbarismo africano. Se as tivesse visto assinadas, no entanto, a compulsão colonizada que o fazia abençoar qualquer coisa europeia teria mudado seu julgamento de forma considerável.

O sociólogo negro Guerreiro Ramos, nascido na Bahia, foi o fundador de uma sociologia legítima pertencente ao Brasil. Ele é, agora, professor na University of Southern California, em Los Angeles, e, em contraste com Nina Rodrigues, um verdadeiro cientista; Guerreiro Ramos fornece uma definição cabal: "Nina Rodrigues é, no plano da ciência social, uma nulidade, mesmo considerando-se a época em que viveu.[4] [...] Sua obra, neste particular, é um monumento de asneiras".[5]

A despeito disso, Rodrigues liderou toda uma escola de etnologia que ficou conhecida como Escola da Bahia e teve muitos discípulos. Sua obra constitui um diagnóstico das ideias predominantes a respeito de pessoas negras africanas e descendentes na sociedade brasileira.

Desde o início da presença africana no Brasil, as pessoas escravizadas provaram que o ideário racista era falso. Povos africanos vindos do golfo da Guiné demonstraram seu alto nível de desenvolvimento nos famosos bronzes do Benin; os que vieram do Daomé eram exímios na feitura de obras em cobre; o grupo ashanti, em seus tecidos. Da Costa do Marfim, do Daomé e da Nigéria vieram especialistas na escultura em madeira e na forja do metal. Por sua vez, de Moçambique vieram artesãos que trabalhavam o ferro.

Tais povos africanos não puderam exercer sua arte no Brasil, não apenas pelos limites inerentes e coercitivos do sistema escravocrata, mas, ainda, devido a proibições oficiais, assim como o decreto português de 20 de outubro de 1621, o qual proibia que pessoas negras trabalhassem com a artesania do ouro, e também devido à Igreja católica, cujas ordens religiosas e irmandades exploravam pessoas africanas como mão de obra servil doméstica e em suas lucrativas propriedades rurais. Toda a estrutura da sociedade colonial formava uma multidão de exploradores tirando vantagem absoluta da força de trabalho das pessoas africanas; e para garantir a estabilidade do sistema, elas eram mantidas sob um regime de terror, brutalidade e ignorância que as tratava como bestas de carga.

E apesar de tudo isso, percebemos que forma nenhuma de violência física ou espiritual foi capaz de refrear as inclinações artísticas dos povos escravizados. Tampouco teve sucesso em impedir o desenvolvimento de uma cultura africana vívida. Os povos africanos souberam como se aproveitar mesmo das menores oportunidades para prevenir sua total desumanização. A escultura em madeira, principalmente de origem nigeriana, seguiu em sua riqueza expressiva, principalmente por meio de símbolos rituais e imagens sagradas do candomblé, sua religião de origem.

Sistematicamente perseguido pela religião oficial, o catolicismo, e pela polícia, o candomblé resistiu em sua energia e vitalidade, constituindo a fonte da resistência cultural e o berço da arte afro-brasileira. O candomblé, um culto dos orixás, tinha que encontrar refúgio em lugares ocultos ou de difícil acesso. Ainda assim, ao longo de sua vasta história, a religião sofreu violência policial incessante. Seus terreiros, no coração da mata ou na encosta de morros distantes, eram e ainda são frequentemente saqueados pela polícia, que confiscava esculturas rituais, objetos de culto e vestes litúrgicas, prendendo yalorixás e babalorixás, bem como seus filhos de santo.

Os objetos de culto nunca perderam o feitio de obras de arte genuínas. No entanto, infelizmente, muitas dessas obras foram arbitrariamente tomadas por e para instituições tais como o Museu da Polícia do Rio de Janeiro, ou o Instituto Nina Rodrigues, na Bahia, e exibidas em mostras etnográficas, prova da criminalidade supostamente inata de pessoas africanas e sua psique patologicamente doentia.

Durante os séculos XVI e XVII, com seus verdadeiros talentos reprimidos, pessoas africanas conseguiram dar vazão à manifestação de sua arte apenas pelo trabalho coletivo nas igrejas católicas, sob direção de padres brancos. Algumas, individualmente, realizaram feitos significativos, como foi o caso de Francisco das Chagas, que trabalhou na igreja do Carmo no século XVIII. Assim também o genial artista Antônio Francisco

Lisboa. Apelidado de Aleijadinho, deixou uma obra artística impressionante, em escultura, arquitetura e pintura, em várias cidades de Minas Gerais. Filho de uma mãe negra e de pai português, Aleijadinho foi o artista mais importante nas Américas no século XVIII.

No decorrer de tantos séculos, testemunhamos a transmissão da pintura de origem africana nos símbolos rituais dos terreiros, na ornamentação dos pegis e na decoração de muros residenciais. Esse legado foi, no entanto, uma produção velada, quase secreta. Com a abolição legal da escravatura em 1888, e com a subsequente entrada massiva de migrantes europeus, a situação não teve mudança substancial. Livres em teoria, mas sem oportunidades de trabalho — uma vez que a mão de obra branca migrante tinha preferência —, pessoas negras seguiram escravizadas a todo tipo de esfacelamento pessoal e familiar.

Da importação e interdição de pessoas negras, da migração de brancos europeus, do colonialismo, da Igreja católica — dessa matriz nasceu o Brasil. A sociedade brasileira, herdeira de um legado retrógado e anti-histórico deixado pelo português colonizador, mantém uma estrutura racial inalterada, para vantagem absoluta das classes dominantes. O preconceito de cor, a discriminação racial e a ideologia racista seguem disfarçadas sob a máscara de uma suposta *democracia racial*, que tem um propósito fundado em três pilares: primeiro, evitar reivindicações de teor racial; depois, assegurar que o resto do mundo não tenha consciência do verdadeiro genocídio perpetrado contra pessoas negras brasileiras; por fim, aliviar a consciência culpada da própria sociedade brasileira, que está agora mais do que nunca exposta ao julgamento de nações soberanas africanas — sobre as quais o Brasil pretende obter vantagens econômicas. Mas, a despeito desse tipo de fantasia ideológica, a história deixa registrado que, no amplo processo de descolonização da África, o Brasil tem atuado como aliado fiel do colonialismo português e seu poderio imperialista, nunca praticando sua filosofia anticolonial, unicamente retórica. É surpresa para alguém que, no que tange às artes plásticas, artistas negros são tidos como quase inexistentes? Representamos mais de 50% da população nacional de 110 milhões de habitantes; somos, pelo menos, 50 milhões de pessoas afro-brasileiras. Mas poucos artistas negros têm trabalhos que sejam relevantes da perspectiva da cultura afro-brasileira.

Ainda assim, Roger Bastide dá testemunho quanto à emergência de uma estética afro-brasileira: "A arte afro-brasileira é uma arte vívida, que foge bastante aos estereótipos. Mas em sua evolução, até suas transformações mais recentes, tem preservado as estruturas, mentais e também puramente estéticas, de África".[6]

Críticos de arte, em geral, operam dentro de uma definição de "belas-artes" que concerne, de forma singular e exclusiva, à arte branca ocidental. Artistas negros são, inevitavelmente, relegados a um grupo periférico diminuto, junto às "crianças", aos "nativos" ou aos "loucos". Por vezes, a *ideologia da branquitude* se torna paternalista, e alguém como Clarival do Prado Valladares classifica a arte negra como *comportamento Arcaico*: "o oposto de uma lógica racional, a premissa inevitável do *comportamento Clássico*".[7] No arcaísmo brasileiro, os mesmos críticos perceberam o "imaginário sincrético" dos cultos africanos: incluíam-se aí objetos litúrgicos, oferendas votivas esculpidas em madeira, em argila ou outros materiais. Mas os críticos, com muita frequência, nem sequer se dispõem a considerar, ao menos, uma frágil função litúrgica da arte negra. José Ortega y Gasset tipifica esse comportamento em seu livro *La deshumanización del arte*: "Posto em uma palavra, o homem primitivo é um homem manual. Ele ainda não possui o órgão intelectual que misericordiosamente reduz o terror e a confusão dos fenômenos a leis e relações fixas".[8]

Como uma criança, "a emoção básica do homem primitivo é o medo, o terror quanto à realidade".[9]

Tal modelo de lógica racista força artistas negros a combater a opressão artística que ainda os intitula de folclóricos ou pitorescos; que os analisa como uma "curiosidade", como algo exótico. E agora, ainda por cima, eles nos tomam como arcaicos!

No entanto, o que eles falham em enxergar ou se recusam a fazê-lo é que através da materialização de nossos mitos e lendas estamos historicizando-os, tornando as fundações do arcaico atuais, bem aplicadas forças de transformação social. Pois a arte negra é, especificamente, a prática de libertação negra — reflexão e ação/ ação e reflexão — em todos os níveis de existência: material e espiritual, social, cultural, religioso, estético, econômico, político. A arte negra se torna um exorcismo da branquitude resultante de séculos de negação, perversão e deformação de nossos valores formais e essenciais. A arte das pessoas negras na diáspora toma como objeto o mundo que nos circunda e nos oferenda uma representação crítica desse mundo. Assim, ela supre uma necessidade de máxima relevância: historicizar criticamente as estruturas de dominação, violência e opressão que caracterizam a civilização capitalista ocidental. É uma arte que luta pela humanização da existência humana. Como coloca Paulo Freire: "E aí está a grande tarefa humanista e histórica dos oprimidos — libertar-se a si e aos opressores".[10]

Não basta que a arte negra seja "uma arte vívida que preserva as estruturas de África", como Bastide a descreve. Ela deve ter a coragem e a capacidade de incorporar à expressividade tradicional africana novas formas, novos espaços e volumes, novos valores culturais, todos válidos depois de seleção criteriosa.

Pessoas negras e africanas têm experienciado a plenitude vívida de um fenômeno sociológico e cultural radicalmente oposto ao contexto da sociedade branca europeia. E é dessa experiência que surge uma estética específica, cujas implicações para o fenômeno artístico comum a todas as culturas não invalidam sua identidade inalienável. A arte negra na diáspora, ainda que tangencialmente relativa à arte sacralizada por suas respectivas sociedades locais, mas ainda mantendo implicações ditadas pela história, pelo contexto, pelas culturas de vários países escravizados, nunca cessou de preservar, em seus temas, formas, conteúdos e em sua função revolucionária como um instrumento de conscientização, seu caráter enquanto uma parte integral do vital sistema da criatividade africana.

Sob tal prisma podemos começar a compreender e a penetrar profundamente no trabalho de um pintor sensível como Sebastião Januário, nascido em Dores de Guanhães, em Minas Gerais. Ele iniciou seu trabalho inspirado por motivos e modelos católicos. A experiência e a intuição se conjugaram para guiá-lo numa elaboração madura de pinturas genuinamente afro-brasileiras. Há também José Heitor, um escultor em madeira, cuja força e técnica rebentaram numa obra de Africanidade profundamente marcada. O celebrado Rubem Valentim pintou símbolos rituais com precisão técnica erudita; Agnaldo dos Santos, que levou o primeiro lugar em escultura no I Festival Mundial das Artes Negras em Dacar, deixou como legado um poderoso corpo de trabalho em esculturas de madeira no espírito africano tradicional. E o que pode ser dito sobre a obra de Iara Rosa, pintora e tecelã de recursos tão ricos e belos? Ou sobre Cleo, a quem Guerreiro Ramos chamou, certa feita, de "A Rosa dos Ventos", aberta a todas as vozes da imaginação criativa? Também deveríamos citar Octávio Araújo, o falecido Heitor dos Prazeres, Emanoel Araujo, Celestino, e Didi — artista e babalorixá.

Penso que o mistério ontológico e as vicissitudes da raça negra seguem juntos, no Brasil, misturados e fundidos, na religião que é o candomblé. Experiência e ciência, revelação e profecia, comunhão de humanos e divindades, diálogo entre vivos e mortos, o candomblé define o ponto em que a continuidade existencial da vida africana foi retomada, onde pessoas negras podem olhar para si mesmas sem que vejam refletida a face branca do violador físico e espiritual de sua raça. No candomblé, o padrão opressivo da miséria branca, que por quatro séculos se nutriu e enriqueceu num país que pessoas africanas ergueram sozinhas, não tem nem lugar nem validade.

Dessa forma, Orixás são o fundamento de minha pintura. Para mim, sua imagem e significado ultrapassam a simples percepção visual-estética: Orixás são a base de um processo de luta por libertação, porque seu amor tem compromisso. Orixás estão muito distantes de um suposto "arcaísmo" e longe de "imagens remissivas de um passado harmonioso" compensando "uma realidade factual árida".[11] Wole Soyinka nos dá uma definição exata: Orixás são nossas "fontes de energia", a realidade de nossa própria existência: são "os Deuses que atuam na feitura das forças do Continente Negro".[12]

Por que, então, importa ser rotulado de "pintor instintivo", artista in situ, neoprimitivo, ou qualquer outra dessas codificações da crítica convencional quando pinto um Ogum, deus do ferro, da guerra, da vingança, companheiro de armas junto a seus irmãos na luta por liberdade e dignidade? Ou Yemanjá, mãe de todas as águas do mundo e de todos os orixás, mantendo vigília atenta à fecundidade negra, atenta contra a agressão contida do controle de natalidade branco? E quanto a Xangô — trovão, fogo e raio —, exercendo a justiça, militante de todos os movimentos pelos direitos fundamentais de seres humanos? Quando falamos de Ossaim, o deus das folhas, evocamos o reino da natureza, dos materiais em estado natural; Ossaim é antagonista da poluição, e cultiva as plantas e ervas da medicina e da farmacologia tradicionais da África. Ifá revela o passado, examina o presente e desvela o futuro: nos fornece conhecimento e nos permite fazer planos e projeções. Oxumarê plasma a multicolorida alegria vital de nossa raça, seu conteúdo lúdico. Oxalá, em sua ambivalência masculina-feminina, estrutura o ovo primordial e a procriação das espécies. E Oxum é a patrona das artes, vertente de amor em todos os momentos da vida. Exu, a quem a Igreja católica erradamente julga como o diabo, comanda os caminhos e as encruzilhadas do universo. Mensageiro e intérprete de idiomas humanos e divinos, Exu encarna a contradição, estabelece a dialética da existência humana, ritualiza o movimento perpétuo do cosmos e da história de mulheres e homens. Oxóssi, Yansã, Omolu...

Saravá!

Prefácio à segunda edição
de *O negro revoltado*

Decidi republicar *O negro revoltado* depois de constatar objetivamente a sua utilidade, como mais um instrumento operativo, nesta etapa da luta de libertação do povo afro-brasileiro. É especialmente para meus irmãos negro-africanos do Brasil e do exterior que escrevo. Este volume é mais um testemunho da imobilidade estrutural de nossas relações de raças, no particular da interação entre negros e brancos na sociedade brasileira. Observemos o seguinte: o que se publica neste livro são os documentos relativos ao I Congresso do Negro Brasileiro (teses, comunicações, discussões taquigrafadas etc.). Lembremos que o Congresso teve lugar no Rio de Janeiro, em 1950, promovido pelo Teatro Experimental do Negro; portanto, são decorridos mais de trinta anos. O tempo passou; sem embargo, os problemas apresentados, as questões levantadas, as propostas emitidas, continuam até hoje sem resposta e sem solução.

Considero que a contribuição de *O negro revoltado* não se esgota como uma mera documentação de natureza histórica. Muito pelo contrário, os debates focalizando a situação dos descendentes africanos na sociedade brasileira, os estudos, análises e demais contribuições à compreensão do negro e suas aspirações a um futuro de liberdade e justiça são simultaneamente ilustrativos para os brancos e operativos para aqueles que continuam lutando. Devo, contudo, alguns reparos a fim de situar minha posição diante de certos fatos passados. Exemplifico: à época do I Congresso do Negro Brasileiro, os ativistas da causa negra, entre os quais me incluo, mantiveram um comportamento demasiadamente conciliador para com a posição dos brancos liberais. Tal espírito apaziguador decorria da consciência democrática de se permitir e respeitar a livre manifestação de todas as ideias; entretanto, acho que as concessões ultrapassaram os limites do tolerável. Foram longe demais as concessões, e logo na primeira sessão do Congresso se votou uma "Moção de homenagem" na qual se celebrava, impertinentemente, o nome de Nina Rodrigues. Ora, os negros conscientes jamais poderão exaltar um "cientista" que considerava o negro como fator de inferioridade do povo brasileiro.

A tal ponto chegou essa equivocada linha de conduta que no meu próprio discurso inaugural do Congresso cometi exageros conciliatórios citando positivamente os I e II Congressos Afro-Brasileiros, do Recife e da Bahia, e elogiando os "nossos costumes, que nunca permitiram ou endossaram a supremacia de um grupo étnico sobre os representantes de outras raças". Sabemos ser o contrário a verdade histórica, e só posso neste momento me penitenciar por aqueles meus excessos de condescendência para com os racistas deste país.

Aquele espírito conciliador, aliás, se provou estéril e fraco. Tanto assim que permitiu a um grupo de "cientistas" exercitar a tentativa de controle ideológico do Congresso. Isso aconteceu quando, na sessão de encerramento, se votou uma "Declaração final do Congresso" cujo teor, débil e anódino, contém expressões francamente capitulacionistas, como "*reminiscências* africanas no País" ou "sadia tradição nacional de igualdade entre os grupos que constituem a nossa população", ou ainda "restos de discriminação de cor ainda existentes" etc. Em face do que se discutiu e se provou no decorrer dos trabalhos do próprio Congresso, relativo ao racismo imperante, aquelas expressões não se justificavam exceto pelos hábitos de auto-humilhação impostos ao povo negro como resultado do paternalismo eurocentrista tradicional à sociedade. Tais concessões se tornam quase um reflexo condicionado do negro habituado a sobreviver dentro dessa sociedade. A tônica da cordialidade, entretanto, impôs uma conciliação estéril. Porque de nada adiantou a clara e explícita condenação da "Declaração final" ao "messianismo racial e à proclamação da raça como critério de ação ou como fator de superioridade ou inferioridade física, intelectual ou moral entre os homens". Apesar de todas as ressalvas, um grupo constituído de "amigos" ou "estudiosos" profissionais do negro e de sua luta libertária — a maioria de brancos acompanhada por alguns mulatos psicológica ou etnicamente abrancalhados — se julgou ameaçado pelo racismo negro da assembleia. A jornalista Yvonne Jean registrou a preocupação do grupo nas colunas do *Correio da Manhã* ("Alguns aspectos do Primeiro Congresso do Negro Brasileiro", 10 de setembro de 1950): "não é possível negar a vaga tendência racista de parte da Assembleia". Creio inútil identificar na mencionada tendência "racista" a tradicional cerebração racista daqueles que não admitem perder o controle sobre o negro, sua cultura e sua mente. Um negro orgulhoso de sua identidade étnica é para eles uma afronta intolerável, e o negro desejar resgatar sua história e seus valores culturais é puro racismo às avessas.

O fato é que aquele grupo, autodefinindo-se como de "homens de ciência", redigiu uma outra "Declaração", impugnada pela assembleia do Congresso, na qual externa todo o seu pavor "científico" de uma aliança prática e concreta com o povo afro-brasileiro. Eram apenas acadêmicos liberais transviados num congresso cujo escopo tinha em vista propugnar por uma melhor qualidade de vida para a comunidade negra, pois a chamada objetividade científica lhes vetava qualquer engajamento nesse sentido.

Essa "Declaração" dos "cientistas", por não haver sido aprovada pelos congressistas, não figurou no texto da edição de 1968 de *O negro revoltado*. Resolvi, sem embargo, incluí-la neste volume para tornar inteligível ao leitor a discussão travada na sessão de encerramento do Congresso, que registra o debate e a rejeição do documento. O espírito de conciliação, afortunadamente, não chegara a ser tão radical a ponto de cegar a visão do negro de 1950.

Verdadeiramente, esta edição deveria ser considerada como a primeira deste livro, se levarmos em conta que da edição de 1968 apenas uns poucos volumes chegaram às livrarias, em virtude de problemas do editor.

Infelizmente o manuscrito contendo os originais do segundo volume do material do Congresso, prometido sob o título de *Negritude polêmica*, devido aos azares do meu exílio, parece haver-se perdido definitivamente. Esperamos reatar o fio dessa tarefa, a um tempo de ação e reflexão, iniciada no I Congresso do Negro Brasileiro, no próximo III Congresso de Cultura Negra das Américas, programado para São Paulo, de 21 a 27 de agosto deste ano, sob a responsabilidade do Instituto de Pesquisas e Estudos Afro-Brasileiros (Ipeafro) da Pontifícia Universidade Católica de São Paulo e do Teatro Experimental do Negro (TEN) do Rio de Janeiro.

Desde 1950, tudo continuaria no mesmo? Creio que não. Algo se vem modificando durante os anos que nos separam do Congresso. Pelo menos no que respeita à experiência histórica negra. Ela vem se enriquecendo continuamente, através de fatos ocorridos tanto no âmbito interno, nacional, quanto no amplo cenário internacional. Notemos, como ocorrência fundamental, o processo de descolonização da África, e o surgimento de dezenas de países negro-africanos, não somente na África como também no Caribe. Inegavelmente, uma virada na história e na situação existencial dos povos do continente africano e dos seus descendentes espalhados na diáspora das Américas.

Não sendo esta a oportunidade para a descrição exaustiva desses acontecimentos, quero registrar, ainda que superficial e rapidamente, alguns aspectos que testemunhei, ou experiências minhas a eles relacionadas. A primeira edição deste livro é de 1968, e foi nesse ano que sofri meu exílio "voluntário", isto é, condicionado pela situação emergente da "revolução" de 1964 e pelos IPMs [inquéritos policiais militares] arbitrários a que fui submetido. Ironicamente, pode-se afirmar ter sido a "revolução", contrariando seus próprios desígnios, que dinamizou a participação do negro brasileiro nos foros internacionais do mundo africano. Isso aconteceu devido ao acolhimento que recebi nos Estados Unidos. A Fairfield Foundation me fez um convite para conhecer as organizações culturais afro-norte-americanas. Em Nova York, após mostrar minha pintura ao público, pela primeira vez, na Harlem Art Gallery e na Crypt Gallery da Universidade Columbia, passei algumas semanas como *visiting lecturer* da Yale School of Drama, em New Haven, dividindo com estudantes e professores minha experiência do Teatro Experimental do Negro, e expondo minha pintura na galeria da School of Art and Architecture da Universidade Yale. Em seguida estive um ano como *visiting fellow* na Universidade Wesleyan, em Middletown, Connecticut, participando de um seminário que reuniu destacadas personalidades mundiais — entre elas Buckminster Fuller, Norman Mailer, Norman O. Brown, John Cage, Leslie Fiedler — sobre o tema "Humanidade em revolta".

Naquela época — 1968/69 — os Estados Unidos ainda fumegavam em decorrência dos violentos protestos dos negros contra o racismo e a discriminação racial de que eram vítimas, mesmo após a luta da década anterior de direitos civis e as conquistas conseguidas por ela. Talvez o conhecimento de uma outra experiência de convivência racial fosse oportuna para mim e para os norte-americanos. Talvez... Talvez por isso acabei contratado como professor associado do Centro de Pesquisas e Estudos Porto-Riquenhos da Universidade do Estado de Nova York em Buffalo (SUNYAB).

Foi já na qualidade de *full professor* (professor titular) da SUNYAB que compareci à Conferência Preparatória do VI Congresso Pan-Africano, em 1973, na Jamaica. O impacto que recebi ao pisar pela primeira vez o chão de um país negro independente é coisa difícil de descrever. Aquele impacto prosseguiu ao visitar a África, onde, convidado pelos organizadores e pelo ministro do Exterior da Tanzânia, John Malecela, como delegado do Brasil, participei daquele VI Congresso Pan-Africano em Dar es Salaam, em 1974. Expus à assembleia de mais de quinhentos delegados africanos, do continente e da diáspora, as condições de opressão, destituição e racismo das irmãs e irmãos negros do Brasil. Pela primeira vez se ouvia, no âmbito internacional, tal denúncia de racismo e discriminação, da boca de um negro oriundo deste país tido como a própria fonte da democracia racial. O texto do discurso que então proferi acha-se publicado no meu livro *O quilombismo* (Petrópolis: Vozes, 1980).[1] Outro aspecto bastante significativo da minha viagem à Tanzânia foi meu encontro particular com o presidente Julius Nyerere, por quase uma hora. Falamos largamente sobre o mal do racismo, que devia ser combatido onde quer que se manifestasse, inclusive nos países socialistas. Porém a tônica do encontro foi a necessidade de reatamento dos laços entre os irmãos do continente e da diáspora, rompidos desde os tempos da escravidão, a fim de reforçar a luta contra os opressores de qualquer cor e de todos os continentes.

Marcando a presença do negro brasileiro, participei também no Seminário sobre Alternativas Africanas, coordenado pelo escritor nigeriano Wole Soyinka, presidente da União de Escritores dos Povos Africanos (UWAP), e tendo lugar em Dacar, em 1976, patrocinado pelo governo do presidente de Senegal, Léopold S. Senghor, cofundador, com Aimé Césaire e León Damas, do movimento poético da *Négritude*. A minha participação nesse primeiro congresso plenário da União de Escritores dos Povos Africanos, que reuniu mais de quatrocentos delegados de todas as partes do mundo africano, significou a primeira oportunidade de um negro brasileiro estar presente, como membro, de uma organização internacional de intelectuais africanos. Vários delegados vieram me manifestar haver sido aquela a primeira vez que eles ouviram a voz de um afro-brasileiro retratando um Brasil diferente daquele país de mulatas, pelés e carnaval das versões oficiais espalhadas pelo mundo — até mesmo pelo mundo africano — como atração turística.

Ainda nesse mesmo ano de 1976, compareci e proferi conferência, em Washington, DC, no simpósio e na marcha comemorativa do Dia de Libertação da África, a convite de Stokely Carmichael, presidente do Partido Revolucionário de Todos os Povos Africanos, entidade organizadora do evento. Haver falado para uma audiência de mais de 5 mil pessoas, a maioria negros vindos de todas as partes, numa praça da capital de um país racista como os Estados Unidos, constituiu uma experiência que não se esquece jamais. Tampouco esquecerei do encontro, no meio daquelas multidões, com um negro brasileiro carregando uma faixa enorme, que se solidarizou comigo durante a marcha e cujo nome infelizmente não pude guardar.

Entre os encontros internacionais importantes nos quais apresentei meu testemunho da realidade afro-brasileira, tal como é vivida pelo afro-brasileiro, menciono ainda o II Festival Mundial de Arte e Cultura Negro-Africanas (Festac) (Lagos, Nigéria, 1977). Devido às pressões e manipulações da embaixada brasileira em Lagos, documentadas no meu livro *Sitiado em Lagos* (Rio de Janeiro: Nova Fronteira, 1981),[2] foi rejeitado o texto que escrevi, especialmente solicitado pelo diretor do Colóquio do Festac, o professor ugandense Pio Zirimu. Esse trabalho foi publicado, porém, tanto na Nigéria, sob o título *Racial Democracy in Brasil: Myth or Reality?* (primeira edição pelo Departamento de Línguas e Literaturas da Universidade de Ifé e segunda edição pela Sketch Publishing de Ibadan), como também no Brasil, sob o título *O genocídio do negro brasileiro* (Rio de Janeiro: Paz e Terra, 1978).[3]

A delegação oficial brasileira ao Colóquio, como testemunharam aqueles ensaios, foi inteiramente branquicefálica, agindo segundo os padrões oficiais do eurocentrismo nacional. Porém, vale dizer que a contribuição cultural realmente afro-brasileira no Festac 77 constou de presenças que desenvolviam uma saudável exposição dos fundamentos culturais africanos, entre eles Caetano Veloso, Gilberto Gil e Paulo Moura. Havia ainda a contribuição de Rubem Confete, traduzindo a mensagem de uma crescente mobilização de consciência negra no Brasil, consciência essa que, um ano e meio depois, explodiria num movimento amplo do qual participei, o qual mencionarei em detalhes mais adiante. Ainda me chegavam, na Nigéria, notícias de um grupo negro da Bahia, o Núcleo Cultural Afro-Brasileiro, que, junto com tantos outros, exemplificavam esse momento embriônico de ainda outra fase da luta secular do negro brasileiro.

Aquele ano de 1976/77, como professor visitante da Universidade de Ifé, na Nigéria, a convite do professor Wande Abimbola, diretor do Departamento de Línguas e Literaturas Africanas, além de me propiciar a oportunidade de registrar minha participação no Festac 77, também me permitiu analisar detalhadamente, nos seminários para docentes que ministrei naquela universidade, a experiência negra em nosso país e na diáspora. E ainda me ensejou a ocasião de contemplar diretamente os famosos bronzes expostos no museu instalado junto à residência do oní de Ilê-Ifé. Foi um momento de grande emoção e significado ter podido conviver com as fontes da cultura yoruba que os africanos escravizados trouxeram para o Brasil: o templo de Oxum, na cidade de Oxogbô; a pedra de Ogum, em Ilê-Ifé, cidade onde, segundo o mito nagô da criação, Obatalá desceu do Orum para criar a terra. Conheci templos e sacerdotes na cidade de Xangô, Oyó; e na de Yemanjá, Abeocutá, cruzei várias vezes o rio Ogum, e vi suas colinas povoadas das rochas que evocam a dignidade da Mãe-d'Água. E ainda Ijexá, local do templo de Obatalá, onde testemunhei a volta do paxorô à sua terra natal após um exílio de quatro séculos na diáspora brasileira...

Nos Estados Unidos, o interesse pelo assunto afro-brasileiro se expandiu rapidamente naquela década de 70, ainda agitada por resíduos dos conflitos raciais. Percorri vários estados daquele país, convidado para simpósios, palestras, conferências, exposições, debates, painéis e congressos, promovidos tanto por associações, galerias e teatros (a exemplo do Negro Ensemble e New Lafayette Theatre, ambos no Harlem), como por universidades: a Howard (universidade negra de Washington, DC), Harvard (Cambridge, Mass[achusetts]), Princeton (New Jersey), Universidade de Califórnia em Los Angeles (UCLA), Tulane (New Orleans), Universidade da Califórnia em Santa Barbara, e na Universidade do Estado de Nova York em New Paltz e Universidade Columbia em Nova York.

O Inner City Cultural Center de Los Angeles encenou minha peça afro-brasileira *Sortilégio: Mstério negro*.[4] Esse Centro Cultural está situado no *ghetto*, ou *inner city*, de Los Angeles, e serve à população negra e pobre da cidade. Simultaneamente à encenação da peça houve a mostra da minha pintura, e à frente da organização desse evento destacou-se

Eliana Guerreiro Ramos, afro-brasileira filha do sociólogo Guerreiro Ramos. Meus quadros também foram mostrados em dezenas de galerias, incluindo o Studio Museum in Harlem, o Museu dos Artistas Afro-Americanos (Dorchester, Mass[achusetts]), a Malcolm X House (Universidade Wesleyan, Conn[ecticut]), o Museu de Arte de Syracuse (NY), a galeria da Universidade Howard, o Museu Ilê-Ifé (Filadélfia, P[ensilvâni]a), o Langston Hughes Center e o Museu de Arte e Antiguidades Africanas e Afro-Americanas (Buffalo, NY), a Rainbow Signs Gallery (Berkeley, Califórnia) e o Taller Boricua (em Spanish Harlem, NY). Os orixás, vestidos nas cores quentes e comunicativas da afetividade afro-brasileira, tocavam fundo os irmãos e irmãs afro-norte-americanos. Parados frente aos quadros, mais de uma vez vi que alguns tinham os olhos úmidos, outros choravam. Talvez por causa da dor inconsciente pela perda dos deuses que lhes foram arrancados pela violência do escravagismo norte-americano.

Importante a ser mencionado nesse começo de intercâmbio direto de experiências entre o negro brasileiro e o norte-americano foram os encontros com líderes tais como Bobby Seale, a quem visitei em Oakland, Califórnia, na sede nacional dos Panteras Negras; LeRoi Jones (atual Imamu Amiri Baraka), então dirigente da Spirit House de Newark, New Jersey, onde também encontrei com o poeta sul-africano exilado Keorapetse Kgositsile; o dr. Maulana Ron Karenga, líder da organização US de Los Angeles; o dramaturgo Ed Bullins; o muralista Jeff Donaldson; Barbara Ann Teer, fundadora do Teatro Nacional do Negro, de Nova York; e Val Ward, dirigente do Teatro Kuumba, de Chicago. Seria impossível, num relatório breve como este, incluir todas as ocorrências nas quais estive envolvido nesse período que me separa de 1968, data da primeira publicação de *O negro revoltado*, e o tempo presente. Mas não quero deixar de mencionar, entre os encontros mais frutíferos, aqueles com a poetisa Sonia Sanchez; bem como com a escritora e coreógrafa Kariamu Welsh e o dr. Molefi K. Asante, criadores do Museu de Artes e Antiguidades Africanas e Afro-Americanas de Buffalo, Nova York. Essa instituição exibe em seu acervo quadros do pintor negro de Dores de Guanhães, Sebastião Januário, e esculturas de José Heitor (Além Paraíba, MG) e de Assis, do grupo Embu de São Paulo, como também alguns dos meus orixás. Nessa transa cultural da diáspora africana também sobressai o trabalho que vem desenvolvendo Marta Moreno Vega, dirigente do Centro de Recursos e Pesquisas das Artes Visuais Relacionadas com o Caribe (VARRCRC) de Nova York. Essa organização trabalha no sentido de reunir a experiência cultural africana, e sua influência positiva está chegando à África, ao Brasil e ao Caribe, inclusive a Cuba — aliás, em toda parte onde o africano exista.

Muitos já disseram, e dirão, que esses contatos meus com os negros militantes dos Estados Unidos tenham contribuído para modificar o meu pensamento sobre a situação racial brasileira e sobre o racismo em geral. Equívoco, má-fé ou deslavada mentira. Com efeito, tal acusação até antecedeu minha estada no estrangeiro: antes mesmo que eu tivesse saído do Brasil, já era lugar-comum atribuir ao negro que lutava pelos seus direitos de ser humano e de cidadão o desejo de "importar" para o Brasil problemas norte-americanos, como se aqui jamais houvesse existido o racismo. Acredito no entanto que tal posicionamento já esteja, atualmente, tão desacreditado que nem mereça que se gaste tempo e argumento em desmenti-lo.

No sentido mais autêntico e profundo, posso dizer que realmente a experiência do exterior, tanto no âmbito internacional como especificamente nos Estados Unidos, não me trouxe nada de substancialmente novo. Pelo contrário, o exterior apenas reforçou, reconfirmou e ampliou a consciência que já havia se desenvolvido no Brasil. Por exemplo, o lema do "Black is Beautiful", tão agitado como bandeira inédita na década de 60 nos Estados Unidos, já tinha sido levantado pelo Teatro Experimental do Negro desde a década de 40 no Brasil (ver Elisa Larkin Nascimento, *Pan-africanismo na América do Sul*. Petrópolis: Vozes, 1981). Igualmente, não foi o movimento "Black Power" dos negros norte-americanos que me abriu a consciência à necessidade de participação do povo negro nas estruturas decisórias nacionais, representando as reivindicações e problemas específicos de sua comunidade. Mais de uma década antes do "Black Power" norte-americano, já advogava esse conceito. Minhas candidaturas políticas sempre foram tentativas de levar adiante esse princípio endereçado à consciência afro-brasileira. Sabia de sobra que as disponíveis possibilidades eleitorais não sustentariam uma suposta ambição pessoal, mesmo se a tivesse. Sabia também, e a atuação dos partidos políticos reconfirmara sempre essa certeza, que a candidatura de um negro consciente não seria apoiada pelas estruturas políticas convencionais do país, dominadas por interesses e figuras do mundo eurocêntrico tradicional brasileiro. Os partidos estavam dispostos a "apoiar", teoricamente, o conceito do antirracismo, mas na hora de praticar objetivamente o compromisso saíam pela tangente, bem à moda do racismo brasileiro. O exemplo mais destacado se encontra nas páginas da minha "Apresentação" à primeira edição deste livro, e se refere ao Partido Comunista Brasileiro e à Assembleia Constituinte de 1946.

Consciente de todos esses obstáculos, minha intenção, ao engajar-me nessas campanhas políticas, era a de colocar o assunto da participação política do negro no meio político brasileiro. Neste momento político, estou conseguindo espaço para colocar o assunto, tanto na teoria como na prática, no Partido Democrático Trabalhista (PDT), liderado por Leonel Brizola.

Outro conceito, advogado pela "revolução" negra dos Estados Unidos nas décadas de 60 e 70, foi o de que a meta final da integração do negro à sociedade branca dominante significava o fracasso teórico e prático da luta pelos direitos civis da época de Martin Luther King, e do tempo de Selma e Birmingham (a década de 50). A integração representava a renúncia da especificidade cultural e política da comunidade negra, cuja identidade própria seria absorvida pela sociedade dominante à qual se integraria. Seria esse um conceito alheio à experiência brasileira, o qual só poderia ser colhido no exterior? Pelo contrário. Através de minha experiência de luta afro-brasileira, desde a década de 1930 até 1968, quando saí do país, já havia chegado a essa conclusão. Pois a chamada "integração" racial brasileira significava, e significa, na prática, apenas a subordinação e a dependência do negro ao paternalismo do branco, que detém todos os recursos e os concede, apenas, ao negro que se mantém subalterno, humilde e conciliador. Em verdade, e na rudeza dos fatos, é dessa situação de paternalismo e dependência que nasce o tom conciliatório da "Declaração final" do I Congresso. A vida do negro é tão condicionada por essa realidade que ele mesmo às vezes não consegue visualizá-la com clareza. Aquele paternalismo se torna um dado implícito, uma espécie de axioma que nunca precisa ser explicitado.

Dessa forma, a experiência prática de tentar travar uma luta a favor da identidade específica do negro e da sua valorização dentro da sociedade brasileira já havia me levado, muito antes de chegar aos Estados Unidos, à conclusão de que a chamada integração racial não seria nunca a solução do racismo no Brasil: a integração do negro aos padrões exógenos da cultura dominante eurocentrista significa sua autonegação. Entretanto, observando a realidade norte-americana, que confirmava essa convicção, vi que se destacava ainda uma outra dimensão. Os negros nos Estados Unidos se encontravam na busca angustiada de uma cultura própria de origem africana, que lhes fornecesse uma alternativa à proposta integracionista. Maulana Ron Karenga articulou, por exemplo, a teoria prática da Kawaida, baseada em sete princípios expressos em *swahili*, e a celebração da Kwanzaa, festa de fim de ano que os homenageia. Observando as vicissitudes dessas tentativas, às vezes fracassadas, de restituir uma base autônoma de identidade comunitária para resistir à sua absorção pelos padrões europeus majoritários nos Estados Unidos, melhor pude compreender o vasto tesouro, não só cultural, como também político, que constitui nossa herança religiosa afro-brasileira. Embora todo o trabalho cultural/político do TEN testemunhe essa consciência, já existente desde a década de 40, ela se agudizou diante desse patético quadro de destituição cultural do afro-norte-americano.

Considerando todos esses aspectos da minha orientação política, posso concluir, sem hesitação, que a minha vivência no exterior nada substancial acrescentou a ela. Forneceu, sim, uma oportunidade para melhor aprofundar e refinar as conclusões a que havia chegado durante quatro décadas de atividade no Brasil, oferecendo-me ocasião de compartilhá-las com os companheiros do restante do mundo africano.

Já mencionei o crescente movimento de consciência afro-brasileira de cujo desenvolvimento eu tinha notícias desde Buffalo e Nigéria, entre 1975 e 1977. A partir dos fins de 1977, já não compareci sozinho aos encontros negros internacionais. Cerca de quatro afro-brasileiros participaram também do I Congresso de Cultura Negra das Américas, presidido pelo antropólogo Manuel Zapata Olivella, em Cali (Colômbia), em agosto de 1977. Sebastião Rodrigues Alves, Marina de Avelar Sena, e o falecido sociólogo Eduardo de Oliveira e Oliveira estiveram presentes; também a jornalista Mirna Grzich, que eu já havia encontrado ativa em Lagos durante o Festac 77.

No II Congresso de Cultura Negra das Américas, no Panamá, em março de 1980, presidido pelo professor Gerardo Maloney, o número de afro-brasileiros aumentou consideravelmente. Lá estiveram o poeta Eduardo de Oliveira, o historiador Clóvis Moura, os professores Marigilda dos Santos e Henrique Cunha Jr., o dançarino Lincoln Santos, o vereador Paulo Rui e a historiadora Marina de Avelar Sena. A jornalista Mirna Grzich mais uma vez demonstrou seu interesse em testemunhar o processo da luta negra, fazendo a cobertura dos eventos do Panamá. Também compareceu a estudiosa francesa de assuntos afro-brasileiros Barbara Lavergne. Na reunião do Panamá a assembleia por unanimidade escolheu o Brasil como a sede do III Congresso e me elegeu vice-presidente para a América do Sul, responsável pela organização do terceiro encontro.

Na sequência desses acontecimentos, cito ainda o convite dos deputados e senadores afro-norte-americanos do Bloco de Parlamentares Negros dos Estados Unidos, e do sindicato Aliança Nacional de Trabalhadores dos Correios e Empregados Federais (o sindicato negro mais velho do país), para um almoço em minha homenagem. Para uma sala repleta de políticos, representantes de organizações sociais, religiosas e sindicais, e após a apresentação feita por Ramsey Clark, ex-ministro da Justiça dos Estados Unidos, enderecei minha "Mensagem do quilombismo". O discurso, em linguagem didática, representa o esforço de transmitir a complexidade de nossa experiência histórica a uma plateia de negros norte-americanos não familiarizados com os assuntos afro-brasileiros.

O processo de internacionalização da luta afro-brasileira ampliava-se, fortalecido desde 1979 pela atuação de Lélia

Gonzalez em várias conferências nos Estados Unidos e na Europa, sobretudo levando a palavra da mulher negra brasileira aos foros estrangeiros e internacionais. Nos Estados Unidos, o afro-baiano José Santos, estudante universitário negro na universidade negra Howard, em Washington, DC, organizava encontros com a comunidade negra local, no esforço de divulgar a situação do negro brasileiro e a tradição libertária de Zumbi. Dentro das fronteiras do Brasil, a consciência negra continuava se fortalecendo e expandindo. Exemplo maior dessa maturidade foi a histórica concentração de 2 mil homens e mulheres negros nas escadarias do Theatro Municipal de São Paulo, a 7 de julho de 1978, num veemente ato de protesto contra a discriminação racial e a violência gratuita da polícia contra a população negra. Naquele momento, como um imperativo da luta, nascia o Movimento Negro Unificado (MNU). Talvez um dos indícios mais destacados da maturidade política corporificada no MNU seja a sua definição do preso negro brasileiro como preso político. Na medida em que ser negro é um fato político neste país, um fato decisivo na distribuição do poder, da justiça e das oportunidades; e uma vez que o negro e a comunidade negra são agredidos e reprimidos por serem negros, a definição da prisão arbitrária do negro também se impõe como prisão política. A tortura e outras atrocidades que passaram despercebidas durante tantos séculos por serem cometidas, via de regra, contra os negros, somente se tornaram bandeira de luta quando dirigidas contra os filhos de membros da classe média branca convencionalmente identificados como presos políticos. O MNU, ao assinalar e combater essas e outras realidades, levou adiante as posições políticas do movimento negro histórico de que era herdeiro e continuação.

Assinalemos que, em outros níveis de atuação, prestavam seu concurso à luta, entre outras instituições, o Instituto de Pesquisa das Culturas Negras (IPCN, do Rio); a Sociedade de Estudos da Cultura Negra do Estado da Bahia (Secneb); o grupo da revista *Tição*, de Porto Alegre; o *Jornegro*, de São Paulo; o Instituto Brasileiro de Estudos Africanistas, de São Paulo; o Ilê Aiyê e o movimento dos afoxés da Bahia; o Centro Cultural Afro-Brasileiro do Maranhão; o Movimento Alma Negra (Moan), do Amazonas; o Centro de Cultura e Arte Negra (Cecan), de São Paulo; o Centro de Estudos Afro--Brasileiros (RJ); o Grupo de Estudos André Rebouças (RJ); a Associação Cultural Zumbi, de Alagoas. (Para uma análise mais profunda do MNU e de seus antecedentes imediatos, bem como sobre iniciativas contemporâneas e seu surgimento, ver Lélia Gonzalez, "O movimento negro na última década", em Gonzalez e Carlos Hasenbalg, *Lugar de negro*. Rio de Janeiro: Marco Zero, 1982.)[5]

Merece destaque o nascimento do Memorial Zumbi, em 1980, movimento dedicado a resgatar, para e pela comunidade negra, a serra da Barriga, local da República de Palmares e da luta secular do herói afro-brasileiro Zumbi.

Voz e vitória do movimento negro tem sido a atividade poética militante dos poetas negros que vêm surgindo nesses últimos anos. Como exemplos, que não chegam a esgotar a extensa lista desses escritores, quero citar Oswaldo [de] Camargo, Cuti, Adão Ventura, Oliveira Silveira, entre muitos outros. E para encerrar este ensaio-prestação de contas, acho de plena relevância a transcrição de um trecho representativo dessa nova poesia negra engajada: do poema "Decisão", em *Sobrevivências*, de Oubi Inaê Kibuko:

Chega de tudo pela metade!
Basta de tudo pelo meio!
Desta vez ou vai ou racha!
Queremos tudo! E inteiro!!

A paciência, a conciliação e a humildade, heranças do racismo paternalista brasileiro que sempre afligiram a comunidade negra, não mais a impedirão na luta pelos seus direitos. Com a firmeza justiceira e pacífica de Oxalá, a bravura e a coragem flamejantes de Xangô, o temerário agadá transformador de Ogum, e o amor-próprio coletivo de Oxum, marchamos para a frente. Axé!

Rio de Janeiro, 1º de março de 1982

A. N.

Quilombismo: O caminho afro-brasileiro para o socialismo*

Agô, Terra Mãe amada, por chegar tão tarde!
Agô, irmãos e irmãs, por só chegar agora!
Agô, Rei Zumbi, por estar chegando só agora
para herdar o legado que tu me deixaste!

De uma carta de Gerardo Mello Mourão

Apenas agora, quase quatrocentos anos depois, nós, pessoas afro-brasileiras, podemos visitar coletivamente a serra da Barriga pela primeira vez, em Alagoas, e retomar o sítio histórico onde a famosa República dos Palmares existiu, fundada no século XVI por africanos que se insurgiram contra a escravidão e criaram um país livre, igualitário, justo e produtivo. Essa primeira visita à nossa terra ancestral realizou-se no dia 24 de agosto de 1980, quando dezenas e mais dezenas de pessoas africanas nos reunimos em Maceió para discutir a criação de um memorial para Zumbi, o rei afro-brasileiro de Palmares — não um parque nem um monumento, mas um verdadeiro polo da cultura libertária afro-brasileira.

As façanhas daquele conglomerado de quilombos chamado Palmares foram heroicas a ponto de amalgamarem-se à lenda, e lançaram a república na história como a Troia Negra. Ainda assim, Palmares não é celebrada nos feriados cívicos brasileiros, nem mesmo relembrada — menos ainda estudada ou ensinada — nos currículos educacionais de quaisquer níveis. Essa tem sido uma das formas mais efetivas de erradicar a memória e a história africanas do cenário da vida brasileira.

* Texto publicado originalmente em inglês e traduzido por tatiana nascimento.

Mas aqui estamos nós para retomar, celebrar e reafirmar todas elas em seu teor de beleza, mito e história. Imbuído de tal sentimento foi que galguei os impenetráveis caminhos da encosta da serra, caminhando pela mesma trilha em que caminharam os seguidores de Zumbi. E do povo que hoje vive na serra da Barriga ouvi os relatos orais (ainda que fragmentados) das histórias, das lendas e dos causos que nos permitem reconstruir a existência concreta daquelas 30 mil pessoas, heróis e heroínas de bronze que cunharam, com suas vidas e seu sangue, a página da mais vibrante história de amor pela liberdade já conhecida em terras americanas. Com o suor banhando meu rosto, pelo esforço da subida, percebi que, no terceiro nível da serra, mais distante, estava a grande mata fechada onde as pessoas se perderiam para sempre se roubassem as frutas das árvores. Existe também a crença de que, enterrado nalgum lugar da floresta, jazia o tesouro escondido dos quilombolas; uma instituição dos Estados Unidos havia até planejado escavações em busca do ouro de Zumbi. Ao mesmo tempo, até hoje muitas mães na região (que não são de origem africana) assustam crianças levadas com a ameaça "Vou chamar Zumbi pra te pegar, viu!". E é dito que, em algumas áreas e vaus da serra, podem-se ouvir o ruído de correntes, o barulho de ossos se quebrando, gritos abafados de quem pulava ou era jogado no abismo.

Estima-se que as linhas de defesa dos quilombos começavam com trincheiras fundas, quase no sopé dos morros, cheias de lanças pontiagudas em que os invasores se impalariam — essa era a primeira barreira. Esse sistema de defesa militar era reproduzido formando quatro linhas de barreira até o cume da serra. Subi até o lugar em que possivelmente fincava-se a quarta e última barreira. Durante todo o percurso, encontrei reminiscências do que provavelmente foi plantado por quilombolas do século XVI: bambuzal, laranjeiras, jaqueiras, mangueiras, inhame, limoeiros, milharal e cana-de-açúcar, e por todo o território as elegantes palmeiras — coqueiros de várias espécies. São as *palmeiras* que deram ao local seu nome, e lá estão elas, em seu silêncio verdejante, testemunhos de tantos séculos de história afro-brasileira — uma história que a partir de agora está sendo resgatada da distorção e do esquecimento praticados pelas elites dominantes.

Renovando os conhecimentos ancestrais africanos

A memória afro-brasileira, muito contrariamente ao que afirma a historiografia convencional em sua visão limitada, em seu conhecimento superficial, não começa com o tráfico negreiro, nem com o alvorecer da escravidão na África do século XV. No Brasil, as classes dominantes, em particular depois da suposta abolição da escravatura (1888), sempre desenvolveram e refinaram inúmeras estratégias para prevenir que as pessoas negras brasileiras se identificassem e ativamente mapeassem suas raízes étnicas, históricas e culturais, excluindo-as do tronco de suas árvores genealógicas africanas. A não ser em termos dos recentes interesses econômicos expansionistas, a elite tradicional brasileira sempre ignorou o continente africano. O Brasil virou as costas à África tão logo as elites escravocratas viram-se incapazes de ignorar a proibição do comércio de carne africana imposta pelo Reino Unido em 1850. Uma migração massiva de europeus aconteceu alguns anos depois, e a elite dominante enfatizou seus intentos e atos para extirpar das mentes e dos corações de descendentes de pessoas escravizadas qualquer imagem da África como uma memória positiva de nação, terra-mãe ou lar originário. Nunca, em nosso sistema educacional, foi ensinada uma disciplina dedicando qualquer consideração ou respeito às culturas, artes, aos idiomas, sistemas políticos ou econômicos ou religiões da África.

Qualquer contato físico de pessoas afro-brasileiras com suas irmãs no continente e na diáspora sempre foi evitado ou dificultado, entre outros métodos, pela negação de possibilidades econômicas que permitissem às pessoas negras nos movimentarmos e viajar para fora do país. Mas nenhum desses obstáculos teve o poder de obliterar completamente, de nosso espírito, de nossa memória, a presença vívida da Mãe África. E mesmo que estejamos condenados ainda hoje ao inferno existencial, a rejeição da África praticada pelas classes dominantes teve o efeito notavelmente positivo de manter a nação negra como uma comunidade acima e além de quaisquer dificuldades de tempo e espaço.

Por mais que as estratégias e os dispositivos empenhados contra a memória das pessoas negras sejam diversificados, eles enfrentaram, recentemente, uma erosão grave, um descrédito irreparável. Isso se deve, principalmente, à dedicação e à competência de algumas figuras africanas preocupadas com a destituição secular a que a raça negra foi submetida pelas mãos de civilizações capitalistas europeias e euro-americanas.[1] Esse grupo de pesquisadores, cientistas, filósofos, ao mesmo tempo criadores de literatura e arte, inclui indivíduos do continente africano e da diáspora. Para mencionar alguns poucos nomes, Cheikh Anta Diop, do Senegal; Chancellor Williams, Shawna Maglangbayan Moore, Haki Madhubuti, Molefi K. Asante e Maulana Ron Karenga, dos Estados Unidos; George G. M. James e Ivan Van Sertima, da Guiana; Yosef Ben-Jochannan, da Etiópia; Théophile Obenga, de Congo-Brazzaville;[2] Wole Soyinka, Ola Balogun e Wande Abimbola, da Nigéria. Eles estão entre os muitos que ativamente têm produzido obras fundamentais ao desenvolvimento contemporâneo e vindouro da África. Em áreas diferentes, com perspectivas diversas, as forças desses eminentes africanos se canalizam rumo ao exorcismo das mentiras, distorções e negações que por tanto tempo a Europa tem difundido sobre a África, com o propósito de turvar ou apagar de nossa memória a sabedoria, o conhecimento científico e filosófico e as realizações dos povos de origem negra africana. A memória negra brasileira é apenas uma parte desse vultoso projeto de reconstrução do passado mais amplo ao qual todas as pessoas afro-brasileiras estão conectadas. Redimir tal passado é ter, consequentemente, responsabilidade com o destino e o futuro da nação negra africana de todo o mundo, ao mesmo tempo preservando nosso papel de cidadania edificante e genuinamente brasileira.

É pertinente, aqui, fazer breve referência a textos básicos de Cheikh Anta Diop, em especial a seu livro *The African Origin of Civilization* (1974), que traduz uma seleção de *Nations nègres et culture* e de *Antériorité des civilisations nègres*. Inicialmente, há que se afirmar que o volume coloca uma oposição radical e um desafio irrefutável ao mundo acadêmico ocidental, descrevendo sua arrogância intelectual, sua desonestidade científica e o vazio ético ao abordar os povos, as civilizações e culturas produzidas pela África. Utilizando-se de recursos científicos da própria Europa ocidental — Diop é químico, diretor do laboratório de radiocarbono do Ifan,[3] em Dacar, bem como egiptólogo, historiador e linguista —, esse sábio reconstrói o significado e o valor das civilizações negras africanas antigas, por tanto tempo obliteradas pelas manipulações, mentiras, distorções e pilhagens. Tais civilizações incluem o Egito antigo. Os egípcios eram negros, e não um povo de ascendência ariana (branca), ou a suposta "raça vermelho-escura", como estudiosos ocidentais têm afirmado, numa enfatização que é a um só tempo enganosa e autointeressada. Vejamos como Diop caracteriza essa situação:

Os egípcios antigos eram negros. O fruto moral de sua civilização ainda há que ser computado entre os ativos do mundo negro. Em vez de apresentar-se à história como incurável devedor, o mundo negro é nada menos que o fundador da civilização "ocidental" que hoje se ostenta perante nossos olhos. A matemática de Pitágoras, a teoria dos quatro elementos de Tales de Mileto, o materialismo epicurista, o idealismo platônico, o judaísmo, o islamismo e as ciências modernas têm raízes na ciência e na cosmogonia egípcias. Basta uma simples reflexão sobre Osíris, o Deus-Redentor, que se sacrifica a si mesmo, morre e é ressuscitado para salvar a humanidade, uma figura identificável, em essência, com Cristo.[4]

As afirmações de Diop são feitas com base em investigação, pesquisa e resoluções rigorosas, não deixando margem para dúvida ou argumentação, mas, ainda assim, longe de assumir o dogmatismo que sempre caracterizou as certezas "científicas" do mundo ocidental. O feito de Diop foi, simplesmente, demolir as estruturas supostamente definitivas do conhecimento "universal" relativo à Antiguidade egípcia e grega. Quer gostem, quer não, ocidentais brancos têm que engolir verdades como esta: "quatro séculos antes da publicação de *A mentalidade primitiva*, de Lévy-Bruhl, a África Negra muçulmana debatia a lógica formal de Aristóteles (que ele plagiou dos egípcios negros), e já tinha expertise em dialética".[5] E não nos esqueçamos de que isso se deu quase cinco séculos antes que Hegel ou Marx tivessem nascido.

Diop vira de ponta-cabeça todo o processo de mistificação de um Egito Negro tornado branco pelas mágicas artes de egiptólogos europeus. Ele nota como, após a campanha militar de Bonaparte no Egito, em 1799, e depois que os hieróglifos da Pedra de Roseta foram decifrados por Champollion em 1822, egiptólogos ficaram estupefatos ante a grandiosidade do que as descobertas revelavam:

Aos poucos, eles foram reconhecendo [o Egito] como a civilização mais antiga, a que havia gerado todas as outras. Mas, sendo o imperialismo o que é, tornou-se cada vez mais "inadmissível" continuar a aceitar a teoria — evidente até então — de um Egito Negro. O nascimento da egiptologia foi, assim, marcado pela necessidade de destruição da memória de um Egito Negro, a todo custo, e em todas as mentes. Dali por diante, o denominador comum de todas as teses dos egiptólogos, sua íntima relação e profunda afinidade, pode se caracterizar como uma tentativa desesperada de refutar tal perspectiva. Quase todos os egiptólogos atestam essa recusa como algo natural.[6]

A pretensão eurocêntrica desse episódio é totalmente desnudada: os egiptólogos continuaram obstinadamente afeitos a seus vãos esforços de provar "cientificamente" que essa grande civilização do Egito Negro tinha origem branca. Ainda que suas teorizações fossem muito débeis, eram aceitas pelo mundo "civilizado" como um pilar na crença da supremacia branca.

Diop, em sua compaixão e humanidade perante o dogmatismo de egiptólogos brancos, revela grande paciência e generosidade ao explicar o que deveria ser óbvio a quem quer que abordasse o tópico de boa-fé: o que faz não é nenhuma alegação de superioridade racial, ou de genialidade negra, mas a pura confirmação científica de que a civilização do Egito antigo foi erguida e governada por pessoas negras. Diop explana ser tal decorrência fruto de uma série de fatores históricos, condições climáticas, recursos naturais, e mais, somados a outros elementos não raciais. Tanto é que mesmo após a civilização egípcia ter se expandido por toda a África Negra, até as áreas centrais e ocidentais do continente, foi entrando em processo de desintegração retrocedente, sob o impacto de outras influências e situações históricas. Importante aqui é notar alguns dos fatores que contribuíram para a construção da civilização egípcia, entre os quais Diop enumera: desenvolvimento sociopolítico condicionado à geografia dos povos que viviam às margens do rio Nilo, expostos a enchentes e outros desastres naturais que forçaram à criação de medidas coletivas de defesa e sobrevivência; uma situação que favoreceu a unificação e desencorajou egoísmos individuais ou pessoais. Nesse contexto surgiu a necessidade de uma autoridade central coordenadora que regesse a vida e as atividades comuns. A invenção da geometria nasceu dos imperativos da divisão geográfica, e outros avanços foram obtidos no esforço de atender às exigências de construir uma sociedade viável.

Um detalhe é especialmente importante para pessoas negras brasileiras. Diop faz menção às relações entre o Egito antigo e a África Negra, especialmente aos povos iorubás, os quais constituem um importante elemento da demografia afro-brasileira e sua herança cultural. Estima-se que as relações Egito-iorubás eram tão íntimas que se pode "considerar um fato histórico a posse comum de um mesmo habitat primitivo para iorubás e egípcios". Diop levanta a hipótese de que a latinização do nome Hórus, filho de Osíris e Ísis, resultou na alcunha Orixá. Seguindo essa linha de estudo comparativo, no campo da linguística e outras disciplinas, Diop cita J. Olumide Lucas, da Nigéria. Em *The Religion of the Yorubas* (1948), Lucas traça conexões entre seu povo e o Egito, concluindo que todos os caminhos levam à verificação de: a) uma semelhança ou identidade nas línguas; b) uma semelhança ou identidade nas crenças religiosas; c) uma semelhança ou identidade nas ideias e práticas religiosas; d) a sobrevivência de costumes, nomes de lugares e de entes, objetos etc.[7]

Meu objetivo aqui é tão somente chamar a atenção a essas dimensões significativas da ancestralidade da memória afro-brasileira. Cabe a pesquisadoras e pesquisadores afro-brasileiros e africanos do presente e do futuro dar corpo aos detalhes de um aspecto tão fundamental de nossa histórià, tarefa por demais vasta para realizar-se aqui.

A Afro-América pré-colombiana

Não só no Egito antigo ou no Oeste africano encontramos antecedentes históricos dos povos e culturas afro-brasileiros. Outra dimensão de nossa memória jaz na presença africana em várias partes da América pré-colonial, muito antes da chegada de Colombo. E esse não é um fenômeno superficial ou passageiro, mas uma presença tão profunda que deixou marcas indeléveis nas civilizações pré-colombianas. Muitos historiadores e pesquisadores deixaram evidência desse fenômeno. Entre eles, podemos citar Orozco y Berra, historiador mexicano de história colonial, que em 1862 já havia mencionado a proximidade das relações que povos mexicanos antigos haviam cultivado com visitantes e migrantes africanos.[8] A contribuição mais recente que foi feita nesse sentido foi a de Ivan Van Sertima, que no livro *They Came before Columbus* (1976) registra irrefutável e definitivamente a contribuição africana às culturas pré-colombianas nas Américas, especialmente às mexicanas.[9] Ainda assim, autores de várias épocas e origens também atestam as mesmas conclusões: R. A. Jairazbhoy, López de Gómara, Alexander von Wuthenau, Leo Wiener e outros, cada qual na sua especialidade, contribuíram para a reconstituição da presença africana nas Américas antes de Colombo.[10]

Elisa Larkin Nascimento apontou conexões entre símbolos e técnicas artísticas do Egito e do Oeste da África, presentes nas urnas funerárias e em outras artes em San Agustín e Tierradentro, na Colômbia, sítios de civilizações indígenas que datam de cerca de I a.C.[11] Comparações similares também foram documentadas a respeito da cultura taina, de Porto Rico, e dos olmecas, toltecas, astecas e maias, do México; bem como dos incas da Bolívia, do Equador e do Peru.[12] Entre as provas visíveis do ativo intercâmbio entre civilizações antigas americanas e africanas, estão retratos impressionantes de rostos africanos, figuras em cerâmica e esculpidas, técnicas compartilhadas de mumificação, ritos fúnebres, temas místicos e artísticos, símbolos como a serpente emplumada e ainda incontáveis parecenças linguísticas. Talvez a mais intrigante seja a conexão óbvia entre as técnicas de engenharia da construção de pirâmides, na Núbia, no Egito e nas Américas.[13]

Nesse ponto é fecundo registrar, segundo Elisa Larkin Nascimento, que a presença de civilizações africanas nas Américas pré-colombianas "de nenhuma forma subestima as enormes capacidades de desenho e engenharia dos povos originais americanos, que foram os autores e os construtores das formidáveis cidades pré-colombianas".[14]

Esse intercâmbio África-América, realizado entre os povos originários dos respectivos continentes, estabelece uma relação extensa e legítima entre os povos indígenas africanos e americanos, a qual precede muito a escravização europeia de povos africanos. A verdadeira base histórica da solidariedade entre tais povos é muito mais profunda e autêntica do que tem sido geralmente reconhecida. Assim como o *quilombismo* busca pelo melhor mundo para a presença africana nas Américas, sabe que tal luta não pode ser separada da libertação também dos povos indígenas dessas terras, os quais são igualmente vítimas do racismo e da devastação impiedosa introduzida e reforçada por colonialistas europeus e seus herdeiros.

Consciência negra e o sentimento quilombista

De uma perspectiva mais estreita, a memória de pessoas negras brasileiras chega a um estágio histórico crucial no período escravocrata, começando em cerca de 1500, imediatamente após a "descoberta" do território pelos portugueses e seus atos iniciais de colonização. Junto aos brevemente escravizados e então gradualmente exterminados povos indígenas, povos africanos foram os primeiros e únicos trabalhadores que, durante três séculos e meio, erigiram as estruturas do Brasil. Considero que é uma vez mais necessário evocar as vastas terras que as pessoas africanas semearam com seu suor, ainda é preciso relembrar as plantations de cana, de algodão, de café; a mineração de ouro, diamantes e prata; e os outros tantos elementos que na formação do Brasil foram alimentados com o sangue martirizado de pessoas escravizadas, que, muito longe de serem oportunistas ou estrangeiras, são, propriamente, o corpo e a alma desse país. Ainda assim, mesmo com esse fato histórico inegável, pessoas africanas e descendentes nunca foram tratadas como iguais pelos segmentos brancos minoritários que complementam as tabelas demográficas, e até hoje não o são. É essa minoria que tem mantido punhos cerrados sobre todo o poder, o bem-estar, a saúde, a educação e a renda nacional.

É escandaloso perceber que partes expressivas da população euro-brasileira começaram a chegar ao Brasil em fins do século XIX como migrantes pobres e necessitados. Imediatamente, eles puderam usufruir de privilégios concedidos pela sociedade branca convencional, que os tomou como pares na supremacia racial e eurocêntrica. Os migrantes pobres não demonstraram quaisquer escrúpulos ou dificuldades em assumir as mitologias racistas em curso no Brasil e na Europa; endossando os consequentes desprezo, humilhação e discriminação impostos contra pessoas negras; e beneficiando-se dessas práticas, preenchendo as vagas que no mercado de trabalho eram negadas a pessoas alforriadas da escravidão e descendentes. As pessoas negras foram literalmente expulsas do sistema de produção conforme o país se aproximava da "abolicionista" data de 13 de maio de 1888.

A situação contemporânea das pessoas negras é pior agora do que era então. Às margens do trabalho, ou relegadas a condições de subemprego e desemprego, pessoas negras permanecem em grande medida excluídas da economia. A segregação habitacional é imposta contra comunidades negras pela dupla articulação de raça e pobreza, marcando como áreas de moradia negra guetos de várias alcunhas: favelas, alagados, porões, mocambos, invasões, conjuntos populares, residenciais. A violência policial permanente e as prisões arbitrárias, motivadas pelo racismo, contribuem com o regime de terror sob o qual vidas negras se encontram cotidianamente. Sob tais condições, compreende-se por que nenhuma pessoa negra consciente tem a menor esperança de que uma mudança progressiva, em benefício da comunidade afro-brasileira, possa ocorrer espontaneamente na sociedade branca. As cidades grandes estão abarrotadas de favelas: Rio de Janeiro, São Paulo, [Salvador da] Bahia, Recife, Brasília, São Luís do Maranhão, Porto Alegre exemplificam. Dados estatísticos sobre as populações faveladas apontam que a miséria ali é crescente. Em pesquisa do Departamento de Serviço Social de São Paulo, publicada no jornal *O Estado de S. Paulo* em 16 de agosto de 1970, mais de 60% da população dessa enorme cidade vivia em condições extremamente precárias. Ser favelado significa estar faminto ou desnutrido, não ter acesso a saúde, energia elétrica, rede de água, serviços públicos ou moradia — só barracos improvisados, feitos de papelão ou chapa de metal, precariamente empoleirados em encostas e morros íngremes ou pântanos. No entanto, São Paulo é a cidade mais bem atendida do Brasil em termos de encanamento de água e esgoto; tendo isso em mente, podemos imaginar as condições impossíveis de vida e higiene em que vegeta a população afro-brasileira deste país. De acordo com a revista *Veja* (de 8 de outubro de 1969), 80 mil dos 150 mil habitantes da cidade de Brasília são favelados. No Rio de Janeiro, a porcentagem oscila entre 40% e 50% da população. A vasta maioria das pessoas faveladas brasileiras, 95% ou mais, é de origem africana. Essa situação caracteriza prova irrefutável da segregação racial; e a recíproca também é verdadeira: a vasta maioria das pessoas negras no Brasil é favelada.

Até o momento, temos analisado a população negra urbana. É necessário enfatizar que a grande maioria de descendentes de pessoas africanas vive ainda no campo, escravizada, de fato: escravizada por um sistema social e agrário feudal senhorial, em situação de escassez total, vivendo como lavradores, meeiros ou retirantes. Pode-se dizer que essas pessoas não estão vivendo como seres humanos.

O segmento urbano da população afro-brasileira forma uma categoria que o Relatório anual do Instituto Brasileiro de Geografia e Estatística (IBGE) considera "empregados em serviço", estranho eufemismo para as pessoas sob severo subemprego e trabalho intermitente, que marcam a vida de quase 4,5 milhões de brasileiros.[15] Quão irônico é tal eufemismo, uma vez que essa classificação agrupa massas de pessoas "empregadas" sem salário fixo, ou seja, fazendo bicos na labuta cotidiana de tentar engraxar sapatos, lavar carros, entregar pacotes ou mensagens, vender frutas ou doce nas ruas, e tantas outras funções — tudo pelo miserável e precário "salário" de moedinhas.

Esse é um esboço imperfeito de uma situação muito mais grave que tem sido a realidade de pessoas afro-brasileiras durante todo o curso de nossa história. É dessa realidade que nasce a necessidade urgente de que pessoas negras defendam sua sobrevivência e assegurem sua existência mesma como seres humanos. Os quilombos foram o resultado dessa exigência vital posta para pessoas africanas escravizadas, para que recuperassem sua liberdade e dignidade humana através da fuga do cativeiro, organizando sociedades livres viáveis no território brasileiro. A multiplicidade dos quilombos no tempo e no espaço fez deles um movimento sociopolítico autêntico, amplo e permanente. Considerado de início um fenômeno aparentemente esporádico, os quilombos foram com rapidez transformados, de improviso, de emergência, em uma forma de vida metódica e constante das massas africanas que se recusaram a se submeter à exploração e à violência do sistema escravocrata. O quilombismo se estruturou em formas associativas que podiam ser encontradas em comunidades totalmente independentes que se localizavam nas profundezas da mata ou em selvas de acesso difícil, o que facilitava sua defesa e protegia sua organização econômica, social e política. Os quilombos podiam, ainda, seguir modelos de organização permitidos ou tolerados pelas autoridades, muitas vezes com objetivos ostensivamente religiosos (católicos), fossem eles recreativos, de caridade, desportivos, culturais ou de assistência mútua. Quaisquer que fossem sua aparência ou objetivos alegados, todos realizavam uma função social de extrema importância para a comunidade negra, efetuando um papel relevante e central na manutenção da continuidade africana e servindo genuinamente como pontos focais de resistência física, assim como cultural. Objetivamente, essa teia de associações, irmandades, terreiros, tendas, afoxés, escolas de samba, gafieiras, grêmios, confrarias foram e são quilombos legalizados pela sociedade dominante. E do lado oposto à legalidade há os quilombos marginalizados e secretos que conhecemos. Apesar disso, tanto os "legalizados" quanto os "ilegais" formam uma unidade, uma única afirmação humana, étnica e cultural, a um tempo integrando uma prática de libertação e assumindo o controle de sua própria história. A esse fenômeno social que forma um todo complexo, a essa práxis afro-brasileira, denomino *quilombismo*.

É importante notar que essa tradição de luta *quilombista* existiu durante os séculos e através das Américas. No México, essas sociedades foram chamadas de *cimarrones*; na Venezuela, *cumbes*; em Cuba e na Colômbia, *palenques*; na Jamaica e nos Estados Unidos, *maroons*.[16] Sociedades que proliferaram por todo o Caribe, e pelas Américas Central e do Sul. Pesquisando e forjando-se sobre a história dessas sociedades africanas livres nas Américas, e suas bases culturais, econômicas, políticas e sociais, povos afro-americanos que ocupam todo o hemisfério podem consolidar sua verdadeira herança de solidariedade e luta. O quilombismo e seus vários sinônimos ao longo das Américas, expresso no legado de *cumbes*, *palenques*, *cimarrones* e *maroons*, se constituem numa alternativa internacional para a organização popular política negra.

A simples constatação do enorme número de organizações negras brasileiras que tomaram para si o título, no passado ou no presente, de quilombo, ou o nome Palmares (evocando a República dos Palmares, uma imensa comunidade de quilombos que resistiu à agressão armada de portugueses e holandeses por um século, de 1595 a 1695, testemunha a importância do exemplo *quilombista* como um valor dinâmico nas táticas e estratégias de sobrevivência, resistência e progresso de comunidades africanas no Brasil contemporâneo. De fato, o quilombismo já se revelou como um fator capaz de mobilizar as massas negras de forma disciplinada, devido a seu apelo profundamente psicossocial, enraizado na história, na cultura e na experiência do povo afro-brasileiro. O Movimento Negro Unificado contra o Racismo e a Discriminação Racial (MNU) registra seu conceito quilombista na seguinte definição do Dia da Consciência Negra, publicada num manifesto de 1978:

> Nós, negros brasileiros, orgulhosos por descendermos de Zumbi, líder da República Negra dos Palmares, que existiu no estado de Alagoas, de 1595 a 1695, desafiando o domínio português e até holandês, nos reunimos hoje, após 283 anos, para declarar a todo o povo brasileiro nossa verdadeira e efetiva data: 20 de novembro, Dia Nacional da Consciência Negra! Dia da morte do grande líder negro nacional, Zumbi, responsável pela primeira e única tentativa brasileira de estabelecer uma sociedade democrática, ou seja, livre, e em que todos — negros, índios e brancos — realizaram um grande avanço político, econômico e social. Tentativa esta que sempre esteve presente em todos os quilombos.[17]

Uma continuidade da consciência dessa luta político-social se estende por todos os estados do Brasil que têm uma população de origem africana significativa. O modelo quilombista permaneceu ativo como uma ideia motriz, fonte de modelos de organização dinâmica que têm energia inspiradora, desde o século XV. Nesse processo dinâmico, quase sempre heroico, o quilombismo está em constante processo de revitalização e modernização, suprindo as necessidades de diversos tempos históricos e vários contextos geográficos que impuseram aos quilombos determinadas diferenças em suas formas de organização. Mas essencialmente eram similares. Eram (e são), nas palavras da historiadora afro-brasileira Beatriz Nascimento, "um local onde a liberdade era praticada, onde os laços étnicos e ancestrais eram revigorados". Em sua pesquisa, Nascimento mostra que o quilombo exercia "um papel fundamental na consciência histórica dos negros".[18]

320

Percebe-se o ideal quilombista difusa mas consistentemente permeando todas as esferas da vida negra, nos mais recônditos meandros e funduras da personalidade afro-brasileira. Ele é um ideal forte e denso que perdura, geralmente reprimido pelos sistemas de dominação; em outros casos, é sublimado pelos vários mecanismos de defesa ajambrados pelas consciências individuais ou coletivas. Também ocorre, por vezes, a apropriação que fazem as pessoas negras de certos mecanismos concedidos a elas pela sociedade dominante, na tentativa de torná-los ferramentas de controle. Nessa estratégia de inversão, pessoas negras fazem dessas proposições inconfessas de domesticação um bumerangue ofensivo. Antônio Candeia nos legou um exemplo disso; ele foi um compositor de sambas, um homem negro inteligentemente dedicado à reparação de seu povo. Organizou a Escola de Samba Quilombo, nas regiões periféricas pobres do Rio de Janeiro, tendo um profundo senso do valor político/social do samba para o progresso coletivo da comunidade negra. (As escolas de samba são, em geral, uma forma recreativa de controle, cooptando as energias criativas negras aos canais comerciais sob controle branco, no contexto do carnaval, a grande atração turística.)

Candeia, esse membro honorário da família quilombista, faleceu recentemente, mas até o momento de sua morte manteve uma visão lúcida dos objetivos da entidade que fundou e presidiu, a Escola de Samba Quilombo, imbuído no espírito do mais legítimo interesse do povo afro-brasileiro. Para exemplificar, é suficiente folhear o livro que assina, junto a Isnard, e ler passagens como a seguinte:

Grêmio Recreativo Arte Negra — Escola de Samba Quilombo [...] nasceu da necessidade de se preservar toda a influência do afro, na cultura brasileira.

Pretendemos chamar a atenção do povo brasileiro para as raízes da arte negra brasileira. [...]

A posição do "Quilombo" é principalmente contrária à importação de produtos culturais prontos e acabados, produzidos no exterior.[19]

Nessa passagem, os autores tocam num ponto importante da tradição quilombista: o caráter nacionalista do movimento. Não se deve aqui traduzir nacionalismo por xenofobia. O quilombismo, como uma luta anti-imperialista, se identifica com o pan-africanismo e sustenta uma solidariedade radical com todos os povos do mundo que lutam contra a exploração, a opressão e a pobreza, e também contra todas as desigualdades baseadas em raça, cor, religião ou ideologia. O nacionalismo negro é universalista e internacionalista em si mesmo, e assim percebe a libertação nacional de todos os povos e respeita sua singular integridade cultural e política como um imperativo para a libertação planetária. A uniformidade sem rosto em nome de uma "união" ou "solidariedade", condicionada pela conformidade aos ditames de qualquer modelo social ocidental, não é do interesse de povos não ocidentais oprimidos. O quilombismo, como um movimento nacionalista, nos ensina que a luta de cada povo por sua libertação deve ser enraizada por sua própria identidade cultural e sua experiência histórica.

Num panfleto intitulado "Noventa anos de abolição", publicado pela Escola de Samba Quilombo, Candeia registra o fato de que "foi através do Quilombo, e não do movimento abolicionista, que se desenvolveu a luta dos negros contra a escravatura".[20] O movimento quilombista está longe de ter esgotado seu papel histórico. Ele está hoje tão vivo quanto no passado, pois a condição da comunidade negra ainda é a mesma, com pequenas alterações, de caráter superficial. Candeia segue afirmando:

Os quilombos eram violentamente reprimidos, não só pela força do governo, mas também por indivíduos interessados no lucro que teriam devolvendo os fugitivos a seus donos. Esses especialistas em caçar escravos fugidos ganharam o nome de triste memória: capitães do mato.[21]

Importa comentar sobre capitães do mato. Via de regra, eram mulatos, ou seja, pessoas negras de pele clara assimiladas pelas classes brancas dominantes e por elas antagonizados com suas irmãs africanas, seus irmãos africanos. Não podemos, hoje, nos permitir entrar em disputa sobre a oposição de categorias como "pessoas negras" e "pessoas mulatas", enfraquecendo nossa identidade fundamental de pessoas afro-brasileiras, afro-americanas de todo o continente; ou seja, africanas em diáspora.

Nosso Brasil é tão vasto, tem tanto ainda desconhecido e "não descoberto", que é possível supor, com uma pequena margem de erro, que ainda deve haver muitas comunidades rurais isoladas, sem conexão ostensiva com cidadezinhas e vilas do interior do país. Essas pequeninas localidades, desligadas do fluxo corrente da vida do país, mantêm estilo de vida e hábitos africanos ou quase africanos, sob um regime comunal de agricultura de subsistência ou sobrevivência. Muitas devem ainda utilizar suas línguas originais trazidas da África, trôpegas ou transformadas, é possível que sim, mas ainda assim o mesmo idioma africano, conservado no tipo de quilombismo em que vivem. De vez em quando essas comunidades podem até chamar uma atenção especial e extensiva da imprensa, como ocorreu à comunidade do Cafundó, localizada na região de Salto de Pirapora, no estado de São Paulo. Os membros dessa comunidade africana herdaram uma fazenda de quem havia sido, na escravidão, seu sinhô; e recentemente suas terras estão sendo atacadas pelos proprietários vizinhos. Esses latifundiários, com

323

sua mentalidade escravocrata, não podem aceitar a ideia de que um grupo de pessoas descendentes de africanos possa ser dono de uma propriedade. Seu intento é destruir o Cafundó. Essa não é uma situação isolada, mas sim uma que recebeu notoriedade, mobilizando pessoas negras na capital de São Paulo em sua defesa. A organização mais empenhada nessa missão é a Experiência Comunitária (ECO), um grupo que trabalha sob a liderança habilidosa de Hugo Ferreira da Silva.

Em 1975, na primeira vez em que visitei a cidade de Conceição do Mato Dentro, em Minas Gerais, tive a oportunidade de conhecer um dos moradores de uma comunidade negra da região, similar à do Cafundó. Essas pessoas africanas também eram herdeiras da propriedade, segundo o morador — um homem negro de 104 anos de idade, mental e fisicamente ativo e ágil. Todos os dias ele percorria a pé uma distância de cerca de dez quilômetros, e assim mantinha o contato entre seu povo e a cidade de Conceição do Mato Dentro.

O avanço de grandes latifundiários e especuladores imobiliários rumo às terras de grupos negros demanda investigação mais profunda e intensa. Isso tem acontecido nas cidades e também em áreas rurais. A revista *Veja* abordou o caso:

Desde sua remota aparição em Salvador, há quase dois séculos, os terreiros de candomblé foram sempre fustigados por severas restrições policiais. E, pelo menos nos últimos vinte anos, o cerco movido pela polícia foi sensivelmente fortalecido por um poderoso aliado — a expansão imobiliária, que se estendeu às áreas distantes do centro da cidade onde ressoavam os atabaques. Mais ainda, em nenhum momento a Prefeitura esboçou barricadas legais para proteger esses redutos da cultura afro-brasileira — embora a capital baiana arrecadasse gordas divisas com a exploração do turismo fomentado pela magia dos orixás. [...] E nunca se soube da aplicação de sanções para os inescrupulosos proprietários de terrenos vizinhos às casas de culto, que se apossam impunemente de áreas dos terreiros. Foi assim que, em poucos anos, a Sociedade Beneficente São Jorge do Engenho Velho, ou terreiro da Casa Branca, acabou perdendo metade de sua antiga área de 7500 metros quadrados. Mais infeliz ainda, a Sociedade São Bartolomeu do Engenho Velho da Federação, ou candomblé de Bogum, assiste impotente à veloz redução do terreno sagrado onde se ergue a mítica "Árvore de Azaudonor" trazida da África há 150 anos e periodicamente agredida por um vizinho que insiste em podar seus galhos mais frondosos.[22]

Com toda razão, o cineasta Rubem Confete recentemente denunciou, numa mesa-redonda organizada pelo jornal *Pasquim*:

Quanto foi roubado dos negros! Conheço cinco famílias que perderam todas as suas terras para o Governo e para a Igreja católica. Jurandir Santos Melo era o proprietário das terras desde o atual aeroporto de Salvador até a cidade. Hoje é um simples motorista, vivendo de pequenos cachês. A família de Ofélia Pittman possuía toda a parte que hoje é o Mackenzie. A coisa foi mais séria do que se pensa, porque houve época em que o negro tinha representatividade e uma força econômica.[23]

Aqui vemos como a sociedade dominante acirrou o ciclo de pauperização, fome e genocídio contra pessoas descendentes de africanos. Mesmo aquelas poucas, as raras exceções que por algum tipo de milagre foram capazes de ultrapassar as implacáveis fronteiras da pobreza e das instituições religiosas — aquelas que vivem há séculos em determinadas áreas têm suas terras invadidas, e as famílias usurpadas de suas propriedades!

Quilombismo: Um conceito científico histórico-cultural

Conscientes da extensão e profundidade dos problemas que enfrentam, as pessoas negras sabem que sua luta não pode ser exaurida na obtenção de pequenos ganhos de trabalho ou direitos civis, no contexto da sociedade capitalista branca dominante e sua classe média organizada. Pessoas negras compreendem que terão que derrotar todos os componentes do sistema em curso, inclusive sua intelligentsia. Esse segmento foi e ainda é responsável pelo encobrimento ideológico da opressão na forma de teorias "científicas" da inferioridade biossocial de pessoas negras, e pela elaboração acadêmica da ideologia do embranquecimento (miscigenação socialmente compulsória) ou o mito da "democracia racial". Essa "intelligentsia" euro-brasileira, junto a seus mentores europeus e norte-americanos, fabricou um conjunto de "ciências" históricas ou humanas que auxiliou na desumanização de pessoas africanas e descendentes, servindo aos interesses dos opressores europeus. Portanto, a ciência europeia e euro-brasileira não é adequada às demandas de pessoas negras. Uma ciência histórica que não se põe a serviço da história do povo com que lida está negando a si mesma.

Como as ciências humanas e históricas ocidentais — etnologia, economia, história, antropologia, sociologia etc. —, nascidas, cultivadas e formatadas por outras pessoas, podem, num contexto socioeconômico alienígena, prestar serviço útil e efetivo às pessoas africanas em todo o mundo, à sua realização existencial, seus problemas, aspirações e projetos? Podem, realmente, as ciências elaboradas na Europa e nos Estados Unidos, ser tão universais em suas aplicações? Pessoas negras sabem na própria pele a falácia da "universalidade" e da "objetividade" dessa "ciência" eurocêntrica. De fato, a ideiá de uma ciência histórica que é pura e universal é démodé, mesmo nos círculos europeus.

Pessoas negras demandam um conhecimento científico que lhes permita formular, teoricamente — de forma sistemática e consistente —, sua experiência de quase cinco séculos de opressão, resistência e luta criativa. Vai haver erros inevitáveis, quiçá, em nossa busca pela sistematização de nossos valores sociais, em nossos esforços rumo à autodefinição e à autodeterminação de nós mesmos e de nossos caminhos futuros. Por séculos, temos carregado o fardo dos crimes e das falsidades do eurocentrismo "científico", seus dogmas impostos a nosso ser como marcas de uma verdade definitiva, "universal". Devolvemos agora ao obstinado segmento "branco" da sociedade brasileira seu engodo, sua ideologia de supremacismo europeu, a lavagem cerebral com que intenta nos roubar nossa humanidade, nossa identidade nacional, nossa dignidade, nossa liberdade. Proclamando o colapso da colonização mental eurocêntrica, celebramos o advento de uma libertação quilombista.

As pessoas negras têm um projeto coletivo: a edificação de uma sociedade fundada na justiça, na equidade e no respeito por todos os seres humanos; na liberdade; uma sociedade cuja natureza intrínseca torne impossível a exploração econômica ou racial; uma democracia autêntica, fundada pelas pessoas despossuídas e deserdadas desta terra. Não temos interesse na simples restauração de tipos e formas obsoletos de instituições políticas, sociais e econômicas; isso apenas serviria para procrastinar o advento de nossa emancipação total e definitiva, que pode vir apenas com a transformação radical das estruturas socioeconômicas e políticas vigentes. Não temos interesse algum em propor a adaptação ou a reformulação dos modelos da sociedade capitalista de classes. Tal solução não pode ser aceita como mandato inescapável. Temos fé na completude mental das pessoas negras, e acreditamos na reinvenção de nós mesmos e de nossa história, uma reinvenção de pessoas afro-brasileiras cujas vidas são fundadas em nossa própria experiência histórica, construída pelo uso crítico e conhecimento inventivo de nossas próprias instituições sociais e econômicas, por mais que elas tenham sido massacradas pelo colonialismo e pelo racismo. Em suma, reconstruir no presente uma sociedade rumo ao futuro, mas tendo como base o que ainda há de útil e positivo no repertório de nosso passado.

Uma ferramenta conceitual eficiente há que ser desenvolvida, assim, dentro das diretrizes das demandas imediatas do povo negro brasileiro. Essa ferramenta não pode e não deve ser fruto de maquinações cerebrais arbitrárias ou abstratas. Tampouco pode ser a importação de princípios, elaborados desde seu início em outros contextos e realidades históricos. A cristalização de nossos conceitos, na cultura e na práxis, reincorporando nossa integridade como um povo em nosso tempo histórico, enriquecendo e expandindo nossa capacidade de luta.

Onde vamos encontrar tal recurso? Nos quilombos. Quilombo não significa escravo fugido, como as definições convencionais têm abordado. Quilombo significa reunião ou encontro fraterno e livre; solidariedade, viver junto, comunhão existencial. A sociedade quilombista representa um estágio avançado no progresso sociopolítico e humano em termos de igualdade econômica. Precedentes históricos conhecidos confirmam essa posição. Como um sistema econômico, o quilombismo significou a adaptação das tradições africanas do comunitarismo, ou princípio do Ujamaa,[24] para o contexto brasileiro. Em tal sistema, as relações de produção diferem-se basicamente daquelas prevalecentes na economia capitalista, baseada na exploração e degradação social do trabalho, fundadas no conceito de lucro independente do custo humano, especialmente às custas das vidas de pessoas africanas escravizadas. O quilombismo articula os diversos níveis da vida coletiva, cujas interações dialéticas propõem um total preenchimento e realização das capacidades criativas do ser humano. Todos os fatores e elementos básicos da economia são de propriedade e uso coletivos. O trabalho não é definido como uma forma de punição, opressão ou exploração; o trabalho é primeiro uma forma de libertação humana, da qual se usufrui tanto como direito quanto como obrigação social.

Os quilombos dos séculos XVI, XVII, XVIII e XIX nos legaram um patrimônio de prática quilombista. É tarefa das pessoas negras de hoje sustentar e amplificar a cultura afro-brasileira de resistência e afirmação de nossa verdade. Um método de análise social, compreensão e definição de uma experiência concreta, o quilombismo expressa uma teoria científica: uma teoria científica inextricavelmente amalgamada a nossa prática histórica, que pode efetivamente contribuir para a libertação das pessoas negras dos séculos de extermínio inexorável.

A sociedade afro-brasileira, condenada a sobreviver circundada e permeada pela hostilidade, ainda assim persistiu por quase 490 anos, sob o signo de tensão permanente. É tal tensão, a tensão da luta — repressão e persistência —, que incorpora a essência e o processo do quilombismo.

Assegurar às massas afro-brasileiras uma condição humana em plenitude é o fundamento ético do quilombismo, e seu conceito mais básico. O quilombismo é uma filosofia científica histórica, cujo ponto focal mais importante é o ser humano, como protagonista e sujeito (não meramente como objeto passivo, da forma que a tradição científica ocidental preconiza), dentro de uma cosmovisão e de uma concepção de vida nas quais a ciência constitui um entre tantos outros caminhos para o conhecimento.

Fontes

"A missão do Teatro Experimental do Negro (TEN)" ["*The Mission of Negro Experimental Theather*"] [pp. 45-9]: *The Crisis*, Nova York, v. 56, n. 9, pp. 274-5, out. 1949.

"O Teatro Experimental do Negro e seu instituto de pesquisa sociológica" [pp. 51-5]; "Convocação e temário do I Congresso do Negro Brasileiro" [pp. 57-62]: *Relações de raça no Brasil* (Rio de Janeiro: Quilombo, 1950), parte da Biblioteca do Instituto Nacional do Negro (Órgão de pesquisas do Teatro Experimental do Negro), com direção de Guerreiro Ramos.

"Prólogo para brancos" [pp. 75-93]: *Dramas para negros e prólogo para brancos: Antologia de teatro negro-brasileiro* (Rio de Janeiro: Teatro Experimental do Negro, 1961).

"Uma experiência social e estética" [pp. 63-7]; "Cristo Negro" [pp. 69-73]: *Teatro Experimental do Negro: Testemunhos* (Rio de Janeiro: GRD, 1966).

"O poder negro poderá chegar até aqui?" [pp. 103-13]: *Jornal da Senzala*, Rio de Janeiro, n. 1, jan./fev. 1968.

"Teatro Negro do Brasil: Uma experiência sociorracial" [pp. 115-40]: *Revista Civilização Brasileira*, Rio de Janeiro, ano IV, Caderno Especial n. 2, pp. 193-210, jul. 1968.

"Testemunho de Abdias Nascimento sobre os 80 anos da abolição" [pp. 95-102]: *80 anos de abolição* (Rio de Janeiro: Cadernos Brasileiros, 1968).

"Uma entrevista com Abdias Nascimento" ["*An Interview with Abdias Nascimento*"] [pp. 201-11]; "Cultura afro-brasileira" ["*Afro-Brazilian Culture*"] [pp. 213-33]: *Black Images: A Critical Quarterly on Black Culture*, Toronto, v. 1, n. 3-4, outono/inverno 1972.

"Arte afro-brasileira: Um espírito libertador" ["*Afro-Brazilian Art: A Liberating Spirit*"] foi publicado em *Black Art: An International Quarterly*, v. I, n. I, 1976. Tradução para o inglês de Elisa Larkin Nascimento.

"Influências da cultura africana no desenvolvimento da arte brasileira" ["*Influences of African Culture in Development of Brazilian Art*"] [pp. 235-71]: Symposium on Black Civilization and Education do II World Black and African Festival of Arts and Culture (Festac) [Simpósio sobre civilizações negras e educação do II Festival Mundial Negro e Africano de Arte e Cultura], ocorrido em 1977.

"Prefácio à primeira edição de *O negro revoltado*" [pp. 141-99]: *O negro revoltado* (Rio de Janeiro: GRD, 1968); "Prefácio à segunda edição de *O negro revoltado*" [pp. 287-304]: Ibid. (Rio de Janeiro: Nova Fronteira, 1982).

"Quilombismo: O caminho afro-brasileiro para o socialismo" ["*Quilombismo: The African-Brazilian Road to Socialism*"] foi publicado em *African Culture: The Rhythms of Unity*. Organização de Molefi K. Asante e Kariamu W. Asante (Trenton: Africa World Press, 1990), pp. 173-91.

Notas

Abdias Nascimento como intérprete do Brasil [pp. 9-44]

1. Em geral, é praxe mencionar apenas o sobrenome do autor em textos como este. No entanto, escolhemos reportar-se a ele frequentemente pelo prenome, na intenção de explorar, na exposição de sua trajetória, um lugar mais pessoal, de obra-vida. Tratamos dessa perspectiva na pesquisa realizada sobre seu exílio. Cf. Tulio Custódio, *Construindo o (auto)exílio: Trajetória de Abdias Nascimento nos Estados Unidos, 1968--1981*. São Paulo: Universidade de São Paulo, 2012. Dissertação (Mestrado em Sociologia).

2. Alguns de seus principais trabalhos têm sido reeditados nos últimos anos, e outros inéditos têm ganhado primeiras edições. Entre os mais célebres, destacamos *O genocídio do negro brasileiro: Processo de um racismo mascarado* (doravante *Genocídio*), reeditado em 2016; *O quilombismo: Documentos de uma militância pan-africanista* (doravante *Quilombismo*), relançado em 2019; a peça *Sortilégio*, em 2022; e *Submundo: Cadernos de um penitenciário*, até então inédito, editado em 2023.

3. Referimo-nos aqui a mostras no Itaú Cultural (2016), no Museu de Arte de São Paulo (2022), e às exposições em Inhotim (MG), de 2022 até o presente (2024).

4. Ross Posnock, *Color & Culture: Black Writers and the Making of the Modern Intellectual*. Boston: Harvard University Press, 1998.

5. Esse termo é tomado emprestado do sociólogo Matheus Gato, utilizado no contexto de um debate sobre intelectuais negros e de lançamento de trabalhos traduzidos no Brasil. Cf. "O sentido da liberdade e a luta anticolonial". Debate com Cinthia Gomes e Matheus Gato. Mediação de Márcio Farias. TV Boitempo, 16 jan. 2023. Disponível em: <youtu.be/zb_33TbWF6Q? si=jjh-LWp8WgSc2d5u>.

6. Ross Posnock, op. cit.

7. Exemplos não faltam na tradição brasileira, especialmente quando trataram (também) de assuntos fora do contexto da discussão racial. Apenas para citar dois nomes: Virgínia Bicudo, ainda pouco referendada em sua contribuição à psicanálise; e Guerreiro Ramos, que, embora mais reconhecido em suas contribuições para o pensamento sobre a questão racial, tem profícua produção que versa sobre alguns dos problemas nacionais (dependência, infância vulnerável, entre outros), além da esfera da administração e organizações.

8. Nesse sentido, as reflexões propostas por Grada Kilomba em torno da idealização e da desidealização são fundamentais. Cf. Grada Kilomba, *Plantations Memories: Episodes of Everyday Racism*. Münster: Unrast, 2008. [Ed. bras.: *Memórias da plantação: Episódios de racismo cotidiano*. Trad. de Jess Oliveira. Rio de Janeiro: Cobogó, 2019.]

9. No original, "*antirace race man*", que, em uma tradução literal, seria "homem da raça antirracista". No entanto, é importante considerar alguns aspectos aqui. Primeiramente, apesar de compreendermos o sentido de *man* na teoria de Posnock, optamos por utilizar o *sujeito* por abranger de maneira mais ampla homens e mulheres. Segundo, o sentido dessa categoria é demarcar a contribuição antirracista humanitária feita por pessoas racializadas; pois, de algum modo, muitos dos discursos críticos ao racismo (em geral produzidos por sujeitos brancos) tendem a convocar (ingenuamente) certo "pós-racialismo", ou seja, uma perspectiva sem ver cor ou raça (*colorblind*). Demarcar a posição de pertença racial, a partir da história e do arcabouço social e político do qual ela parte, é fundamental para a genealogia das ideias e trajetórias. Desse modo, a perspectiva do "*antirace race man*" faz muito sentido.

10. É possível encontrar algumas sistematizações disso naquilo que a academia (especialmente as ciências sociais) tem delimitado como representantes desse pensamento. Um exemplo dessa sistematização mais recente é o livro *Um enigma chamado Brasil*, organizado por Lilia Schwarcz e André Botelho. Nele vemos a inclusão de alguns nomes, como André Rebouças e Guerreiro Ramos, em meio ao consolidado panteão constituído por Euclides da Cunha, Oliveira Vianna, Sérgio Buarque, Gilberto Freyre, Caio Prado Jr., Florestan Fernandes, entre outros. Nomes como os de Luiz Gama, Abdias Nascimento, Lélia Gonzalez, Clóvis Moura, Beatriz Nascimento, entre outros intelectuais negros, seguem fora de tais seleções. Cf. Lilia Moritz Schwarcz e André Botelho (Orgs.), *Um enigma chamado Brasil: 29 intérpretes e um país*. São Paulo: Companhia das Letras, 2009.

11. Esse tópico foi elaborado a partir de textos escritos anteriormente sobre a trajetória de Abdias Nascimento, em Tulio Custódio, *Construindo*

o (auto)exílio, op. cit.; id., "Dilemas de uma intelectualidade afro-brasileira: Caso Abdias Nascimento", em Itaú Cultural (Org.). *Ocupação Abdias Nascimento* (São Paulo: Itaú Cultural, 2016), pp. 18-20; id., "Abdias Nascimento: Trajetos e travessias", em Adriano Pedrosa e Amanda Carneiro (Orgs.). *Abdias Nascimento: Um artista panamefricano* (São Paulo: Museu de Arte de São Paulo, 2022), v. i, pp. 108-27.

12. Seu percurso está fartamente descrito em diversas biografias e estudos, como Abdias Nascimento e Éle Semog, *O griot e as muralhas* (Rio de Janeiro: Pallas, 2006); Sandra Almada, *Abdias Nascimento* (São Paulo: Selo Negro, 2009); Elisa Larkin Nascimento, *Abdias Nascimento* (Brasília: Senado Federal, 2014); id., *Abdias Nascimento, a luta na política* (São Paulo: Perspectiva, 2021); Márcio José de Macedo, *Abdias Nascimento: A trajetória de um negro revoltado (1914-1968)*. São Paulo: Universidade de São Paulo, 2005. Dissertação (Mestrado em Sociologia); Tulio Custódio, *Construindo o (auto)exílio*, op. cit.

13. Apesar de Abdias viver até 2011, grande parte de suas atividades públicas e produção vai até 2006, como fica demarcado em suas biografias. Cf. Abdias Nascimento e Éle Semog, op. cit.; e Elisa Larkin Nascimento, *Abdias Nascimento*, op. cit.

14. Os eventos principais foram a Convenção Nacional do Negro Brasileiro (São Paulo, 1945, e Rio de Janeiro, 1946), a Conferência Nacional do Negro (Rio de Janeiro, 1949), o I Congresso do Negro Brasileiro (Rio de Janeiro, 1950) e a Semana de Estudos de Raça (Rio de Janeiro, 1955). Também foram realizados concursos de beleza (Rainha das Mulatas e Boneca de Piche, 1947-50) e de artes plásticas (Cristo Negro, 1955). Em 1949 foi fundado o Instituto Nacional do Negro, cuja direção foi entregue a Alberto Guerreiro Ramos (1915-82), recém-integrante do grupo. O TEN contava também com um Departamento Feminino, que criou em 1950 um Conselho Nacional das Mulheres Negras, responsável pelos cursos de Introdução ao Teatro Negro e às Artes Negras, em 1964, e pela criação do Museu de Arte Negra, em 1968. Entre as publicações, incluem-se o jornal *Quilombo*, editado entre 1948 e 1950, e os livros *Relações de raça no Brasil* (1950), *Dramas para negros e prólogo para brancos* (1961), *Teatro Experimental do Negro: Testemunhos* (1966) e *O negro revoltado* (1968), além de artigos variados assinados por Nascimento.

15. Antonio Sérgio Alfredo Guimarães, *Modernidades negras*. São Paulo: Ed. 34, 2021; Paulina L. Alberto, *Termos de inclusão: Intelectuais negros brasileiros no século XX*. Campinas: Editora da Unicamp, 2020.

16. Sem tomar posição sobre os lados, porque não é evidentemente disso que se trata aqui, é importante explicitar que Costa Pinto profere uma das falas mais racistas manifestadas por um intelectual público. Ao

responder às críticas de Guerreiro Ramos sobre seu livro, diz as seguintes palavras: "Duvido que haja biologista que depois de estudar, digamos, um micróbio, tenha visto esse micróbio tomar da pena e vir a público escrever sandices a respeito do estudo do qual ele participou como material de laboratório" (apud Abdias Nascimento (Org.), *O negro revoltado*. 2. ed. Rio de Janeiro: Nova Fronteira, 1982, pp. 61-2).

17. Essa introdução está incluída neste livro, nas pp. 141-99.

18. A utilização do termo "exílio" tão somente não explica a condição pela qual Abdias passou. No estudo sobre esse período, utilizamos anteriormente a expressão "(auto)exílio", para tentar compor uma condição que se inicia como "voluntária" (ainda que permeada de dificuldades e restrições que vivia o Brasil em 1968) e se torna compulsória, com a perseguição do governo militar, por meio da sua diplomacia, a Abdias. Cf. Tulio Custódio, *Construindo o (auto)exílio*, op. cit.

19. Antonio Sérgio Alfredo Guimarães, *Modernidades negras*, op. cit.; Tulio Custódio, *Construindo o (auto)exílio*, op. cit.

20. Depoimento dado por Abdias Nascimento ao autor em 2009.

21. Realizou exposições por quase todo o país, como no Studio Museum in Harlem, em Yale, Harvard, Howard, Princeton, Tulane, University of California, Los Angeles, Los Angeles Inner City Cultural Center, Museum of African and African-American Arts and Antiquities e o Langston Hughes Center, entre outros.

22. É notável a inspiração do nome dessa cadeira em uma das principais obras de Arthur Ramos, um dos poucos intelectuais dos "estudos sobre negro" por quem Abdias mantém estima depois da fase crítica à democracia racial, apontando-o constantemente como um aliado em seus trabalhos. Cf. Abdias Nascimento, *O negro revoltado*, op. cit.; id., *O genocídio do negro brasileiro: Processo de um racismo mascarado*. Rio de Janeiro: Paz e Terra, 1978.

23. Abdias escreveu um livro especialmente narrando os fatos desse evento. Cf. Abdias Nascimento, *O Brasil na mira do pan-africanismo*. Salvador: Centro de Estudos Afro-Orientais; EdUFBA, 2002.

24. Id., "The Negro Theater in Brazil". *African Forum*, Nova York, v. 2, n. 4, primavera 1967 (cf. "Teatro Negro do Brasil: Uma experiência sociorracial", neste volume, pp. 115-40); id., "Afro-Brazilian Culture". *Black Images: A Critical Quartely on Black Culture*, Toronto, v. 1, n. 3-4, pp. 30-41, outono/inverno 1972 (cf. "Cultura afro-brasileira", neste volume, pp. 213-33).

25. Encontramos mais informações sobre esse processo de perseguição no livro *Sitiado em Lagos*. Cf. id., *O Brasil na mira do pan-africanismo*, op. cit.

26. Id., *"Racial Democracy" in Brazil: Myth or Reality?*. Trad. de Elisa Larkin Nascimento. Ilê-Ifé: University of Ife, 1976.

27. Id., *O genocídio do negro brasileiro*, op. cit.
28. Id. (Org.), *Journal of Black Studies*, v. 11, n. 2, dez. 1980.
29. Depoimento dado por Anani Dzidzienyo para o autor em 2010.
30. Depoimentos dados por Anani Dzidzienyo e Molefi K. Asante ao autor em 2010.
31. Em 1954, a situação foi mais emblemática. Ele teve sua candidatura para vereador pelo Partido Social Trabalhista impugnada pela polícia, que não emitiu "atestado de ideologia". De acordo com seus relatos na época, a perseguição política tinha a ver com um provável registro no Departamento de Ordem Social referente aos anos 1930 (quando foi, pela primeira vez, preso, em 1938) e com o racismo. Cf. matéria de 1954 no jornal *Última Hora*, disponível em: <memoria.bn.br/docreader/DocReader. aspx?bib=386030&pagfis=19188>.
32. "Socialismo moreno" corresponde à perspectiva do trabalhismo preconizada por Darcy Ribeiro e Leonel Brizola do "socialismo com características brasileiras", que contemplaria a defesa da dignidade do trabalhador, a luta contra o imperialismo, a nacionalização das grandes empresas vitais para a economia brasileira, as reformas urbana, agrária e tributária, além de movimento organizado de trabalhadores contra a exploração do capitalismo, acesso universal a saúde e educação, entre outros. Aliás, vale a pena sublinhar esse momento: diferente da relação com Darcy nos anos 1950, Abdias se aproxima dele nesse momento político diverso e torna-se, posteriormente, seu suplente no Senado.
33. Abdias Nascimento e Éle Semog, op. cit.
34. Entre os historiadores envolvidos no projeto estava Clóvis Moura, grande intelectual brasileiro. É interessante que, apesar das diferenças de trajetória e perspectivas de ambos (Moura teve vínculo histórico com o comunismo, e sua produção teórica e crítica tinha inspiração marxista), muitas vezes exploradas como antagonismo, na verdade os dois tinham mais em comum quando se tratava da luta contra o racismo e o apagamento do povo negro. Há uma convergência importante no pensamento de ambos sobre a exploração teórica da noção de resistência dos povos negros. Felizmente, na esteira da arqueologia do pensamento negro brasileiro, algumas das obras de Clóvis Moura — como *O negro: De bom escravo a mau cidadão?* (obra que aparece citada em alguns dos textos de Abdias) — têm sido reeditadas, em grande parte por esforço e atuação do pesquisador Márcio Farias. Cf. Clóvis Moura, *O negro: De bom escravo a mau cidadão?*. São Paulo: Dandara, 2021.
35. Projeto de resolução n. 58 de 1983, com intuito de criar a Comissão do Negro na Casa Legislativa, para levantar informações e dados sobre

discriminação racial e propor medidas reparativas para população discriminada. Cf. Elisa Larkin Nascimento, *Abdias Nascimento*, op. cit.

36. Bandeira desde os anos 1940, o projeto de lei n. 1332 de 1983 previa reserva de vagas baseadas em raça e gênero, de 20% para mulheres negras e 20% para homens negros para os setores público e privado, além de concessão de bolsas de estudos para crianças e jovens negros e incorporação no sistema de ensino de referências positivas sobre afro-brasileiros, bem como literatura sobre história das civilizações africanas e do africano no Brasil. Como se pode ver, Abdias estava adiantando pautas que seriam centrais em anos posteriores.

37. O projeto de lei n. 1361 de 1983 previa a criação de um memorial na praça dos Três Poderes voltado para a figura do africano escravizado como elemento fundamental de edificação da nação.

38. Projeto de lei n. 1661 de 1983, que tinha como intenção estabelecer o racismo como crime de lesa-humanidade. Ele visava corrigir lacunas da lei anterior, de 1951, Afonso Arinos. Inspirou, com modificações, a Lei Caó, sancionada na legislação seguinte.

39. Projeto de lei n. 1550 de 1983, estipulando a data de 20 de novembro como feriado nacional e Dia Nacional da Consciência Negra. O projeto não foi aprovado em sua legislatura, apesar da pressão popular de entidades e movimentos negros. Posteriormente, a partir dos anos 1990, a data se tornou feriado em âmbito estadual e municipal e apenas em 2023 foi sancionada como feriado nacional pelo presidente Luiz Inácio Lula da Silva.

40. Projeto de lei n. 5466 de 1985, que estabelecia a data de 27 de abril como Dia Nacional da Empregada Doméstica, como mote para trazer reivindicações de direitos trabalhistas dessa categoria. Vale destacar que a pauta em torno dos direitos das domésticas já estava presente no TEN, que tinha uma de suas alas destinada a esse tema. Cf. Abdias Nascimento, *Relações de raça no Brasil*. Rio de Janeiro: Quilombo, 1950; id., *Quilombo: Edição em fac-símile do jornal dirigido por Abdias Nascimento*. São Paulo: Ed. 34, p. 200.

41. Elisa Larkin Nascimento, *Abdias Nacimento*, op. cit.

42. Por isso ele fala no fim do discurso em "espírito e fisionomia" do TEN, ou seja, aquilo que move como propósito, e a forma que esse propósito assume em sua organização, seja nas ações do grupo, seja também nas relações, referências, eventos e conexões.

43. Alberto Guerreiro Ramos, *Negro sou: A questão étnico-racial e o Brasil: Ensaios, artigos e outros textos (1949-73)*. Org. de Muryatan S. Barbosa. Rio de Janeiro: Zahar, 2023.

44. Antonio Sérgio Alfredo Guimarães, *Modernidades negras*, op. cit.; Paulina L. Alberto, *Termos de inclusão: Intelectuais negros brasileiros no século XX*. Trad. de Elizabeth de Avelar Solano Martins. Campinas: Editora da Unicamp, 2017.

45. Jean-Paul Sartre, *Reflexões sobre racismo*. Trad. de Jacó Guinsburg. São Paulo: Difel, 1960.

46. Alberto Guerreiro Ramos, *Introdução crítica à sociologia brasileira*. 2. ed. Rio de Janeiro: EdUFRJ 1995; id., *Negro sou*, op. cit.

47. Há uma pequena contenda implícita com Edison Carneiro (que fica mais explícita na ocasião do debate 80 Anos de abolição).

A missão do Teatro Experimental do Negro (TEN) [pp. 45-9]

1. Expressões como "mulato", "de cor" e outras foram mantidas como apareceram nos textos publicados em inglês.

2. Hoje, Universidade Federal do Rio de Janeiro. [N.T.]

Prólogo para brancos [pp. 75-94]

1. Roger Bastide, "A propósito do Teatro Experimental do Negro". *Anhembi*, São Paulo, ago. 1951.

2. Jean-Paul Sartre, *Reflexões sobre o racismo*. São Paulo: Difusão Europeia do Livro, 1960, p. 130.

3. Ibid., p. 145.

4. Leo Frobenius, *Storia della civiltà africana*. [Turim]: Giulio Einaudi, 1950.

5. Francisco Elías de Tejada, *Sociología del Africa Negra*. Madri: Rialp, 1956, p. 199.

6. Gaston Baty e René Chavance, *El arte teatral*. Cidade do México: Fondo de Cultura Económica, 1951, p. 18.

7. Carter G. Woodson, *The African Background Outlined*, 1936, apud Fernando Ortiz, *Los bailes y el teatro de los negros en el folklore de Cuba*. Havana: Letras Cubanas, 1951, p. 405.

8. Roger Bastide, *Sociologia do folclore brasileiro*. São Paulo: Anhembi, 1959, p. 75.

9. Leo Frobenius, *Mythologie de l'Atlantide*. Paris: Payot, 1949.

10. Geoffrey Gorer, *Africa Dances*, 1935, apud Fernando Ortiz, op. cit., p. 424.

11. Fernando Ortiz, op. cit., p. 408.

12. Efrain Tomás Bó, "Argumentos do Teatro Negro". *Rio Magazine*.

13. Fernando Ortiz, op. cit., p. 408.

14. René Maran, *Batuala*. Buenos Aires: Siglo Veinte, [1945], prefácio.

15. Maurice Delafosse, apud Bakary Traoré, *Le Théatre négro-africain*. Paris: Présence Africaine, 1958, p. 36.

16. M. Duhamel, apud Bakary Traoré, op. cit., p. 53.

17. Bakary Traoré, op. cit., p. 55.

18. Ilse Schneider-Lengyel, *Die Welt der Maske*, apud Fernando Ortiz, op. cit., p. 334.

19. Fernando Ortiz, op. cit., p. 334.

20. Francisco Elías de Tejada, op. cit., p. 27.

21. J. A. Pires de Lima, *Mouros, judeus e negros na história de Portugal*, apud Francisco Elías de Tejada, op. cit., p. 269.

22. Fernando Ortiz, op. cit., p. 357.

23. Néstor R. Ortiz Oderigo, *Historia del Jazz*. Buenos Aires: Ricordi Americana, [1942], p. 36.

24. Francisco Elías de Tejada, op. cit., p. 43.

25. Efrain Tomás Bó, op. cit.

26. Edith J. R. Isaacs, *The Negro in the American Theatre*. Nova York: Theatre Arts, 1947, p. 19.

27. Ibid., p. 27.

28. Ibid., p. 59.

29. Efrain Tomás Bó, op. cit.

30. Jean-Paul Sartre, op. cit., p. 148.

31. Ibid., p. 114.

32. Guerreiro Ramos, "O negro desde dentro". *Forma*, n. 3, out. 1954.

33. Jean-Paul Sartre, op. cit., p. 120.

34. Roger Bastide, op. cit., Introdução.

35. Edison Carneiro, "Associação Nacional dos Cultos Populares". *Jornal do Commercio*, Rio de Janeiro, 8 maio 1960.

36. Gerardo Mello Mourão, programa da peça *Sortilégio*. Rio de Janeiro: Theatro Municipal, 1957.

37. Guerreiro Ramos, *Introdução crítica à sociologia brasileira*. Rio de Janeiro: Andes, 1957, p. 162.

38. Ibid., p. 171.

39. Sílvio Romero, apud Raymond S. Sayers, *O negro na literatura brasileira*. Rio de Janeiro: O Cruzeiro, 1958, p. 263.

40. Adonias Filho, "A temática negra". *Diário de Notícias*, Rio de Janeiro, 1 set. 1957.

41. João Luso, "O teatro e a Abolição". *Comœdia*, Rio de Janeiro.

42. Ésquilo, *Las suplicantes*. Buenos Aires: El Ateneo, [s.d.], pp. 320 e 327.

43. Andrés de Claramonte, *El valiente negro en Flandes*. Madri: Biblioteca de Autores Españoles, v. 43, p. 491.

44. Eugene O'Neill, carta publicada no programa de *Sortilégio*. Rio de Janeiro: Theatro Municipal, 1957.
45. Leo Frobenius, op. cit., p. 58.

Teatro Negro do Brasil: Uma experiência sociorracial [pp. 115-40]

1. "O senhor tem permissão para encenar *O imperador Jones* isento de qualquer direito autoral, e desejo ao senhor todo o sucesso que espera com o Teatro Experimental do Negro. Conheço perfeitamente as condições que o senhor descreve sobre o teatro brasileiro. Nós tínhamos exatamente as mesmas condições em nosso teatro antes de *O imperador Jones* ser encenado em Nova York em 1920 — razões essas por que foram sempre representados por atores brancos pintados de preto os personagens negros. (Isso naturalmente não se aplica à comédia musicada ou vaudeville, onde uns poucos negros trabalharam com grande sucesso.) Depois que *O imperador Jones*, representado primeiramente por Charles Gilpin e mais tarde por Paul Robeson, fez um grande sucesso, o caminho estava aberto para o negro representar dramas sérios em nosso teatro. O que impede principalmente agora é a falta de peças, mas eu penso que não demorará muito aparecerão autores negros de real mérito para suprir essa lacuna."

Uma entrevista com Abdias Nascimento [pp. 201-12]

1. Um dos maiores e mais tradicionais terreiros de candomblé ketu no Brasil, o Ilê Axé Opô Afonjá foi fundado em 1910 pela lendária Mãe Aninha (Eugênia Ana dos Santos), que liderou o terreiro até 1938. [N.T.]
2. Mãe Senhora (Maria Bibiana do Espírito Santo) foi a terceira yalorixá do Opô Afonjá, entre 1942 e 1967. [N.T.]

Cultura afro-brasileira [pp. 213-33]

1. A tradução para o inglês do texto de Abdias Nascimento usa alternadamente "*slaves*" ("escravas", "escravos") e "*enslaved*" ("escravizadas", "escravizados"). Ambas as ocorrências foram padronizadas como "escravizadas(os)". [N.T.]
2. Florestan Fernandes, "Mobilidade social e relações raciais: O drama do negro e do mulato numa sociedade em mudança", em *80 anos de abolição*. Rio de Janeiro: Cadernos Brasileiros, 1968, p. 56.
3. Um dos poucos momentos de uso exclusivo de feminino no texto-fonte, "*daughters of the saint*", que mantive com a flexão feminina, mas pode

se referir também a pessoas masculinas (cis ou trans) que incorporem orixás. Achei oportuno escrever esta nota para comentar não só esse aspecto, mas também que venho, ao longo da tradução, usando o máximo possível de palavras e expressões que deixem o texto mais neutro, evitando o uso do masculino genérico que demandaria, numa tradução mais convencional, a tradução de termos como *"the Black"* ou *"black Brazilian"*, que estão no texto-fonte, como "o negro" ou "o negro brasileiro" — e foram traduzidas como "pessoa negra", "pessoas negras brasileiras" ou "povo negro brasileiro" e outras soluções. Parte do meu ativismo como tradutora, pesquisadora de dissidências e deserções sexo-gênero na diáspora, pessoa negra não binária, tem sido ampliar o uso de linguagem neutra de gênero também no campo da tradução. [N. T.]

4. Em inglês, consta a palavra em desuso *"hermaphrodite"*. Lembremos que é um texto dos anos 1970. Mas já há alguns anos de luta política organizada e contra a patologização e mutilação, pessoas intersexo conquistaram a adoção desse termo, que tem sido usado para designar quem nasce com características biológicas não enquadráveis em noções normativas, binárias e excludentes de feminino e masculino. [N. T.]

Influências da cultura africana no desenvolvimento da arte brasileira [pp. 235-74]

1. Claude Lévi-Strauss, *Raça e história*. Trad. de Inácia Canelas. Lisboa: Presença, 1973, p. 97. [Ed. fr.: *Race et histoire*. Paris: Unesco, 1952.]

2. Luiz Vianna Filho, *O negro na Bahia*. Rio de Janeiro: José Olympio, 1946, p. 45.

3. Joaquim Nabuco, "O abolicionismo", em *O abolicionismo: Conferências e discursos abolicionistas*. São Paulo: Instituto Progresso Editorial, 1949, p. 102.

4. Arthur Ramos, *As culturas negras no Novo Mundo*. São Paulo: Companhia Editora Nacional, 1946, p. 279.

5. Nina Rodrigues, *Os africanos no Brasil*. 3. ed. São Paulo: Companhia Editora Nacional, 1945, p. 279.

6. Dante de Laytano, *Origens do folclore brasileiro*. Rio de Janeiro: MEC; Campanha de Defesa do Folclore Brasileiro, 1971, p. 2. (Cadernos de Folclore, 7).

7. Clarival do Prado Valladares, "A defasagem africana ou crônica do I Festival Mundial das Artes Negras". *Cadernos Brasileiros*, Rio de Janeiro, n. 36, p. 7, jul./ago. 1966.

8. Ibid., p. 4.

9. Guerreiro Ramos, *Introdução crítica à sociologia brasileira*. Rio de Janeiro: Andes, 1957, pp. 142-4.

10. Nina Rodrigues, op. cit., p. 24.

11. Ibid., p. 28.

12. Jorge Andrade, "Quatro Tiradentes baianos". *Realidade*, São Paulo, pp. 34-54, nov. 1971.

13. Thales de Azevedo, "Os grupos negro-africanos", em *História da cultura brasileira*. Rio de Janeiro: Conselho Federal de Cultura; MEC, 1973, pp. 67-8.

14. Florestan Fernandes, *O negro no mundo dos brancos*. São Paulo: Difusão Europeia do Livro, 1972, p. 15.

15. Guerreiro Ramos, op. cit. p. 138.

16. Ibid., p. 129.

17. G. Vacher de Lapouge, *Les Séléctions sociales*. Paris, 1896, p. 187, apud Guerreiro Ramos, op. cit., p. 138. ["*Le Brésil* [...] *constituera sans doute d'ici un siècle un immense état nègre, à moins qu'il ne retourne, et c'est probable, à la barbarie.*"]

18. Thomas Skidmore, *Black into White: Race and Nationality in Brazilian Thought*. Oxford: Oxford University Press, 1974, p. 137. [Ed. bras.: *Preto no branco: Raça e nacionalidade no pensamento brasileiro (1870-1930)*. Trad. de Donaldson M. Garschagen. São Paulo: Companhia das Letras, 2012.]

19. Angela Gilliam, *Language Attitudes, Ethnicity and Class in São Paulo and Salvador da Bahia (Brazil)*. Nova York: Union Graduate School, 1975, p. 24. Projeto de pesquisa de excelência (não publicado).

20. Abdias Nascimento, *O negro revoltado*. Rio de Janeiro: Edições GRD, 1968, p. 33. Disponibilizado na íntegra pelo Instituto de Pesquisas e Estudos Afrobrasileiros (Ipeafro) em: <issuu.com/institutopesquisaestudosafrobrasile/docs/o_negro_revoltado>. Acesso em: 3 jul. 2024. Neste volume, nas pp. 141-99. [N.T.]

21. Florestan Fernandes, op. cit., p. 147.

22. Ibid., p. 60.

23. Ibid., pp. 57 e 59.

24. Gerardo Mello Mourão, no programa de *Sortilégio* (o mistério negro de Abdias Nascimento), Theatro Municipal, Rio de Janeiro, ago. 1957, p. 26.

25. Abdias Nascimento, "Cultural Revolution and Future of the Pan-African Culture". VI Congresso Pan-Africano, palestra proferida em 23 jun. 1974, Dar-Es-Salamm, p. 22 (não publicada).

26. Nina Rodrigues, op. cit., p. 266.

27. Abdias Nascimento, em entrevista ao Caderno B do *Jornal do Brasil* sobre o Museu de Arte Negra, 13 fev. 1968, p. 62.

28. Em inglês, a expressão usada é *"static heritage"*, "herança estática", considerado um equívoco de tradução devido ao contexto e substituído, aqui, por "herança estética". [N.T.]

29. Em inglês, *"fiat cosmogonic"*, traduzido aqui em alusão às metáforas religiosas utilizadas por autor e tradutor, tratando *"fiat"* como o "faça-se" inaugural da narrativa bíblica, em latim, em vez de seguir o campo semântico de "decreto", que sugere a linha anglófona de significação do termo. [N.T.]

30. Abdias Nascimento, *"Brief Reflections about my Paintings"*. Seminário Kindred Spirits: An African Diaspora, 4 dez. 1974, Cambridge, Universidade Harvard, Afro-American Department, p. 5 (não publicado).

31. *Carta do Samba*. Rio de Janeiro: MEC; CD Folclore Brasileiro, 1962, p. 11.

32. Nina Rodrigues, op. cit., p. 283.

33. Ibid., p. 255.

34. Ibid., p. 253.

35. Roger Bastide, "Relações raciais entre negros e brancos em São Paulo". *Anhembi*, São Paulo, v. 11, n. 33, p. 453, 1953.

36. Renato Almeida, *"Le folklore nègre au Bresil"*, em *La Contribution de l'Afrique à la civilisation brésilienne*. Marselha: Ministério das Relações Exteriores do Brasil; Sopic, [1966], p. 43.

37. Mário de Andrade, *Danças dramáticas do Brasil*. v. 1. São Paulo: Martins, [1959], p. 36.

38. Documento citado por Lélia Gonzalez em *Lugar de negro*, dela e de Carlos Hasenbalg (Rio de Janeiro: Zahar, 2022). [N.T.]

39. René Ribeiro, *Religião e relações raciais*. Rio de Janeiro: MEC, [s.d.], p. 44.

40. Ebun Omowunmi Ogunsanya, *Residual Yoruba-Portuguese Bilingualism*. Cambridge, Mass.: Universidade Harvard, 1971, p. 66. TCC (Bacharelado em Artes, com honras). (Não publicada).

41. Roger Bastide, *Estudos afro-brasileiros*. São Paulo: Perspectiva, 1973, p. 77.

42. Guerreiro Ramos, op. cit., p. 195.

43. Abdias Nascimento, *"Open Letter to the I World Festival of Black Arts"*. *Présence Africaine*, Paris, v. 30, n. 58, p. 208, segundo trimestre 1966. [Ed. bras.: "Carta Aberta ao Festival Mundial das Artes Negras". *Tempo Brasileiro*, ano IV, n. 9-10, abr./jun. 1966.]

44. Amílcar Cabral, "Return to the Source". *Monthly Review*, Nova York, 197, p. 40.

45. *80 anos de abolição*. Rio de Janeiro: Cadernos Brasileiros, 1968, p. 58.

46. Ibid., p. 60.

47. Abdias Nascimento, *"The Negro Theater in Brazil"*. *African Forum*, Nova York, v. 2, n. 4, p. 36, primavera 1967. [Ed. bras.: "Teatro Negro do Brasil: Uma experiência sociorracial". Revista Civilização Brasileira, Rio de

Janeiro, ano IV, Caderno Especial n. 2, pp. 193-210, jul. 1968.] Neste volume, nas pp. 116-7. [N.E.]

48. Ibid., p. 40. Neste volume, nas pp. 122-3. [N.E.]

49. Guerreiro Ramos, "Um herói da Negritude", em *Teatro Experimental do Negro: Testemunhos*. Rio de Janeiro: Edições GRD, 1966, p. 104. [N.T.]

Arte afro-brasileira: Um espírito libertador [pp. 275-85]

1. Robert Goldwater, *Primitivism in Modern Art*. Nova York: Vintage, 1967, p. 4.

2. Nina Rodrigues, *Os africanos no Brasil*. 3. ed. São Paulo: Companhia Editora Nacional, 1945, p. 24.

3. Em inglês, *"proper"*, que pode ser traduzido como "apropriado, adequado", termos já semanticamente carregados de juízos valorativos. Daí a escolha por um termo que explicite o aspecto de construção cultural hegemônica. [N.T.]

4. Guerreiro Ramos, *Introdução crítica à sociologia brasileira*. Rio de Janeiro: Andes, 1957, p. 144.

5. Ibid., p. 145.

6. Roger Bastide, *"The Function and Significance of Negro Art in the Life of the Brazilian People"*, em *Colloquium on Negro Art*. Paris: Présence Africaine, 1968, p. 404.

7. Clarival do Prado Valladares, "Sobre o comportamento arcaico brasileiro nas artes populares", em *7 brasileiros e seu universo: Artes, ofícios, origens, permanências*. Brasília: MEC; Departamento de Documentação e Divulgação, 1974, p. 63.

8. Ortega y Gasset, "La deshumanización del arte", em *La deshumanización del arte y otros ensayos estéticos*. Madri: Revista de Occidente, 1956, p. 115.

9. Ibid.

10. Paulo Freire, *Pedagogia do oprimido*. Porto: Afrontamento, 1975, p. 41. [Ed. bras.: *Pedagogia do oprimido*. Rio de Janeiro: Paz e Terra, 2019.]

11. Lélia Coelho Frota, "Criação individual e coletividade", em *7 brasileiros e seu universo: Artes, ofícios, origens, permanências*. Brasília: MEC; Departamento de Documentação e Divulgação, 1974, p. 55.

12. Wole Soyinka, *"An Interview with Louis S. Gates"*. *Black World*, Chicago, v. 24, n. 10, p. 48, ago. 1975.

Prefácio à segunda edição de *O negro revoltado* [pp. 287-304]

1. Edição mais recente: *O quilombismo: Documentos de uma militância pan-africanista*. 3. ed. São Paulo: Perspectiva, 2019. [N.E.]

2. Edição mais recente: *Sitiado em Lagos: Autodefesa de um negro acossado pelo racismo.* São Paulo: Perspectiva, 2024. [N. E.]
3. Edição mais recente: *O genocídio do negro brasileiro: Processo de um racismo mascarado.* São Paulo: Perspectiva, 2016. [N. E.]
4. Edição mais recente: *Sortilégio.* São Paulo: Perspectiva, 2022. [N. E.]
5. Edição mais recente: *Lugar de negro.* Rio de Janeiro: Zahar, 2022. [N. E.]

Quilombismo: O caminho afro-brasileiro para o socialismo [pp. 305-29]

1. Os termos "América", "afro-americano" e "euro-americano", neste texto, se referem a todas as Américas, não exclusivamente aos Estados Unidos.
2. Hoje, República do Congo. [N. E.]
3. Institut Fondamental d'Afrique Noire [Instituto Fundamental da África Negra], criado em 1936. [N. T.]
4. Cheikh Anta Diop, *The African Origin of Civilization: Myth or Reality.* Trad. de Mercer Cook. Nova York: Lawrence Hill, 1974, p. xiv.
5. Id., *Cultural Unity of Black Africa.* Chicago: Third World, 1978, p. 212.
6. Ibid, p. 45.
7. J. Olumide Lucas, *The Religion of the Yorubas.* Lagos: CMS Bookshop, 1948, p. 18; Cheikh Anta Diop, op. cit., p. 184.
8. Manuel Orozco y Berra, *Historia antigua y de la conquista de México.* Cidade do México: G. A. Esteua, 1880.
9. Ivan Van Sertima, *They Came before Columbus.* Nova York: Random House, 1976, pp. 110-62.
10. R. A. Jairazbhoy, *Ancient Egyptians and Chinese in America.* Ottawa: Rowman and Littlefield, 1974; López de Gómara, *Historia de México.* Antuérpia: Por I. Bellero, 1554; Alexander von Wuthenau, *Unexpected Faces in Ancient America.* Nova York: Crown, 1975; Leo Wiener, *Africa and the Discovery of America.* Chicago: Innes and Sons, 1922.
11. Elisa Larkin Nascimento, *Pan-africanismo na América do Sul: Emergência de uma rebelião negra.* Petrópolis: Vozes, 1980.
12. Ivan Van Sertima, op. cit., p. 152.
13. Ibid., p. 155.
14. Elisa Larkin Nascimento, op. cit., p. 139.
15. Instituto Brasileiro de Geografia e Estatística (IBGE), *Relatório anual, 1970,* apud João Quartim, *Dictatorship and Armed Struggle in Brazil.* Nova York: Monthly Review, 1971, p. 152.
16. Richard Price (Org.), *Maroon Societies: Rebel Slave Communities in the Americas.* Garden City: Anchor, 1973; Clóvis Moura, *O negro: De bom escravo a mau cidadão.* Rio de Janeiro: Conquista, 1971.

17. Movimento Negro Unificado contra o Racismo e a Discriminação Racial, "Manifesto Nacional da Consciência Negra", nov. 1978.

18. Beatriz Nascimento, "O quilombo do Jabaquara". *Revista de Cultura Vozes*, v. 73, n. 3, p. 3, abr. 1979.

19. Antônio Candeia Filho e Isnard Araújo, *Escola de Samba: Árvore que esqueceu a raiz*. Rio de Janeiro: Lidador; SEEC-RJ, 1978, pp. 87-8.

20. Antônio Candeia Filho, "Noventa anos de abolição". Rio de Janeiro: Quilombo Escola de Samba, 1978, p. 7.

21. Ibid., p. 5a.

22. *Veja*, Seção Cidades, 10 dez. 197, p. 52.

23. "Uma tentativa de unificar o movimento negro: Eles, que são pretos, que se entendam". *Pasquim*, Rio de Janeiro, ano II, n. 533, p. 4, 14/20 set. 1979.

24. A palavra "Ujamaa" vem do suaíli e significa "irmandade", "família extensa", "comunidade". [N.T.]

TULIO CUSTÓDIO nasceu em 1984. É sociólogo (doutor pela Universidade de São Paulo), sócio e curador de conhecimento na Inesplorato, pesquisador afiliado do Alameda Institute e membro do conselho consultivo do Pacto Global (ONU). Tem como temas de pesquisa, tanto acadêmicas quanto de intervenção no debate público, intelectuais negros, trabalho, subjetividades no capitalismo e masculinidades.

Colaboração

© Abdias Nascimento e Ipeafro, 2025
© *organização e introdução*, Tulio Custódio, 2025

Todos os direitos desta edição reservados à Todavia.

Grafia atualizada segundo o Acordo Ortográfico da Língua Portuguesa de 1990, que entrou em vigor no Brasil em 2009.

capa
Júlia França e Thaise Amorim
foto de capa
Abdias Nascimento discursa da tribuna da Câmara dos Deputados, em convenção nacional do Partido Democrático Trabalhista, 1982
(Elisa Larkin Nascimento/ Acervo Abdias Nascimento/ Ipeafro)
composição
Jussara Fino
tradução do inglês dos textos das pp. 45-9,
201-12, 213-33, 235-71, 275-85, 305-29
tatiana nascimento
preparação
Karina Okamoto
revisão
Jane Pessoa
Érika Nogueira Vieira

Dados Internacionais de Catalogação na Publicação (CIP)

Nascimento, Abdias (1914-2011)
   Abdias, intérprete do Brasil : Textos sobre raça e
cultura brasileira de 1940 a 1990 / Abdias Nascimento ;
organização Tulio Custódio. — 1. ed. — São Paulo :
Todavia, 2025.

   ISBN 978-65-5692-789-3

   1. Racismo. 2. Cultura afro-brasileira. 3. Brasil – relações
raciais. 4. Religiões de matriz africana. 5. Sociologia.
6. Arte – Brasil – séc. XX. I. Custódio, Tulio. II. Título.

CDD 305.8

Índice para catálogo sistemático:
1. Ciências sociais : Negros — Relações raciais 305.8

Bruna Heller — Bibliotecária — CRB 10/2348

todavia
Rua Luís Anhaia, 44
05433.020 São Paulo SP
T. 55 11. 3094 0500
www.todavialivros.com.br

fonte
Register*
papel
Pólen natural 80 g/m²
impressão
Geográfica